INSTITUTIONAL ANALYSIS ON DEVELOPMENT OF LAND-
AND UNIVERSITIES AND AGRICULTURAL SERVI
IN THE UNITED STATES OF AMERICAN

美国赠地院校
与农业服务体系成长的
制度分析

刘晓光　著

中国农业出版社
北　京

图书在版编目（CIP）数据

美国赠地院校与农业服务体系成长的制度分析 / 刘晓光著. —北京：中国农业出版社，2023.12
ISBN 978-7-109-31545-7

Ⅰ.①美… Ⅱ.①刘… Ⅲ.①农业社会化服务体系－研究 Ⅳ.①F303.3

中国国家版本馆 CIP 数据核字（2023）第 241076 号

美国赠地院校与农业服务体系成长的制度分析

MEIGUO ZENGDI YUANXIAO YU NONGYE FUWU TIXI CHENGZHANG DE ZHIDU FENXI

中国农业出版社出版

地址：北京市朝阳区麦子店街 18 号楼
邮编：100125
责任编辑：周锦玉
版式设计：王　晨　　责任校对：吴丽婷
印刷：北京通州皇家印刷厂
版次：2023 年 12 月第 1 版
印次：2023 年 12 月北京第 1 次印刷
发行：新华书店北京发行所
开本：787mm×1092mm　1/16
印张：12.5
字数：288 千字
定价：80.00 元

序
PREFACE

实施乡村振兴战略，是党的十九大作出的重大决策部署，是决胜全面建成小康社会、全面建设社会主义现代化国家的重大历史任务，是新时代"三农"工作的总抓手。党的二十大擘画了以中国式现代化全面推进中华民族伟大复兴的宏伟蓝图。强国必先强农，农强方能国强，要立足国情农情，体现中国特色，建设农业强国。没有农业现代化，就没有整个国家现代化。新时代对高等农业教育提出了前所未有的重要使命，必须构建具有世界水平、中国特色的高等农业教育体系，而基于中国乡村振兴实践的高等农业教育发展理论将成为其重要组成部分。

林毅夫在《关于中国经济学理论体系建设的思考与建议》一文中提出：任何经济学理论都来自经济学家对其所在国家经验现象的观察与总结，或为了解决其所在国家面临的突出问题而提出……都有时代和社会属性，都是被"内嵌"于这个理论所来自的国家和被提出时国家的发展阶段，及其相应的产业、社会、制度、文化结构之中……盛行一时以后，随着条件的变化，就会被新的理论所取代。[①] 这个观点对于解释世界两个半世纪历史的高等农业教育模式演变，具有很好的参考价值。

农业是人类社会最古老、最基本的物质生产部门，经历了原始农业、传统农业和现代农业三个阶段。原始农业和传统农业主要依靠自然力、人力与畜力，生产水平较低。此时，农业的发展方式主要为经验范式，农业人才的培训主要依靠家庭或社区，并不依赖高等教育。近代科学革命和产业革命促进了传统农业向现代农业的转变，农业生产开始诉诸现代科技和高等教育，推动了高等农业教育的产生与发展。

世界高等农业教育发轫于18世纪中后期的欧洲，是高等教育对产业革命和启蒙运动的主动应答，适应了经济社会发展对新型人才的需求。随着农业农村现代化建设的推进，世界高等农业教育组织形态经历了三个发展阶段：18世纪中后期适应实用人才需要在欧洲产生的单科性农业专门学院，19世纪中后期美国赠地学院运动建构的多科性农业大学，20世纪中后期在可持续发展理念下形成的综合性大学农学院。[②]

---

① 林毅夫. 关于中国经济学理论体系建设的思考与建议 [J]. 大学与学科，2021，2（3）：17-26.

② 董维春，梁琛琛，刘晓光. 从传统到现代的高等农业教育——兼论中国"新农科"教育 [J]. 中国农史，2018，37（6）：33-45.

第一次产业革命促进了农业机械化，第二次产业革命促进了农业化学化，人类开始用工业文明方式提高农业生产效率，也促进了欧洲高等农业教育机构的建立。科学的巨大成功和科学思想本身意味着科学已遍布正发生巨大变化的许多角落，人们认为，旧大学不适合实现启蒙运动的雄心壮志，很明显从某些公共机构的建立来看，创办专门化的培训机构似乎更好，如医学、农业技术、工程学等。[①] 此时。高等农业教育仅是一种单科性农业专门学院（School 或 College），并没有跨进传统大学（University）之门。

19世纪中后期，近代科学革命开始向生物学领域延伸，如李比希的植物营养学说、达尔文的进化论、孟德尔的遗传学等，人类开始用现代科学改造传统农业，特别是生物育种，高等农业教育进入第二个发展阶段，以美国赠地学院运动为代表。美国建国初期，成立了包括农业在内的约500个小型学院，农业教育主要沿袭欧洲农业专门学院模式，经历了农业课程进入学院、专门农业教育机构建立和新型农学院成立三个阶段。[②] 南北战争以后，美国进入实现工业化和现代化的关键时期，高等教育也在借鉴英国、法国和德国模式的基础上，结合美国本土意识和实用主义哲学，发展了高等教育政治论哲学，更加强调为美国和美国人民服务。从林肯开始，利用英国殖民者留下的公地，通过莫里尔法案（Morrill Act 1862）、哈奇法案（Hatch Act 1887）和史密斯-利弗法案（Smith‐Lever Act 1914）等三大法案，历时半个世纪，分别构建了公立农学院体系、由农学院托管的农业试验站体系和农学院与地方政府合作的农业推广体系，也就是教学、科研和推广"三位一体"的美国农学院办学模式，并在哲学、制度和实践层面形成了一整套支持其建构的基础。[③] 其中，集大成者有康奈尔计划（Cornell Plan）和威斯康星思想（Wisconsin Idea），康奈尔计划最早将农业科学等实用科学引入了大学（University）殿堂，威斯康星思想通过成功的农业推广形成了大学第三职能（社会服务）。第一次大战以后，美国赠地农学院逐步发展为多科性农业大学。

第二次世界大战结束后，全球经济进入调整增长期，科学技术突飞猛进，绿色革命提高了农业产能，但也带来了人口高速增长，造成了巨大的资源与环境问题。第三次产业革命后，两本经典著作拉开人与自然的新对话，这就是1962年蕾切尔·卡逊的《寂静的春天》（Silent Spring）和1972年梅多斯的《增长的极限》（Limits to Growth）。从此，"同一个地球"上人与自然的和谐共生问题，从学者层

---

① 〔瑞士〕瓦尔特·吕埃格总主编，〔比〕希尔德·德·里德-西蒙斯主编. 欧洲大学史. 第二卷：近代早期的欧洲大学（1500—1800）[M]. 河北大学出版社，2008：585，586，652.

② 董文浩，刘晓光，董维春. 《莫雷尔法案》前美国实用高等教育的创立与组织演化——以农业教育为中心的历史考察 [J]. 外国教育研究，2023，50（1）：94‐112.

③ 刘晓光，董维春. 赠地学院在美国农业服务体系发展中的作用及启示 [J]. 南京农业大学学报（社会科学版），2012，12（3）：133‐139.

面上升到政府层面和全球行动,提出了可持续发展理念和《我们共同的未来》。此期,历时300多年的近代科学革命形成的学科分化开始向学科综合方向发展,系统科学为思考人类可持续发展等复杂问题提供了基本思维方式,高等农业教育组织形态进入综合性大学农学院时代,同时研究型大学也从早期形态迈向创业型大学形态,更加强调不同学科之间的联系和大学与社会的联系。

我们团队长期从事世界高等农业教育发展史研究,在美国、欧洲及中国的高等农业教育发展史研究方面取得了一些进展,为中国新农科建设研究提供了部分参考。对美国高等农业教育发展史的研究,前后已有20多年时间。1998年春,国务院学位办、农业部教育司和林业部人事教育司联合成立了"农科专业学位设置研究秘书组",我是成员之一。当年10月,农业部教育司组织研究生教育主管部门和部属农业院校研究生管理干部10人,赴美国调研农科研究生教育,主要访问了康奈尔大学、艾奥瓦州立大学、加州大学戴维斯分校、加州大学河滨分校、西山社区学院和代表性农场,主要目的是了解美国高等农业教育体系的形成及涉农专业学位设置情况,我起草了代表团的"考察报告",这成为我们团队研究美国高等农业教育的起点,也为1999年起草中国农业推广和兽医两种专业学位设置方案建立了研究基础。① 2007年,南京农业大学组织两个代表团考察美国高等教育,我所在的代表团主要访问了威斯康星大学麦迪逊校区和亚利桑那大学,深度讨论了"威斯康星思想"的形成历史和最新进展,与亚利桑那大学建立了博士生联合培养意向。2019年开始新农科建设后,在教育部和江苏省相关课题支持下,我们团队对世界高等农业教育发展史进行了全面的梳理,并对中国高等农业教育发展史进行了深入的研究。

刘晓光是我2007年在公共管理学院教育经济与管理学科招收的第一位博士研究生。我在美国对威斯康星思想的讨论,初步决定了美国赠地农学院研究将作为他的博士学位论文选题和职业生涯起点。2008年9月,他被选派到亚利桑那大学高等教育研究中心联合培养一年。毕业留校后,他潜心研究美国高等农业教育,特别是赠地农学院发展史。其间,他又于2016年1月赴加州大学戴维斯分校做访问学者一年。10多年来,他对高等农业教育发展研究取得了丰硕的成果,也从我的学生变成了我们团队的核心成员。

"中国现代化离不开农业农村现代化,农业农村现代化关键在科技、在人才。"作为新时代知农爱农新型人才的主要提供者,高等农业教育必须创新发展,适应农业农村现代化建设需要。自2019年《安吉共识》发布后,广大涉农高校积极开展新农科建设,初步形成了"一年成型、三年成势"的阶段性成果。对教育理论工作者而言,随着改革的深入,系统总结基于中国乡村振兴实践的高等农业教育的"中

① 董维春,马履一,远望. 努力构建具有中国特色的农科专业学位研究生教育体系[J]. 学位与研究生教育,2001,(12):13-18.

国理论"或"中国方案",已经被逐步摆到议事日程,并将成为新农科建设"十年结硕果"长期目标的重要组成部分。希望该著作的出版,能够为中国高等农业教育理论研究提供部分参考。

南京农业大学副校长
《中国农业教育》主编　董维春

2023 年 10 月

前 言

知识的传承、创造和应用并不是新的概念，而将这三项使命汇集于一个组织，确是美国的独创。

美国不乏创新，由赠地院校（主要通过其所属的农学院）负责的教学、科研、推广"三位一体"的独特农业服务体系，开启了世界范围的"第二次学术革命"，既完善了大学的社会服务职能，又实现了教学、研究和社会服务的有机统一。伴随着以赠地院校为依托的美国农业服务体系的成长，赠地院校不仅为美国提供了高等教育大众化的承担者，而且开创了单科性学院向综合性大学和研究型大学转变的路径。

许多国家曾经复制过美国的做法，但鲜有成功的案例。借鉴美国赠地院校及其农业服务体系的经验，以促进中国高等教育和农村地区的发展，需要更有力的工具。

基于20世纪七八十年代兴起的组织分析新制度主义，本研究提出两个理论假设：

（1）特定冲突是制度起源的微观基础。这里的"特定冲突"虽然与基于有限理性的利益算计及权力博弈密切相关，但并不仅限于利益和权力，也可以是文化和价值观之间的矛盾。冲突引发博弈，当博弈达到一定程度的均衡，在一些非控制性因素的触发和引导下，最终形成广为接受的制度。（2）合法性机制与效率机制共存互补，合法性与效率之间的张力是制度变迁的决定性因素之一。合法性机制和效率机制在运行时都需要耗费组织有限的资源，在过程和效果上也存在不一致，但二者却有共同的目标：使组织运行得更好，因此具有了共存互补的基础，而二者之间的张力对制度变迁的方向具有重要的影响。如果组织对合法性的追求超过了效率，则制度将沿最强势的权力中心和主流意识形态所规定的方向演进，存留下来的制度不一定是效率最高的但一定是最符合权力中心要求的；如果组织对效率的要求超过了合法性，则既有的制度就构成约束，新的冲突会不断涌现，制度的演化将重新进入假设1所规定的情况，开始新的循环，新的制度将会在新的冲突中产生。

对美国赠地院校及其农业服务体系产生和成长经历的考察验证了上述假设，且有如下发现：

（1）美国独立后至南北战争爆发前，高等教育内部和外部聚集了至少六项冲突：高等教育管理模式、教学内容、教育理念、政治权力、地域诉求和经济利益等。这些冲突成为赠地院校得以创设的微观基础，从英国继承的赠地兴学传统为解决上述冲突提供了一个重要的选项。通过分析美国农业试验站系统和合作推广系统建立的背景，整体来看，经济冲突、政治冲突和文化冲突等构成了美国赠地院校及其农业服务体系制度演变的微观基础。（2）在美国赠地院校及其农业服务体系形成的过程中，政府权力中心、市场权力中心和学术权力中心都发挥了它们独特的作用，为体系的建立提供了广阔的机会空间，并形成了赠地院校关注教育民主、注重实践、与政府紧密联系和全国性网络等四项组织优点。美国赠地院校及其农业服务体系在更宏大背景下的合法性也因此建立起来。（3）以赠地院校为主体的美国农业服务体系创立了一种研究和开发系统，在横向上分为教学、研究和推广等三项职能，在纵向上分为联邦政府（通过农业部）、州政府（通过赠地院校农学院和农业实验站）、区域或郡合作推广办公室等三个层次。从农业服务体系的现状上来看，受效率机制和合法性机制的共同作用，无论是组织架构、资金分配、人员配备还是服务内容均与原制度设计有所差异，制度变迁的方向依赖于合法性与效率之间的张力。（4）"威斯康星思想"的形成得益于其与正式制度的恰当衔接、与其他非正式制度的良好互动和与非制度性因素的契合。它的实践发展证明了效率机制与合法性机制可以共存互补。

美国赠地院校及其农业服务体系产生和成长为中国带来的启示在于：

（1）决策层的制度设计需要在广阔的背景下进行并选择关键控制点。宏观制度建设应考虑到与经济、政治、文化观念体系等制度环境相匹配，而且要通过控制资源及分派条件和组织架构的设计把握制度运行的关键节点。（2）政府应采取多样方式在教育与农业等基础性和长远性事业中发挥主导作用。（3）社会系统内应强化政府、学术与市场力量之间的相互制衡。（4）政府、高校和科研院所应共同拓展农业服务体系的内涵。应扩大农业教育范围；整合农业科研资源；扩充农业推广的容量。（5）应延伸高等教育在地区发展中的边界。（6）应加强大学师生参与社会服务的制度设计。

著　者

2023 年 10 月

目 录
CONTENTS

1 │ 导　论

　　知识的传承、创造和应用并不是新的概念，但将这三项使命汇集于一个组织，确是美国的创新。人才培养、科学研究和社会服务因分别承载了人类传承知识、创造知识和应用知识的理想，而被公认为大学的三项基本职能。美国赠地院校不仅通过社会服务完善了大学的基本职能，而且实现了这三项职能的成功结合，使大学的形象从精致的"象牙塔"转变为能给国家和大多数民众带来利益的"金银岛"。在美国赠地院校影响下，大学从社会的边缘走到社会的中心，成为人类社会发展的重要引擎。

1.1　研究背景

1.1.1　研究背景

　　知识和研究对社会和经济发展的作用不断凸显，已经为大学开创了第三个使命：为社会和经济发展服务。

　　联合国教科文组织认为①，各种教育性质的智力机构（大学、学院、研究机构等）在社会发展中正日益发挥关键作用。他们的职能有三重：他们是知识发生器，也是创新中心，越来越重要的是，他们是促进和推动相关社区变化和发展的服务中心。这被称为继研究加入大学的使命的"第一次学术革命"后，在世界范围内发生的"第二次学术革命"。② 美国被视为"第二次学术革命"的策源地，美国赠地院校则被视为这场革命的先行者。

　　从20世纪70年代起，在组织理论领域，学者们开始用开放系统观点观察组织与他们的社会环境之间的关系，封闭的、理性的系统模型逐渐被抛弃。在高等教育领域，"开放系统"的理论框架常常被用来描述制度研究者如何分析输入、转化进程、输出和高等教育的环境条件。

　　可以用两重发展描述组织理论向"开放系统"演化的进程。首先，制度结构核心将会更加多样化，机构在广泛的领域内开展教育服务的新类型也会有所发展。实际上，这种发展对核心系统起催化作用的变化极其重要，以至于它应被视为教育的研发和创新扩

---

　　① SINGH, RAJA ROY. Education for the Twenty-first Century：Asia-Pacific Perspective ［R］. Bangkok (Thailand)：United Nations Education, Scientific, and Cultural Organization. Regional Office for Education in Asia and the Pacific，1991：14.

　　② ETZKOWITZ, HENRY, WEBSTER, et al. The Furture of the University and the University of the Fur-ture：Evolution of Ivory Tower to Entrepreneurial Paradigm ［J］. Research Policy，2000，29：313－330.

散中心、政策制订中心、新教育培训综合体、学术交流中心和新旧制度网络系统等机构本身的发展。多样化的另一方面是在现存制度的目的和结构及管理体制类型中发生的种种变化。①

根据系统理论，组织作为开放系统中一个特殊的层次有其自身的特性，但他们也具有一些整个开放系统都具有的性质。这些包括环境中的能量转换；输入的能量转化为某些具有系统特征的产品类型的生产量或转换；产品进入环境的输出；从环境中获取的资源的系统重新供能。开放系统也具有负熵、反馈、动态平衡、分化和等效性等系统共有的特性。②

将高等教育组织视为开放系统的理由在于，高等教育在深刻影响着社会发展的同时，也有许多因素影响高等教育组织的环境。高等教育的结构和焦点已逐渐在经济上被定义为"学术资本"③，政治上和文化上被定义为"新经济中的学术资本"④。那些创业导向影响的功能在高等教育的治理行为中被排在优先地位。至于居于领先地位的美国高等教育系统，学术资本已在当代美国高校的治理中被视为：⑤（a）一项文化系统；（b）一种生产模式；（c）一种管理模式，在多个层面发挥着作用。而这种状况，被认为源自美国赠地院校及其农业服务体系的影响。

众多研究者认为，作为社会发展的一部分，大学应该承担更多的社会责任。⑥⑦ 大学在社会与经济发展及国家创新体系的建设中被寄予厚望。在知识经济中，大学被视为重要的引领者。高等教育机构也被鼓励与工业和商业机构开展一系列风险合作。⑧ 大学的职能已经扩展到创造新的职业和事业。相关研究指出，在宏观层面，大学-产业-政府的关系可被视为一个动态创新的"三螺旋"结构，在不断增长的以知识为基础的时代，在创新活动中大学能够承担更重要的角色。⑨ "三螺旋"是一种知识生产的基本结构，在这个结构中，机构之间的职能相互交叉，在相互重叠的部分每一个都承担一部分另外

① SINGH，RAJA ROY. Education for the Twenty-first Century：Asia-Pacific Perspective ［R］. Bangkok (Thailand)：United Nations Education，Scientific，and Cultural Organization. Regional Office for Education in Asia and the Pacific，1991：52.

② KATZ DANIEL，ROBERT L KAHN. The Social Psychology of Organizations ［M］. Hoboken：Wiley & Sons，Inc.，1978：4.

③ SLAUGHTER S，LESLIE L L. Academic Capitalism：Politics，Policies，and the Entrepreneurial University ［M］. Baltimore：The Johns Hopkins University Press，1997.

④ SLAUGHTER S，RHOADES G. Academic Capitalism in the New Economy ［M］. Baltimore：The Johns Hopkins University Press，2004.

⑤ RHOADES G. Democracy and Capitalism，Academic Style：Governance in Contemporary Higher Education ［R］. Los Angeles：Center for the Higher Education Policy Analysis，2005.

⑥ ASHBY E. Adapting Universities to a Technological Society ［M］. San Francisco：Jossey-Bass Publishers，1974.

⑦ KERR C. The Uses of the University ［M］. 5th ed. Cambridge：Harvard University Press，2001.

⑧ OLSSEN M，PETERS M A. Neobieralism，Higher Education and the Knowledge Economy：From the Free Market to Knowledge Capitalism ［J］. Journal of Education Policy，2005，20：313 - 345.

⑨ ETZKOWITZ H，LEYDESDORFF L. The Dynamics of Innovation：From National Systems and "Mode 2" to a Triple Helix of University-Industry-Government Relations ［J］. Research Policy，2000，29：109 - 123.

两个机构的职能。①"蝶形三螺旋"是"三螺旋"理论在中国背景下的新发展，即在中国科技创新活动中存在"大学-企业-政府"和"科研院所-企业-政府"两个三螺旋。②中国的大学将在"蝶形三螺旋"中向创业型大学迈进，从而可以为国家创新体系的构建和社会经济的繁荣发挥更大作用。

组织理论和经济学、政治科学及社会学中，越来越认同制度安排在实施选择行动时具有关键作用。因为学校和大学是由深度的制度规则稳定下来的组织，他们是教育领域根本性改革的永恒问题。（传统和新）制度思想的一项基本前提假设是，大的制度综合体，比如教育组织，和他们的实践行为，是有条件的和竞争性的。也就是说，社会机构能采取大量不同类型和形式，与其他的相比，其中的一些对选择行动者的特殊群体有更大的感染力。③迈耶和罗恩（Meyer，H. D. and Rowan，B.）相信，制度理论的方法将有益于实践，因为它能发展成为制度设计理论。作为一种设计理论，制度理论可提供给教育参与者一系列教育组织内有塑造和约束行动潜力的工具。④

制度设计理论中，迈耶和罗恩认为，所用的工具应包括各种制度规范、准则、行为模式和教育组织中那些广为接受（taken-for-granted）的假设。制度理论认为，教育中的根本变化要求的不仅仅是改变一个组织的正式结构或工作方式。实际上，组织的面貌深深地嵌入在复杂的规章、准则和认知规范中，并由它们所界定。变化的学校组织的性质和变化的学校内部行为的性质，都要求给予变化中的制度更多的关注。这种对阻碍教育机构新发展的缓慢认知值得研究，因为它与正发生在教育机构现场的实际变化形成了鲜明对比。新的社会发展，已经产生了新的制度行为，教育领域内的制度理论和研究也应该及时跟上这种变化。⑤

美国赠地院校有着骄傲的历史，近150年来，他们不仅为美国的高等教育发展作出了重要贡献，还为美国的社会进步和经济繁荣发挥了关键作用。赠地院校的农学院是许多美国公立大学的前身，为美国的农业研究、农业科学和技术的推广，以及为美国工商业发展提供了强有力的智力支持。美国高等教育组织中的现代研究型大学，也有许多是由当初的赠地院校农学院发展壮大而来。

农业服务在美国赠地院校服务社会的过程中占据首要位置。由赠地院校（主要通过其所属的农学院）负责的教学、科研、推广"三位一体"的独特的农业综合服务体系，在推动提高农业生产效率和农业科技水平方面作出了不同寻常的贡献，进而为美国经济的增长和世界消费者福利的改善作出了贡献，形成了美国农业在世界上位居前列的体制保障。

---

① ETZKOWITZ，HENRY，WEBSTER，et al. The Furture of the University and the University of the Furture：Evolution of Ivory Tower to Entrepreneurial Paradigm ［J］. Research Policy，2000，29：313 - 330.

② 董维春，罗泽意，朱志成 . 迈向创业的现代大学——基于 1998—2008 年国家科技进步奖农业领域的调查［J］. 高等教育研究，2010（5）：25 - 29.

③ MEYER H D，ROWAN B. Institutional Analysis and the Study of Education ［M］. Albany：State University of New York Press，2006：3 - 4.

④ Ibid. .

⑤ Ibid. .

克拉克（Clark B. R.）论证说，基于跨国的比较，制度的分化已被证明是各国高等教育系统长远发展必须遵守的最重要的特征。[①] 完善的制度是美国赠地院校顺利开展社会服务职能的重要保障。分析这些制度的创设过程和稳定下来的结构可作为探究美国高等教育为何领先于世界的钥匙之一。

根据比较制度理论的分析，组织作为一种稳定结构的存在，主要是因为一些社会行为重复得越多，在战略上越有优势，因此这些行为就作为自我控制的机制固定在社会中。[②] 美国赠地院校社会服务体系内外部制度条件的建立和演化发展，从一个侧面表达了社会中理性组织的利益和行为选择，具有普遍的借鉴意义。

中国的现代大学是"横向的移植"而非"纵向的继承"，大学如果想在中国健康地成长，不可避免地要经历一场制度建设的进程。[③] 相应地，中国高等教育的机构建设和社会服务职能的变化发展，也要经历一场长期的学习过程。因此，对美国赠地院校及其社会服务体系，特别是富有成效的农业服务体系建立和演化过程的研究，将对中国具有重要的参考价值。

1.1.2　研究目的与研究问题

本研究希望达到两个目的：一是厘清美国赠地院校及其农业服务体系制度建设的背景、过程和结构；二是检验制度理论在高等教育组织研究领域的解释力。基本的研究问题是：

（1）为什么赠地院校及其农业服务体系会在美国形成并发展？相关制度安排和组织结构是如何演进的？

（2）用制度理论如何解释美国赠地院校及其农业服务体系的形成和发展？

1.2　相关概念辨析

1.2.1　赠地院校

赠地院校（land-grant colleges and universities），也称赠地学院（land grant colleges）、赠地大学（land grant universities）或赠地机构（land grant institutions），是美国的一类高等教育机构，它们接受由联邦立法赠予的土地所设基金的资助，且承担法案规定的相应责任和义务。

这类机构源于1862年由林肯签署的《莫里尔法案》（*Morrill Act*）（也称1862莫里尔法案、第一莫里尔法案或赠地法案），随着1887年成为法律的《哈奇法案》（Hatch Act）、1890年的《莫里尔法案》（也称1890莫里尔法案或第二莫里尔法案）、1914年的《史密斯-利弗法案》及上述法案的修正案等一系列立法活动（参见附录1）的开展，这些机构的数量不断增加，所承担的义务也由当初在不限制传统古典学科的条件下开展农

---

① CLARK B R. The Insulated American：Five Lessons from Abroad [J]. Change, 1978, 10 (10)：24 - 30.

② AOKI M, OKUNO-FUJIWARA M. Comparative Institutional Analysis：A New Approach to Economic Systems [M]. Tokyo：University of Tokyo Press, 1996.

③ 金耀基. 大学的理念 [M]. 北京：生活 读书 新知 三联书店, 2000.

业、机械工艺教育和军事训练，逐渐增加了农业科研、合作推广等方面的内容。由这些法案促使的 19 世纪末至 20 世纪初美国各州和领地建立赠地院校的活动称为"赠地学院运动"（Land-Grant College Movement）。

那些受益于相关法案，获得相应权利和承担相应义务的机构均被认为具有了"赠地身份（land grant status）"。这些具有赠地身份的机构，虽然在创立初期大都被称为学院（college），而且大部分是农学院，但后来通过增加人文和社会科学、医学、法律等学科而发展成综合性的大学（university）。为准确起见，在本研究中统称那些具有赠地身份的学院和大学为"赠地院校"。

随着美国版图的扩大，赠地院校系统的规模也不断增长。哥伦比亚特区大学（University of the District of Columbia）在 1967 年接受了联邦议会赠予的 724 万美元，以代替土地，结束了该地区"全国最后一个没有赠地学院的重要区域"的历史。① 在 1972 年特殊教育修正案（Special Education Amendment）授权下，从 1971 年开始，美国的海外领地：关岛（Guam）、密克罗尼西亚群岛（Micronesia）、美属萨摩亚群岛（American Samoa）、北马里亚纳（Northern Marianas）和美属维尔京群岛（Virgin Islands）等"美国国旗下唯一没有允许参与赠地学院项目的地区"，各获得 300 万美元的联邦赠予资金，以代替土地或土地凭证。② 1994 年的《中小学教育再授权法》（Elementary and Secondary Education Reauthorization Act）又赋予土著美国人学校"赠地身份"，使赠地院校又承担了改善民族地区生存和发展环境的责任。

依照 1862 莫里尔法案而获得资助的大学或学院被称为"1862 机构（1862 Institutions）"，根据 1967 年和 1972 年相关法案获得赠地身份的院校，也享有与原 1862 机构同等的权利，因此这些机构均被称为 1862 机构。相应地，受益于 1890 莫里尔法案的 16 所公立黑人院校、1 所私立大学——塔斯克基大学（Tuskegee University）被称为"1890 机构"。受益于 1994 年中小学教育再授权法案的 29 所美国土著居民学院则被称为"1994 机构"。

1862 机构、1890 机构和 1994 机构在后续法案支持下，数量均有所增加，新增加的院校与原机构具有同等地位，因此仍在统称时被视为同一类型。根据美国农业部的统计，截至 2009 年 12 月，在一系列相关法案支持下，美国各州及领地共有 109 所具有"赠地身份"的院校，其中 1862 机构 57 所③④，1890 机构 18 所，1994 机构

---

① NASULGC. The Land-Grant Tradition ［R］. 1995. http：//www. uwex. edu/ces/depthead/pdf/landgrant-trad. pdf. Retrieved 2009 - 10 - 16.

② Ibid. .

③ 麻省理工学院（MIT）接受了 1862 莫里尔法案赠予马萨诸塞州土地的 1/3，但这些赠地的收益被用于技术和工业教育。MIT 也未履行 1887 哈奇法案、1914 史密斯-利弗法案等后续法案，因此，MIT 未被列入赠地院校名单。

④ 接受 1862 莫里尔法案赠地时，加利福尼亚大学还只有一个校区，在伯克利（Berkeley），后来该校发展成一个系统（University of California System），总部设在奥克兰（Oakland）。整个加利福尼亚大学系统均受惠赠地基金，在统计时只算作一个，但开展农业教育和研究较多的 UC-Davis 和 UC-Riverside 会得到更多一些。

34 所。① 参见附录 2：美国赠地院校名单。

还需要指出的是，在美国，除赠地院校外，联邦政府通过"赠予"的方式，向高等教育机构开放近海、太空、太阳能等资源，而相应的机构便被称为"赠海院校（sea-grant colleges and universities）""赠空院校（space-grant colleges and universities）"等。联邦政府这种将公共资源"赠予"高等教育机构的方式，既充分利用了公共资源，又发挥了高等教育机构的优势，增强了高等教育机构服务社会的能力。

1.2.2 社会服务及农业服务体系

一直以来，高等教育在通过多种方式服务于人类文明的传承和社会的发展，只是在不同的阶段，高等教育（特别是大学）服务的对象和方式不一样。

"社会服务（Social Service）"，也称"公共服务（Public Service）"，本研究视二者为不同语境中的同一概念，如无特别说明，二者在本研究中通用。在现代语境中，一般认为，社会服务源于美国赠地学院农学院及其负责的农场试验站和农业推广站。1862年莫里尔法案为美国大学在履行传统的教学与科研职责的同时，增加了社会服务的使命。随后，在 1887 年哈奇法案（Hatch Act of 1887）构建地方农业试验站体系的基础上，1914 年史密斯-利弗法案（Smith-Lever Act of 1914）在每一个赠地学院/大学构建了"合作推广服务"系统，从而使赠地学院/大学的社会服务职能真正变得制度化。② 至于大学社会服务职能的完整描述，最好的表达可能是著名的"威斯康星思想"，即大学应该以州或更广阔的地区的边界为校园的边界。威斯康星大学前校长（1903—1918 在任）查理斯 R. 范海斯（Charles R. Van Hise）参与和推动了"威斯康星思想"的形成。他宣称，自己"不会觉得满意，直至大学的有益影响到达整个州的每一个家庭"。③

至于"社会服务"的概念，鲍恩（Bowen）将其归类为"社会收益"④，以区别于由高等教育组织教授、训练并授予学位的学生的个人收益。1953 年重新修订史密斯-利弗法案保留了对公共服务的说明，即："帮助在美国人民中推广实用和实践性的信息，……并鼓励这些信息的应用。"⑤ 在美国高等教育组织承担社会服务职能的早期，其最重要的特征在于它是一项（通常是非正式的）行为方式，即基于大学的学识，针对校园以外广泛散布的、类型多样的听众的实用教育活动。⑥ 鲍恩认为，大学开展的直接

---

① NIFA. NIFA Land-Grant Colleges and Universities [R]. http://www.csrees.usda.gov/qlinks/partners/map_lgu_all_front_12_9_09.pdf. Retrieved 2010-1-12.

② MCDOWELL G R. Land-Grant Universities and Extension into the 21st Century：Renegotiating or Abandoning a Social Contract [M]. Ames：Iowa State University Press，2001：17.

③ WARD D. 1997-98 Annual Report [R]. Madison：University of Wisconsin-Madison，1998：15.

④ BOWEN H R. Investment in Learning—The Individual and Social Value of American Higher Education [M]. San Francisco：Jossey Bass Publishers，1996.

⑤ RASMUSSEN W D. Taking the University to the People—Seventy-five Years of Cooperative Extension [M]. Ames：Iowa，Iowa State University Press，1989：254-256.

⑥ MCDOWELL G R. Land-Grant Universities and Extension into the 21st Century：Renegotiating or Abandoning a Social Contract [M]. Ames：Iowa State University Press，2001：20.

的公共服务主要包括：①

● 公开示范、学生教学、相互合作和学生参与的专业实践学术项目等公众服务活动。

● 为方便周边社区的居民开展的娱乐文化活动。包括戏剧和音乐演出；开放诸如体育馆、田径场、高尔夫球场、网球场、图书馆、博物馆等资源；举办电台、电视台或广播站；开展各种体育比赛。

● 特别为服务公众而设计的项目。如"合作推广站"模式，同时包括其他不由推广站管理，也不归于赠地院校的活动。

● 持续提供能够切实解决各种社会和技术难题的专家。在一些人看来，大学象征着所有领域（基础研究和应用研究）专业知识的首要来源。

● 为各种服务项目，地方、州和联邦政府提供管理人员和领导者。

鲍恩并未谈及大学开展的远程教育和成人继续教育，也未将大学单独或与政府/产业等组织合作开展的技术开发、专利转让、创办企业、建设科技园区等密切与经济相关的活动包括在内。尽管这些活动通常是在大学正规的教室、实验室，由大学的教授、研究生负责，而且它们代表了大学的传统职能与公共服务职能之间的交叉。

大学开展公共服务的目的是为了寻求社会支持，但并不是所有能获得社会支持的活动都值得大学去做。迈克道尔（McDowell）认为大学的公共服务活动若想赢得委托人（社会）的支持，则这些活动应该满足下面的必要条件②：

● 正的净收益条件：活动必须能给委托人带来正的净收益——教育或信息的所有净收益必须超过为此付出的成本（为参加活动而付出的时间、开展的旅行等）。

● 归属条件：大部分的净收益，不管数量有多大，必须归于大学。

● 接受条件：政治资本的积聚通常是一项独立的交易。委托人必须是可确认的，也乐意为大学提供支持。

● 政治行动条件：委托人针对大学的政治行动成本要少于他们过去和未来的预期收益。

在所有公共领域的代理人中，赠地院校的公共服务活动为降低政治行动的成本做了许多事情。譬如，组织志愿者到华盛顿旅行的活动，作为影响联邦为推广项目拨款的一种方式而被合作推广组织广泛应用。③ 满足这些条件是推动个人和组织对政治家采取有影响的行动的关键。④

上面的分析已经将大学社会服务的主要方面及开展社会服务的前提包括在内。本研

① BOWEN H R. Investment in Learning—The Individual and Social Value of American Higher Education ［M］. San Francisco：Jossey Bass Publishers，1996：289 - 324.

② MCDOWELL G R. Land-Grant Universities and Extension into the 21st Century：Renegotiating or Abandoning a Social Contract ［M］. Ames：Iowa State University Press，2001：23.

③ MCDOWELL G R. The Political Economy of Extension Program Design：Institutional Maintenance Issues in the Organization and Delivery of Extension Programs ［J］. American Journal of Agricultural Economics. 1985，67 （4）.

④ MCDOWELL G R. Land-Grant Universities and Extension into the 21st Century：Renegotiating or Abandoning a Social Contract ［M］. Ames：Iowa State University Press，2001：24.

究认为，社会服务的内涵在于：大学利用其特有的资源，遵循其内在的逻辑和原则，为地方和国家的公众利益而开展的实践活动。其中，"大学特有的资源"主要指各领域的专家、教师，具有服务能力和热情的学生，学校的图书馆、高水平的实验和检测设备仪器等；"内在的逻辑和原则"是指大学在开展社会服务的同时不仅不应损害而且还应促进大学其他的社会功能——人才培养和科学研究。

农业服务即农业领域开展的社会服务活动，而农业服务体系则是指一系列支持农业服务的规范、政策、法律、价值观念等制度组合。

1.2.3 制度、制度变迁及制度理论

对制度、制度变迁和制度理论的进一步解释将在第 2 章专门给出。这里仅作一般性的介绍。

根据林毅夫的研究，制度可以定义为社会中个人和组织所遵循的行为规则，也可以被设计成人类对付不确定性和增加个人和组织效用的手段。[①] 所谓"制度"包含两层意思：一是制度安排，二是制度结构。制度安排（Institutional Arrangement）的定义是管束特定行动模型和关系的一套行为规则。制度安排可以是正式的，也可以是非正式的。正式的制度安排如家庭、企业、工会、医院、大学、政府、货币、期货市场等。与此相对，价值、意识形态和习惯就是非正式的制度安排的例子。一般情况下，"制度"这一术语指的是制度安排。制度结构（Institutional Structure）被定义为一个社会中正式和非正式的制度安排的总和。[②]

一些制度基于正式的、成文的管理和实施方法，比如法律、规章、操作手册等，这些制度由社会机构的强制力支持。另一些制度更多地存在于非正式的行为模式和价值，即，通过社会化行为而内化的能够强烈感觉到的约束。还有其他形式存在的深度制度化的认知方式或模式，即相对默契、理所当然的，可作为规则理解的情况。由于制度形式的多样化，我们定义制度为"建立在或多或少的同意基础上，用于一群行动者采取和决定行动的一系列规则"。[③] 此外，当一项行动或一系列行动和配合在没有公开的干预下反复发生，或当一项社会行为模式根据一些有序的规则得到复制时，这些行动与配合及行为模式都可称为制度。[④]

考虑到一般性的观点，[⑤] 本研究中所说的制度变迁在大多数情况下，仅仅指某个特

---

① LIN J Y. An Economic Theory of Institutional Change：Induced and Imposed Change ［J］. Cato Journal，1989，9 ［1 (Spring/Summer)］：1-33.

② Ibid.：7-8.

③ ABELL P. The New Institutionalism and Rational Choice Theory ［M］. Thousand Oaks：Sage Publisher Inc.，1995：5.

④ ROWAN B，MISKEL C G. Institutional Theory and the Study of Educational Organizations ［A］. From Murphy，Joseph and Karen Seashore Louis，(Eds.). Handbook of Research on Educational Administration：A Project of the American Educational Research Association (2nd) ［M］. San Francisco：Jossey-Bass Inc.，1999：359-383.

⑤ LIN J Y. An Economic Theory of Institutional Change：Induced and Imposed Change ［J］. Cato Journal，1989，9 ［1 (Spring/Summer)］：1-33.

定制度安排的变迁（结构中的其他制度安排不变），而不是指整个结构中每个制度安排的变迁。

　　制度理论以社会结构中更深层次和更具有伸缩性的议题为对象，关注那些被作为社会行为权威指南而确定下来的图式（schemas）、准则（rules）、规范（norms）和章程（routines）等程序，探究它们如何随空间和时间的变化而被创造、扩散、接受和适应，又如何陷于衰败和废弃。① 尽管社会生活中表面的主题是稳定和秩序，但社会结构中不仅仅存在共识和一致，更多的，也是制度理论重点关注的，是冲突和变革。

1.3　国内外相关研究

　　美国及其高等教育历来是众多研究者关注的焦点，赠地院校因其在美国社会经济发展和高等教育民主化、大众化进程中的突出作用，而一直吸引着大批社会学、经济学、法学、政治学、历史学和教育学等领域研究者的目光。依据研究主题，本研究将主要梳理两个方面的典型研究成果：一是关于美国赠地院校及其农业服务体系的形成背景，特别是体系产生的动力；二是关于制度理论在教育组织研究中的应用。

1.3.1　美国赠地院校及农业服务体系产生的动力

　　作为开创美国高等教育新格局、完善高等教育机构新职能的革命性制度，美国赠地院校及其农业服务体系的创设是高等教育史学界绕不开的主题。但在具体哪些因素是美国赠地院校及其农业服务体系创设的"第一推动力"问题上，众多研究者之间存在着明显的差异。

　　关于赠地学院运动的历史，在美国影响较大的有四部著作：Earle D. Ross 的《民主的学院：形成时期的赠地学院》（*Democracy's College：The Land-Grant College in the Formative Stage*）②、Edward D. Eddy 的《为了我们的土地和时代的学院：美国教育中的赠地思想》（*Colleges for Our Land and Time：The Land-Grant Idea in American Education*）③、Allan Nevins 的《州立大学与民主》（*The State Universities and Democracy*）④ 和 Joseph B. Edmond 的《伟大的纲领：莫里尔赠地院校的起源和作用》（*The Magnificent Charter：The Origin and Role of the Morrill Land-Grant Colleges and Universities*）⑤。这些著作的核心观点为，赠地学院运动是美国教育演化发展的一

---

　　① SCOTT W R. Institutional Theory：Contributing to a Theoretical Research Program ［A］. From Smith，Ken G. and Michael A. Hitt （Eds. ），Great Minds in Management：The Process of Theory Development ［M］. Oxford （U. K. ）：Oxford University Press，2004：460－482.

　　② ROSS，EARLE D. Democracy's College：The Land-Grant College in the Formative Stage ［M］. Ames：The Iowa State College Press，1942.

　　③ EDDY，EDWARD D. Colleges for Our Land and Time：The Land-Grant Idea in American Education ［M］. New York：Harper & Brothers Publishers，1957.

　　④ NEVINS，ALLAN. The State Universities and Democracy ［M］. Now York：John Wiley，1962.

　　⑤ EDMOND，JOSEPH B. The Magnificent Charter：The Origin and Role of the Morrill Land-Grant Colleges and Universities ［M］. Hicksville：Exposition Press，1978.

部分。他们论证说赠地院校的出现是必然的，是正在持续增长的民主对教育的必然要求。譬如，他们认为，普通民众，特别是农民，要求获得与他们的实践利益相关的高等教育的机会。这些历史学家们认定，教育的改革是莫里尔法案通过的主要动机。

然而，另一些著名美国高等教育史学家的著作，譬如 John S. Brubacher 和 Wills Rudy 的《转变中的高等教育：美国学院和大学史》（*Higher Education in Transition：A History of American Colleges and Universities*），则提出了赠地院校形成过程中的另两个关键因素[①]：一是传统古典课程与基于科学的现代课程之间的激烈较量；二是由 1862 莫里尔法案开创的公共土地的分派机制，及由此触发的联邦政府通过资助而达到具体目的的做法。尽管他们承认教育改革在赠地学院运动中的主要作用，但他们也指出，莫里尔法案是联邦政府主动参与高等教育的标志性事件。

越来越多地，学者们开始从更宏阔的视角看待赠地院校及其农业服务体系的兴起。譬如，Eldon L. Johnson 在《关于早期赠地学院的一些误解》（*Misconceptions About the Early Land-Grant Colleges*）中指出[②]，尽管教育是立法中重要的考虑因素，但联邦将公共土地用于支持教育并不单纯是由于教育改革的目的。Scott Allen Key（1995）更是坚定地认为赠地院校的产生是出于联邦政府开发西部土地的经济需要和团结东部与北部共同维护联邦的政治需要。[③] 这反映了一种从更广阔背景了解美国赠地院校及其农业服务体系的认识论倾向。

国内一些学者对美国赠地院校及其农业服务体系的形成因素持综合性的观点。譬如，李素敏的《美国赠地学院发展研究》将赠地院校的成立视为 19 世纪后半期美国社会、政治、经济及思想等方面发生的巨大变化的产物，并从五个方面对赠地院校的成立背景进行分析[④]：一是美国当时工农业生产与工农业教育的现实需要；二是实用主义哲学、教育民主化思想和多元文化传统等思想理论的推动；三是科学的发展和科学教育运动的兴起；四是高等教育大发展的必然要求；五是从英国继承来的赠地兴学的传统。不难看出，作者仍把教育因素视为主导因素。另外，刘志民等曾提出莫里尔法案并不主要是一份教育立法文件，而是一份重要的经济政策文件，[⑤] 但未给予充分论证。崔高鹏在《从特纳到莫雷尔：1862 年美国赠地学院法案的起源与发展研究》中，从经济史观的角度考察 1862 莫里尔法案的通过历程，论证了伊利诺伊的特纳在 19 世纪 50 年代提出的"产业大学计划"是 1862 莫里尔法案的原型法案，还通过对地域利益和党

① BRUBACHER J S，RUDY W. Higher Education in Transition：A History of American Colleges and Universi-ties ［M］. 4th ed. New Brunswick（U. S. A.）& London（U. K.）：Transaction Publishers，1997（2008 Re-print）.

② JOHNSON E L. Misconceptions About the Early Land-Grant Colleges ［J］. The Journal of Higher Educa-tion，1981，52 ［4（Jul. -Aug. ）］：333 – 351.

③ KEY S A. The Origins of American Land Grant Universities：An Historical Policy Study ［D］. Public Policy. Chicago：University of Illinois at Chicago. 1995 Ph. D. Dissertation.

④ 李素敏. 美国赠地学院发展研究 ［M］. 保定：河北大学出版社，2004：1 - 41.

⑤ 刘志民，等. 国外高等农林教育发展研究 ［A］. 刘贵友，刘志民，等. 道路·模式·战略——高等农林教育发展研究 ［M］. 北京：高等教育出版社，2006：109.

派利益分析，解释了 1862 莫里尔法案立法过程中的众多争论，并指出 1862 莫里尔法案"既是一部联邦经济法案，又是一部联邦高等教育法案，但主要还是一部联邦高等教育法案"。①

上述研究深化了我们对美国赠地院校及其农业服务体系形成背景的认识，尽管很难称得上全面，却共同证明了：有多重冲突介入了美国赠地院校及其农业服务体系的形成和发展。但已有研究往往侧重于描述某一方面的冲突，对美国赠地院校及其农业服务体系产生与成长的背景缺乏综合性的分析。

考察事物发生发展的背景和路径，宜从还原"当时"的环境入手，而不应从事物的当前表现推演出当初的动机和目的。"选择性强调"迎合现实需要的某些因素，进而"选择性遗忘"历史的本原状况，无论对于认清历史还是指导现实，都是危险的。历史的意义是一回事，历史的过程却是另外一回事，我们不能因为某件历史事件现实的特定意义而无限放大其过去的光环。因此，综合地看，赠地院校的形成固然是美国乃至世界的高等教育发展史上光彩夺目的篇章之一，但形成的背景和过程却并非可以由教育改革的动机完全决定，很可能是各种力量和冲突妥协的产物。本研究的任务之一，就是描述和分析这些冲突。

1.3.2　制度理论在教育组织研究中的应用

对组织的制度分析始于 20 世纪 40 年代末 50 年代初，至 70 年代已逐渐成熟。最早可见的组织理论中的制度分析是菲利浦·塞尔兹尼克（Philip Selznick）及其同事在 20 世纪 50 年代和 60 年代初进行的一系列案例研究。他们考察了社会环境变化和组织内外部利益冲突对组织目标结构的影响。② 早期的制度理论认为，组织不是理性行为的固定结构，而是社会系统中稳定秩序模式的自然演化。塞尔兹尼克重点关注了发生在组织内部和距组织最近的外部环境的制度化进程，与他相对的，陶克特·帕森斯（Talcott Parsons）认为，管理者的主要任务在于调整组织的目标和使命，使其与社会规范和价值一致。他论证说，组织为应对潜在的功能冲突，确保合理性和提高效率而形成单独的子系统，将在管理的制度和技术层面导致他所定义的"质量裂缝（qualitative break）"。③

迈耶和罗恩在 20 世纪 70 年代末的一系列工作经常被认为是新制度主义在组织理论中最早的应用。④ 他们没有将正式的组织结构视作组织对技术效率压力的反应，而是将其视作关于组织进行的最有效的"类规则假设"，并经过实践检验后被人们接受的

---

①　崔高鹏. 从特纳到莫雷尔：1862 年美国赠地学院法案的起源与发展研究 [D]. 北京：北京师范大学，2008.

②　SELZNICK P. TVA and Grass Roots [M]. Berkeley：University of California Press，1949.

③　PARSONS，TALCOTT. A Sociological Approach to the Theory of Organizations [A]. From Talcott Parsons（Ed），Structure and Process in Modern Societies [M]. Glencoe：Free Press，1960：16-58.

④　MEYER J W，ROWAN B. Institutionalized Organizations：Formal Structure as Myth and Ceremony [J]. American Journal of Sociology，1977，83：340 - 363.

成果。随后，迈耶和罗恩进行了应用制度理论分析教育组织的最早尝试。[①] 他们认为，教育的官僚组织是过度重视理性和广为接受的理论对现代社会如何最有效组织教育的反应，但是，他们也论证说，这个进程没有导致增加教学与学习的合作，也未导致对教学和学习的过度控制。因此，他们解释了为什么学校会以"松散耦合系统"形式存在。而在他们的最新成果中，他们却指出教育组织（12级教育和高等教育）正在变成"紧密耦合"的组织。[②] 这反映了制度主义对教育组织的认识在深化，也反映了新的社会环境对教育组织的影响。

近年来，制度理论逐渐受到教育管理领域学者的重视。作为一种研究方法，制度理论提供了一种分析现代社会教育组织的结构和功能的一系列有力的解释工具。例如，制度理论能够解释世界范围内大规模的教育组织官僚化的兴起；能够解释不同国家和制度环境中学校的不同管理模式；也为世界范围内不同教育系统中变动的教育产出水平提供了新的解释。[③]

国内学者也很快在理论和实践上开展了制度理论在教育组织研究中的应用，但却开始于两个不同的原点，遵循着两条不同的路径。

中国改革开放 40 年来取得的巨大经济成就，使"经济学帝国主义（Economic Imperialism)"在中国学术界的影响力不断放大。受新制度经济学，或更准确地说是新古典制度经济学（第 2 章将对此概念展开进一步的讨论），在经济学领域大行其道的鼓励，关于"制度"的讨论一时成为国内社会科学界最时髦的话题，由此形成应用新古典制度经济学的相关术语和范式开展教育研究的路径。

譬如，康永久的《教育制度的生成与变革—新制度教育学论纲》试图用新制度经济学的范式重塑教育学，得到了许多新颖的结论。[④] 吴文俊的《高等教育制度功能的经济学分析》运用制度经济学的交易成本理论和成本收益分析法，借助整体主义的方法论，通过相对完整的学术过程解读了高等教育制度对高等教育系统内外部的成本节约功能。[⑤] 齐泽旭的《新制度经济学视野下美国高等学校教师管理制度研究》将正式制度与非正式制度的关系处理置于分析的核心，采用新制度经济学的视角，从制度变迁、制度结构等方面对美国高校教师管理制度进行了分析。[⑥] 这些研究是新制度经济理论在教育问题上的实践应用，深深地烙上了经济学的印记。但是，教育毕竟不完全是一种经济行为，教育行为背后所蕴含的政治、文化和历史因素并不能完全用经济学分析范式认识清

① MEYER J W，ROWAN B. The Structure of Educational Organizations ［A］. In Meyer，M. W. （Ed. ）. Environments and Organizations ［M］. San Francisco：Jossey-Bass Publishers. 1978；78 - 109.

② MEYER H D，ROWAN B. Institutional Analysis and the Study of Education ［M］. Albany：State University of New York Press，2006；3 - 4.

③ ROWAN B，MISKEL C G. Institutional Theory and the Study of Educational Organizations ［A］. From Murphy，Joseph and Karen Seashore Louis，（Eds. ）. Handbook of Research on Educational Administration：A Project of the American Educational Research Association ［M］. 2nd ed. San Francisco：Jossey-Bass Inc. ，1999；359 - 383.

④ 康永久. 教育制度的生产与变革—新制度教育学论纲 ［D］. 武汉：华中师范大学，2001.

⑤ 吴文俊. 高等教育制度功能的经济学分析 ［D］. 上海：华东师范大学，2006.

⑥ 齐泽旭. 新制度经济学视野下美国高等学校教师管理制度研究 ［D］. 长春：东北师范大学，2008.

楚。对教育现象的认识需要更综合的工具。

另一条路径，也是本研究所遵循的理论路线，是采用跨学科的研究方法关注处于宏大社会文化背景下的制度结构及变迁。林杰的《制度分析与高等教育研究》从方法论的角度归纳了制度理论审视高等教育现象与问题的途径和边界。① 《北京大学教育评论》曾翻译介绍了部分外国（主要是美国）学者的相关论文和著作节选，并将 2007 年的第 1 期设为新制度理论与教育研究的专题。周光礼的《大学治理模式变迁的制度逻辑——基于多伦多大学的个案研究》，以加拿大多伦多大学治理模式由两院制向一院制的变革为例，应用新制度主义政治学的分析框架，对制度变迁的微观基础、动力机制和决定性因素进行了理论建构和实践检验。② 郭建如的《社会学组织分析的新老制度主义与教育研究》系统总结和分析了组织社会学中新老制度主义的发展过程、基本概念和分析框架及其在教育研究领域中的应用，并对组织分析中制度理论的发展进行了讨论。③ 此外，他通过《我国高校博士教育扩散、博士质量分布与质量保障：制度主义视角》应用和检验了制度理论的现实解释力。④ 上述研究在理论和方法上为本研究提供了有益的参考，但相对而言，应用制度理论对高等教育组织的分析还需要有具体的、可操作的工具。

总之，现有的研究已经反映出对美国赠地院校及其农业服务体系的形成、结构和实践需要更综合视角的趋势，也反映出制度理论在教育研究中的良好解释力。但相对而言，对美国赠地院校及其农业服务体系产生与成长的政治经济条件和文化历史条件的综合考察还比较薄弱。另一方面，制度理论的分析方法和分析对象还可以寻找新的空间。

本研究即在现有研究的基础上，应用制度理论分析方法，考察宏观社会背景下美国赠地院校及其农业服务体系的形成、结构和实践发展。

还需要指出的是，美国赠地院校及其农业服务体系的形成是一项开创性的制度设计，如果将其一厢情愿地归结为教育改革或其他单一因素，似乎无法解释美国这一制度的成功在世界的唯一性；如果将太多的"权力和利益算计"因素考虑进来，似乎又陷于某种程度的"阴谋论"。上述这些缺点，都是本研究所极力避免的。

1.4　研究方法及论文框架

1.4.1　研究路径与方法

本研究将理论分析与案例研究，规范研究与实践研究相结合，在借鉴社会学、管理学、组织学和经济学等学科对制度理论的介绍基础上，提出理论假说，通过分析美国赠地院校及其农业服务体系的形成、结构和实践行为，予以验证。研究中的具体方法主要有：

---

① 林杰. 制度分析与高等教育研究 [J]. 北京师范大学学报（社会科学版），2004（6）：19－24.

② 周光礼. 大学治理模式变迁的制度逻辑—基于多伦多大学的个案研究 [J]. 高等工程教育，2008（3）：55－61.

③ 郭建如. 社会学组织分析中的新老制度主义与教育研究 [J]. 北京大学教育评论，2008（3）：142－157.

④ 郭建如. 我国高校博士教育扩散、博士质量分布与质量保障：制度主义视角 [J]. 北京大学教育评论，2009（2）：27－52.

（1）文献分析法

本研究在广泛和大量收集文献以及原始材料进行研读的基础上，对美国赠地院校及其农业服务体系的历史背景、发展路径、组织结构和实践方式进行叙述、分析。另外，通过对制度理论相关文献的分析与讨论，本研究尝试提出自己的分析框架。

（2）个别访谈与实地调研法

为了解当代美国赠地院校及其农业服务体系制度的实际表现，笔者借助 2008 年度国家留学基金管理委员会"国家建设高水平大学公派研究生项目"的支持，利用在美国亚利桑那大学（University of Arizona）① 高等教育研究中心访问学习的机会开展本研究。在美国学习期间（2008 年 9 月至 2009 年 10 月），除课堂内外与教育研究者讨论外，还多次到农学院、农业试验站和合作推广中心调研，并与大学、农学院等相关机构的负责人和工作人员进行访谈。在导师积极联络和南京农业大学海外校友的帮助下，笔者又到艾奥瓦州立大学（Iowa State University）、威斯康星大学-麦迪逊（University of Wisconsin-Madison）和加利福尼亚大学-伯克利（University of California-Berkeley）进行调研、访谈和文献查找。

1.4.2 论文框架结构

本研究拟分为四个部分，除导论外共 6 章。

第一部分是"理论与框架"，拟通过梳理制度理论及其在教育研究中的应用，构建本研究的分析框架。本部分包含第 2 章"教育组织研究的制度视角：一个分析框架"，主要回顾了制度理论的形成和发展历程，介绍了代表性人物的著作和观点，并说明了制度理论对本研究的适切性，最后提出待验证的理论假设。

第二部分是"制度的孕育与构建"，通过文献考察，还原赠地院校及其农业服务体系在形成过程中的冲突，这是历史的考察。本部分共包含两章，分别是第 3 章"制度的孕育：美国赠地院校兴起的背景"，介绍 1862 莫里尔法案通过之前的历史现实和冲突，并介绍了赠地院校在各州的成立及其初期的情况；第 4 章"制度的构建：体系的建立与完善"，介绍美国农业试验站系统及 1887 哈奇法案的背景、合作推广系统及 1914 史密斯-利弗法案的背景，并对赠地院校及其农业服务体系构建的过程进行了制度分析。

第三部分是"制度的调适与整合"，"点面结合"，首先通过介绍美国农业服务体系在当代的组织结构、资金分配机制、人员配备和服务内容等情况，对比原来的制度设计，展现合法性与效率之间的张力对制度变迁的影响；还通过分析具有典型意义的"威斯康星思想"，展示制度理论的魅力。本部分共包含两章，分别是第 5 章"制度的调适：合法性与效率的博弈"，从组织结构、资金分配、人员配备和服务内容等四个方面，介绍当代以赠地院校为主体的美国农业服务体系的整体情况，并通过与制度设计的对比，考察合法性与效率之间的张力对制度变迁的影响；第 6 章"制度的整合：威斯康星思

---

① 亚利桑那州第一所大学，创办于 1885 年，比亚利桑那州正式成立早了将近 30 年。该校位于亚利桑那州第二大城市图森（Tucson），是全美大学协会（Association of American University，AAU）成员之一，赠地院校中的 1862 机构之一。

想"，将试图用制度视角介绍分析具有典型意义的威斯康星思想的形成和发展实践。

第四部分是"思考与展望"归纳全文的结论及其理论和实践意义，并对本研究未来的工作进行进一步的讨论。本部分包含第7章"结论、启示与建议"，归纳全文的结论，通过借鉴美国赠地院校及其农业服务体系的发展，为促进我国高等教育发展和解决"三农"问题提出参考建议，并对研究的进一步深入展开讨论。

全文结构框架见图1-1。

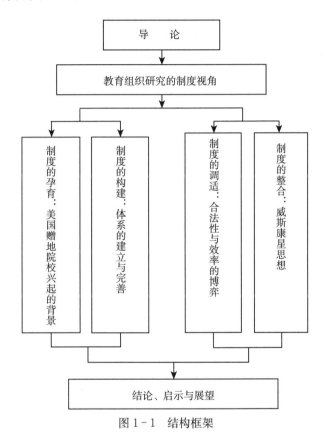

图1-1　结构框架

1.5　可能的创新与不足

1.5.1　可能的创新

本研究在下列方面进行了努力：

（1）将美国赠地院校及其农业服务体系的产生和成长置于更宏大的社会背景下予以考察。应用一手历史资料，对赠地院校形成的政治经济条件和社会文化条件、农业试验站及合作推广系统的起源、设立背景与过程进行了深入的历史阐述；分析了当代美国农业服务体系的制度结构，并以"威斯康星思想"为例，考察了美国赠地院校和农业服务体系的实践发展。

（2）通过验证自己的研究假设，尝试将组织分析的新制度主义应用于一类高等教育组织，探索了具有可操作性的制度理论分析工具，扩展了制度理论的解释空间和应用范围。

1.5.2　不足之处

限于作者的能力和精力，本研究的局限可能在于：

（1）美国农业服务体系的形成与发展依托于赠地院校的产生与成长，但对二者之间内在联系和相互作用机制的讨论还不够深入。

（2）路径依赖和精英型领导人物对制度及制度演化具有重要作用，由于本研究聚焦于制度发生、发展的宏观环境，而对上述两个因素着墨不多。另外，战争、重大技术突破、政治、经济危机等带有偶然性的一些非制度性因素对制度变迁的影响也需要深入研究。

2 | 教育组织研究的制度视角：一个分析框架

制度理论已成为当代社会科学关注和应用的焦点。经济学、社会学、政治科学、管理学等学科越来越多地讨论有关"制度"的话题，并借助制度理论给予现实世界更有力的解释。

制度理论及制度主义是如何产生的？新制度主义与传统制度主义有什么区别？制度理论对高等教育研究适用吗？如何用？本章将对上述问题作出回应。

2.1　制度理论及制度主义概述

2.1.1　制度理论与制度主义

制度理论致力于处理社会结构中更深层次和更具有伸缩性的方面。它关注那些程序，借助于这些程序包括图式（schemas）、准则（rules）、规范（norms）和章程（routines）的结构作为社会行为权威指南被确定下来。它探究那些因素如何随着空间和时间的变化而被创造、扩散、接受和适应；它们又如何陷于衰败和废弃。尽管社会生活中表面的主题是稳定和秩序，但制度研究者不仅仅关注社会结构中的共识和一致，还重点关注其中的冲突和变革。[①]

制度理论来源于以前多个社会科学，许多学者的真知灼见均对制度理论有所贡献，这些学者包括马克思（Karl Marx）、韦伯（Max Weber）、凡勃伦（Thorstein Veblen）和康芒斯（John Commons）等。这些工作的大部分完成于 19 世纪末和 20 世纪初，但湮没于经济学新古典理论（neoclassical theory in economics）、政治科学行为主义（behavioralism in political science）和社会学实证主义（positivism in sociology）的猛烈攻击，[②] 然而，当下却在经历着令人瞩目的复兴。

事实上，制度理论在 20 世纪初兴盛于社会科学的各个领域。20 世纪 30 年代后期，制度主义的影响力急剧下降。新古典理论在经济学中占据主流地位，进而影响到大部分社会科学。在新古典理论中，行为主义得以发展，方法论转由从个体主义出发，把政治和经济集体行为理解为个人选择的聚合结果，以抽象概括的方式解剖社会现象，追求用

①　SCOTT W R. Institutional Theory：Contributing to a Theoretical Research Program［A］. From Smith, Ken G. and Michael A. Hitt（Eds.），Great Minds in Management：The Process of Theory Development［M］. Oxford（U. K.）：Oxford University Press，2004：460 - 482.

②　Ibid. .

精巧的数学模型探求研究对象之间的确定性影响关系。这种研究范式一度主导了社会科学的发展，但随着研究的深入和社会的变化，其局限性逐渐显露出来，主要表现在对研究对象之间的复杂关系和整体性重视不够，对社会现象的概括过于理想化，忽视了社会背景和社会制度的影响。

于是，经过多年的沉寂，同时也是积累，从 20 世纪 70 年代开始，制度主义学者所坚持的，从反映事物相互关系的制度入手研究社会现象的范式重新得到重视。这集中地表现为越来越多的学者在组织研究，以及以组织为核心研究对象的学科——经济学、政治科学和社会学中采用制度分析的方法。这股潮流被认为是由凡勃伦和康芒斯等人开创的"制度主义"的复兴，因此被冠以"新制度主义"的标签。

学校组织是一个开放的社会系统，深受制度环境的影响和制约，因此制度理论研究者常常把学校作为重要的研究对象。在 20 世纪五六十年代，受社会学家塞尔兹尼克（Selznick）"老制度理论"的影响，克拉克（Clark）曾将制度理论运用于一系列教育组织研究中，先后探讨了成人学校、社区学院和一些有特色的私立学院的组织现象，得到了比其他理论更为深刻的认识和结论。到 20 世纪七八十年代，新制度理论的代表人物如迈耶（John Meyer）、罗恩（Brian Rowan）、斯格特（W. Richard Scott）、布林特（Steven Brint）等研究了许多教育现象，如学校组织结构、学区合并、核心课程制度、大众高等教育制度的传播和社区学院的起源与转型等，这些研究丰富和深化了对教育现象和教育问题的认识，也初步显示了制度理论及制度主义分析方法在组织研究方面的洞察力和解释力。

2.1.2 制度理论及制度主义的几个概念

在一个不确定的世界中，制度一直被人类用来使彼此相互交往具有稳定性。但就其概念而言，在不同的学科均有不同的解释，即使是在同一学科内部，针对不同问题，对同一概念的认识也会有所差异。本研究所关注的主要是组织社会学中的制度理论和制度主义分析方法，因此，相关概念的定义也围绕研究主题展开。

（1）制度

制度的内涵丰富，外延广泛。由于研究起点与研究目标的不同，学者们对"制度"的定义不尽相同。不同学派和时代的社会科学家们赋予这个词以如此之多可供选择的含义，以至于除了将它笼统地与行为规则联系在一起外，已不可能给出一个普适的定义来。[①]

在新制度经济学中，诺思（Douglass C. North）从博弈分析的角度认为制度是社会的博弈规则，并且会提供特定的激励框架，从而形成各种经济、政治、社会组织。制度由正式规则（法律、宪法、规则）、非正式规则（习惯、道德、行为准则）及其实施效果构成。实施可由第三方承担（法律执行、社会流放），也可由第二方承担（报复），或由第一方承担（行为自律）。制度和所使用的技术一道，通过决定构成生产总成本的交易和转换（生产）成本来影响经济绩效。由于在制度和所用技术之间存在密切联系，所

---

① 柯武刚，史漫飞. 制度经济学—社会秩序与公共政策 ［M］. 北京：商务印书馆，2000：32－33.

以市场的有效性直接决定于制度框架。① 在 1990 年的《制度、制度变迁和经济绩效》中，诺思将制度和组织区分开来，认为前者是博弈规则，而后者是博弈者。也就是说，组织是由具有某种目标功能的个人群体构成的。比如说，企业、工会、合作社都是经济组织；政党、体育协会、立法机构、管制机构等都是政治组织。青木昌彦（Masahiko Aoki）则在此基础上认为，制度不仅是博弈者，也是博弈均衡的结果，由此他解释了：制度源于在一个相关领域内参与人的互动而内生的自我实施规则，而不是由外部力量给定的。②

政治科学中的历史制度主义认为，制度是与组织和正式组织所制定的规则及惯例相连的，其范围涵盖宪政秩序、官僚体制内的操作规程和对工会行为及银行-企业关系起管制作用的一些惯例。③ 理性选择制度主义则把制度定义为规则，"是个人在决定谁或什么包括在决策环境中，信息是如何处理的，采取什么行动，以及按什么顺序采取行动，个人行动如何转换为集体决策的过程。这些规则存在于个人所属团体共享的语言描述中，而不是外在环境的可见部分"。④

社会学被认为是一种"制度科学，是关于它们的产生和运行的科学"。⑤ 因此，社会学关于制度的理论视角，比起经济学和政治科学来更为严格，认为只有某些类型的惯例才符合制度的界定。但社会学所说的可以制度化的各类事物，涉及的范围则更为广泛，所以社会学的视角又更具包容性。社会学中的制度不仅包括正式规则、程序和规范，而且还包括为人的行动提供"意义框架"的象征系统、认知模式和道德模块。这种界定打破了制度与文化概念之间的界限，倾向于将文化本身也界定为制度。⑥ 社会学将制度定义为"能约束行动并提供秩序的共享规则体系，这个规则体系既限制行动主体追求最佳结果的企图和能力，又为一些自身利益受到通行的奖惩体制保护的社会集团提供特权"。⑦

社会学的新制度理论揭示了合法性机制对组织的生存和发展所具有的重要意义，强调从组织所处的更大环境的角度解释组织或组织群的现象。所谓合法性（legitimacy，国内也有学者将其译为"合规性"），是指"一整套普遍的认知或假定，即参照现行准

① 诺思，道格拉斯. 绪论 [A]. 约翰·N. 德勒巴克，约翰·V.C. 奈，主编. 张宇燕，等，译. 新制度经济学前沿 [M]. 北京：经济科学出版社，1995：10-21.

② 青木昌彦. 沿着均衡点演进的制度变迁 [A]. [法] 克劳德·梅纳尔，主编. 刘刚，等，译. 制度、契约与组织—从新制度经济学角度的透视 [M]. 北京，经济科学出版社，2003：19-45.

③ HALL P A, TAYLOR R C R. Political Science and the Three New Institutionalisms [J]. Political Studies. 1996，XLIV：936-957.

④ KISER L L，OSTROM E. The Three Worlds of Action：A Metatheoretical Synthesis of Institutional Approaches [A]. In Ostrom, E. (Ed.). Strategies of Political Inquiry [M]. Beverly Hills：Sage Publications, Inc. 1982：179-222.

⑤ DURKHEIM E. The Rules of Sociological Method [J]. Glencoe, 1950，3：56.

⑥ 陈家刚. 前言：全球化时代的新制度主义 [A]. 薛晓源，陈家刚 主编. 全球化与新制度主义 [M]. 北京：社会科学文献出版社，2004：4.

⑦ DIMAGGIO P, POWELL W W. Introduction [A]. From DiMaggio, P. and W. W. Powell (Eds.) The New Institutionalism in Organizational Analysis [M]. Chicago：The University of Chicago Press，1991：11.

则、价值观和信仰定义的社会构架系统，组织的行为是合意、正确或恰当的"。① 合法性不仅约束组织行为，也可以帮助组织提高社会地位和得到社会认可，为组织的资源获取和交换，乃至生存发展提供保障。

本研究遵循跨学科的分析，不囿于某一特定领域，因此倾向于制度的一般性界定，所以定义制度为"建立在或多或少的同意基础上，用于一群行动者采取和决定行动的一系列规则"。② 此外，当一项行动或一系列行动和配合在没有公开的干预下反复发生，或当一项社会行为模式根据一些有序的规则得到复制时，这些行动与配合及行为模式都可称为制度。③ 制度支持并约束着人们的行为，为组织和社会生活提供意义与秩序基础。

另外，本研究所认同的正式制度是指人们有意识地创造的标准、规范、秩序、法律或其他权威文件等，具有强制性的正式约束及其实施机制。非正式制度是指意识形态、道德伦理、风俗习惯、文化观念等广为接受、普遍遵守的非正式约束及其实施机制。

（2）制度安排、制度结构与制度环境

制度安排是指约束和限制特定行为与关系的规范准则，它与制度一样，有正式和非正式之分。正式的制度安排，如政府、企业、大学、家庭、医院、货币、期货市场，等等；非正式的制度安排，如价值观念、意识形态和风俗习惯，等等。通常所说的"制度"近乎等同于"制度安排"。

制度结构则指特定对象的正式与非正式制度安排的总和。此处的"特定对象"可能是国家或高校等机构或组织，也可能是技术创新等社会行为。需要指出的是，制度结构中的不同制度安排并非等价，其地位和作用有主次之分。制度结构也不能看作是不同制度安排的数量加总。制度安排之间是相互联系的，制度结构的运行效率取决于制度安排的完善及彼此之间的配合。

制度环境是指一系列用来建立生产、交换与分配的基础性政治、社会和法律规则。例如，支配选举、产权和合约权利的法律规则就是构成经济环境的基本规则或制度环境。制度环境为制度安排的选择范围设置了一个边界，它决定着制度变迁的形式和范围。同样，制度环境存在正式和非正式之分，前者指具有基础性的社会正式规则，后者指一些广为接受的社会非正式规则等。④

（3）制度变迁与制度同形

制度变迁不是泛指制度安排的任何一种变化，而是特指一种效率更高的制度安排替

① SAMUELS W J. Technology Vis-a-vis Institutions in the JEI：A Suggested Interpretation [J]. Journal of Economic Issues，1977，11 [4（Dec.）]：871-895.

② ABELL P. The New Institutionalism and Rational Choice Theory [M]. Thousand Oaks：Sage Publisher Inc.，1995：5.

③ ROWAN B，MISKEL C G. Institutional Theory and the Study of Educational Organizations [A]. From Murphy，Joseph and Karen Seashore Louis，(Eds.). Handbook of Research on Educational Administration：A Project of the American Educational Research Association（2nd）[M]. San Francisco：Jossey-Bass Inc.，1999：359-383.

④ 齐泽旭. 新制度经济学视野下美国高等学校教师管理制度研究 [D]. 长春：东北师范大学，2008.

代原有的制度安排。

正统经济学认为制度变迁的动力在于作为制度变迁的主体的"成本-收益"计算，主体只要能从变迁预期中获益或避免损失，就会去尝试变革制度。而"老制度主义"者康芒斯则将社会关系中交易参与者的权力对比视为制度变迁的动力。在经济学看来，权力和利益是制度变迁中必定涉及的话题。

制度供给、制度需求、制度均衡与非均衡形成了整个制度变迁的过程。[①] 制度的供给是创造和维持一种制度的能力，一种制度供给的实现也就是一次制度变迁的过程；制度的需求是指当行为者的利益要求在现有制度下得不到满足时产生的对新的制度的需要。制度的变迁首先是从制度的非均衡开始的。

制度变迁的模式主要有两种：一种是自下而上的诱致性制度变迁，它受利益的驱使；另一种是自上而下的强制性制度变迁，它由国家强制推行。诱制性制度变迁指的是现行制度安排的变更或替代，或者是新制度安排的创造，它由个人或一群人，在响应获利机会时自发倡导、组织和实行。强制性制度变迁由政府命令和法律引入和实行。[②] 现实中的制度变迁模式并不总是泾渭分明，诱制性变迁中往往也需要用政府的行动来促进变迁过程，强制性变迁也要考虑主体的利益因素。

诱致性变迁具有渐进性、自发性、自主性的特征，新制度的供给者或生产者只不过是对制度需求的一种自然反应和回应。在诱致性变迁中，原有制度往往也允许新的制度安排渐进地出现，以保持活力。而强制性变迁表现在突发性、强制性、被动性，主要是因应制度竞争的需要。在强制性变迁中，创新主体首先是新制度安排的引进者而非原创者。就本质而言，诱致性变迁只是在现存制度不变的情况下所作的制度创新，即制度的完善；强制性变迁往往要改变现存的根本制度，即实现制度的转轨。[①]

制度变迁理论在新制度主义中的发展是制度同形理论。迪玛吉奥（Paul J. Dimaggio）和鲍威尔（Walter W. Powell）以"组织场域（organization field）"作为分析的基本单位论述制度同形理论。组织场域是指由组织建构的、在总体上获得认可的一种制度生活领域，这些组织包括关键的供应者、资源和产品消费者、规制机构，以及提供类似服务或产品的其他组织。[③] 把组织场域作为一种分析单位使我们更加关注相关行动者的整体性而非局限于简单地关注竞争性公司和实际上相互影响的组织间网络。场域思想同时抓住了组织之间的联通性和结构等同（structural equivalence）这两个重要的方面。

迪玛吉奥和鲍威尔认为，现代组织在形式和实践上表现出极大的相似性，一旦组织场域形成，就会产生同质性的巨大动力。而理解这种同质性现象，最恰当的概念就是制度同形性（isomorphism），它是指在相同环境下，某一组织与其他组织在结构与实践上

---

① 陈家刚. 前言：全球化时代的新制度主义 [A]. 薛晓源，陈家刚，主编. 全球化与新制度主义 [M]. 北京：社会科学文献出版社，2004：1-16.

② LIN J Y. An Economic Theory of Institutional Change：Induced and Imposed Change [J]. Cato Journal，1989，9 [1 (Spring/Summer)]：1-33.

③ DIMAGGIO P J，POWELL W W. The Iron Cage Revisited Institutional Isomorphism and Collective Rationality in Organizational Fields [J]. American Sociological Review，1983，48：147-160.

日益相同或相似。① 制度同形性概念是理解渗透于现代组织生活中的政治和仪式的有用工具。

制度同形性包括三种基本形式：② ①强制同形性。强制同形性来源于其所依靠的其他组织以及社会文化期望施加的正式或非正式压力。这种压力可以是强力，或说服，或邀请共谋。例如，制造商服从环境控制而采取新的污染控制技术；许多城市共同体中的邻里组织，被迫形成组织等级以获得更等级化管理的援助组织的支持，等等。②模仿同形性。并非所有的制度同形性都源于强制性权威。不确定性是鼓励模仿的强大力量。当组织技术难以理解、目标模糊时，或者当环境产生象征性不确定性时，组织就有可能按照其他组织的形式来塑造自己。尽管都在寻找多样性，但只有很少的变量可以选择。新组织模仿旧组织的现象遍及整个经济领域，管理者也积极找寻可以模仿的模型。③规范同形性。规范同形性主要源自职业化，如大学创造的在认知基础上的正规教育与合法化，跨越组织以及新模型可以迅速传播的职业网络的发展与深化。

正如迪玛吉奥和鲍威尔所说，制度同形性理论有助于解释我们观察到的事实，即组织变得越来越具有同质性，同时，也能够使人们理解组织生活中常见的非理性、权力失败及创新的缺失。关注制度同形性还能强化关于争取组织权力和生存的政治斗争的观点，对相似组织策略和结构传播的考察应该是评估精英利益影响的有效途径，而对同形过程的思考也使我们关注权力及其在现代政治中的应用。③

（4）制度主义

作为一种研究社会、经济和政治现象的独特视角，让人们就什么不是制度主义达成一致，反倒要比就什么是制度主义达成一致容易得多。其原因在于：④ 一是研究制度的学者们在给制度下定义时常常十分随意。二是制度主义在不同学科中有着完全不同的含义。三是即使在组织理论内部的"制度主义者"，对于制度也存在不同的看法，如有的强调制度的微观特征，有的强调制度的宏观特征；有的强调制度的认知层面，有的强调制度的规范层面；有的把制度的创立和扩散归结于利益原因，而有的则归结于关系网络原因；等等。

这些分散化的叙述也突出显示出制度主义对广泛主题的关注，但一般说来，制度主义是这样一种分析范式：⑤ 它"采用整体的（holistic）和有机的方法，认为个人的信仰、价值和行动是内含于文化之中的。它的任务是描述组织的复杂性，以及组织在历史进化中对社会供应（social provisioning）的控制，其核心是理解制度变迁和调整的过

---

① DIMAGGIO P J, POWELL W W. The Iron Cage Revisited Institutional Isomorphism and Collective Rationality in Organizational Fields [J]. American Sociological Review, 1983, 48: 147 - 160.

② Ibid. .

③ 陈家刚. 前言：全球化时代的新制度主义 [A]. 薛晓源，陈家刚 主编. 全球化与新制度主义 [M]. 北京：社会科学文献出版社，2004：1 - 16.

④ 保罗·J. 迪马吉奥，沃尔特·W. 鲍威尔. 导言 [A]. 沃尔特·W. 鲍威尔，保罗·J. 迪马吉奥，主编. 姚伟，译. 组织分析的新制度主义 [M]. 上海：上海人民出版社，2008：1.

⑤ O'HARA P A (Ed.). Encyclopedia of Political Economy (Vol. 1) [M]. London: Routledge, 1999: 533.

程。它强调的是，权力关系、法律体系和技术在制度的形成中是关键的解释因子。它对现有制度所持的是怀疑和批评的观点。"

2.2 传统制度主义

本研究关注的是组织的制度分析，也就是运用组织社会学中的制度分析方法探究高等教育组织（赠地院校）的制度环境及其变迁，因此，本研究将主要介绍组织社会学中的"制度主义"，但考虑到组织社会学与经济学在理论和实践上的紧密联系，特别是经济学对制度主义的贡献，本部分也将对经济学的制度主义进行扼要的介绍。

这里关于制度主义的"老"和"新"各有其特定内涵。"老"并不意味着理论没有生命力、垂死或过时，而是指持续地、集中关注制度问题的较为悠久的传统；下文的"新"也不意味着理论没有根基、初生或幼稚，而是指在原有理论上的变化、突破和发展。

2.2.1 经济学中的"老制度主义"

制度主义最坚定的阵地是在经济学领域，事实上，最早采用制度分析方法的也的确是研究经济学的学者。英国经济学家理查德·琼斯（Richard Jones，1790—1855）被认为是第一个制度经济学家。① 始于19世纪中叶的德国历史学派以及于1875—1890年间处于鼎盛时期的英国历史学派也在一定程度上运用了制度分析方法，② 但这些个人或学派并没有形成制度分析的传统和系统的理论。作为一个以制度分析为基础的学派，西方经济学中的制度主义始于19世纪末、20世纪初的美国制度主义者。③

（1）制度主义中的"凡勃伦-艾尔斯传统"

凡勃伦（Thorstein B. Veblen，1857—1929）是最早的制度主义者。④ 作为最著名的反正统经济学家和社会批评家，他吸收了达尔文进化论、美国早期实用主义哲学、德国历史学派的方法论和马克思主义的辩证法，将人类的本能划分为建设性本能和破坏性本能两个部分，⑤ 并以此为基础分析社会现实。

凡勃伦没有把理性视为人的唯一本性，也没有把人视为"经济人"，而是强调人的社会性。他认为，在人类社会初期，建设性本能表现得最为明显。随着剩余产品的出现，在破坏性本能的驱使下，人类开始了对他人和他人产品的占有，并形成了以占有物的量来衡量个人成就的思维习惯。这种思维习惯延续至今，演变成了通过金钱利益的追求来体现作为"有闲阶级"的优越性。但人类的建设性本能并未泯灭，它体现为生产更多的产品和服务来满足延续人类生命的需要。

---

① 张林. 新制度主义［M］. 北京：经济日报出版社，2006：2.
② 埃克伦德·小罗伯特·B.，罗伯特·F. 赫伯特. 经济理论和方法史［M］. 4th ed. 北京：中国人民大学出版社，2001.
③ 张林. 新制度主义［M］. 北京：经济日报出版社，2006：2.
④ Ibid.：3.
⑤ VEBLEN T. The Instinct of Workmanship［M］. London：Routledge，1914（1994 Reprint）.

现代资本主义社会由受破坏性本能支配的"金钱部门"和体现建设性本能的"工业部门"两个部分组成。前者代表着既得利益集团的利益，后者则体现普通大众的利益；前者因为来自过去的习惯，从而是保守的、阻碍性的，后者因为面向未来，从而是进步的。这样，整个社会就分为两个体系，一个是由金钱部门及其维护者构成的制度（仪式）体系，一个是由工业部门及其维护者构成的技术（工具）体系。社会就是在这两个体系长期持续的冲突中进化的。① 这种对技术-制度或工具-仪式两个体系的划分被称为"凡勃伦二分法"（Veblenian dichotomy）。此后，"凡勃伦二分法"一直是制度主义的理论核心。②

得克萨斯大学的艾尔斯（Clarence E. Ayres，1891—1972）继承了凡勃伦制度分析的传统，并从凡勃伦的理论所依据的众多方法论中提炼出实用主义作为制度主义的哲学基础，强调了技术是社会进步的根本动力，明确了工具价值是制度主义根本的判断标准，将凡勃伦二分法做了一定的改进。

艾尔斯认为，社会由相互对立的仪式体系和工具体系构成。③ 仪式体系源于迷信、无知以及对未知事物的恐惧，是保守的、阻碍性的；工具体系则是人类实用主义特征体现，追求人类生命的延续和生活质量的提高，是进步的。社会的进步就是工具体系不断地克服仪式体系阻碍的过程。在仪式体系和工具体系划分的基础上，艾尔斯区分了价格经济和工业经济，认为这两种经济产生了两种不同的价值概念：前者是"价格价值"（price value）的源泉，后者则是"工具价值"（instrumental value）的源泉。④ 正统经济学的价值概念就是"价格价值"，这种经济学把价值关系理解为价格关系，从而经济体系中的核心问题就是揭示价格关系。艾尔斯认为价格经济产生的这种价值概念在很大程度上是仪式的或者虚构的，是以神话和传统信念为基础的，对社会福利的提高没有多少用处。比"价格价值"更基本的价值是"工具价值"，也就是工业经济或者技术过程中产生的价值概念，即由科学和技术来决定的价值才是真正的价值，因为科学和技术进步的结果才能强化人类生命的连续性。⑤ 艾尔斯坚持了凡勃伦传统，而且在工具价值理论等方面发展了这一传统，因此他成为制度主义中承上启下的重要人物。凡勃伦的分析传统也因此被称为制度主义中的"凡勃伦-艾尔斯传统"。⑥

（2）制度主义的康芒斯学派

除凡勃伦之外，制度主义的另一位奠基人是康芒斯（John R. Commons，1862—1945）。康芒斯开创的制度经济学与正统经济学有相同的前提：稀缺，但是正统经济学（结合"经济人"假定）从稀缺性前提中推导出需要市场来对稀缺的资源进行配置，实

① VEBLEN T. The Instinct of Workmanship [M]. London：Routledge，1914（1994 Reprint）.

② 张林. 新制度主义 [M]. 北京：经济日报出版社，2006：4.

③ AYRES C E. The Theory of Economic Progerss：A Study of the Fundamentals of Economic Dvelopment and Cultural Change [M]. Michigan：Western Michigan University New Issues Press，1944（1978 Reprint）：226.

④ Ibid. .

⑤ Ibid. .

⑥ SAMUELS W J. Technology Vis-a-vis Institutions in the JEI：A Suggested Interpretation [J]. Journal of Economic Issues 1977，11 [4（Dec.）]：871 - 895.

现最大的效率和经济的和谐；康芒斯则从稀缺性前提中引申出交易关系，并将"交易"（transaction）作为分析经济行为的基本单位，推导出人类行为的冲突，从而需要强制性的业务规则控制人们的行为，同时，康芒斯并不排斥效率。从这个意义上说，康芒斯的理论更为一般化，也就是先有集体行动对个人行动的控制，然后才谈得上效率；先实现了稳定，调和了冲突，才谈得上和谐。[①]

康芒斯认为，[②] 经济行为的目的是要获得最大的净收入，这里包含净收入的扩大和分配两方面的问题。净收入的扩大是通过生产实现的，这是"工程经济学"研究的内容，也就是人与物的关系。而净收入的分配就是排他性的占有资源，这是通过交易来实现的，交易是人与人之间的关系。康芒斯认为交易就是所有权的转移。人们之所以要转移所有权，是因为所有权具有预期的稀缺性。交易的目的是将别人需要的有限资源排他性地控制在自己手中，供自己使用。交易不能扩大社会的总的净收入，但可以扩大个人的净收入。研究人与物关系的"工程经济学"以商品或者价格为单位，而研究人与人关系的"制度经济学"就以交易为单位。或者说，人与人的经济关系可以完全概括在"交易"这个行为中。

由于交易扩大了个人的净收入，却不增加社会总的净收入，就必然造成人与人之间的冲突。但也表明交易者之间是相互依存的，因为交易是参与者之间相互的行为。交易活动其实是一种选择行为，是交易者在实际的交易和下一个最好的潜在的交易之间作出的选择，通过选择，交易者获得一个剩余，这个剩余是实际的交易结果与潜在的最好的交易结果之间的差额。这样，一个交易的参与者就至少是相互依存的四个人：实际交易中的买者和卖者、潜在交易中的买者和卖者。[③]

但是，交易者的相互依存并不能保证交易的秩序，因为他们在利益上是冲突的，因此，"如果交易要和平地进行，不受暴力的扭曲，在交易中就必须要有第五个参与者，他能够在五个参与者所属的集团的集体权力帮助下判决和处理纠纷"。[④] 这第五个参与者可以是任何运行中的机构的成员，他判决和处理纠纷的方式由运行中的机构的业务规则所规定。这样，根据业务规则的不同，康芒斯把交易划分为三种形式：

1）买卖的交易（bargaining transactions）。这是在法律上平等的个人之间进行的交易。当他们产生争议时，司法当局按照法律判例中形成的管理来判决。在买卖的交易中，交易者获得机会的多少、竞争的激烈程度，以及各自讨价还价能力决定着交易的结果。交易者虽然在法律上是平等的，但在经济上却可能不平等，因此，买卖的交易的特征是"劝诱和强迫"，经济上平等的交易者之间就是劝诱的关系，而经济上不平等的交易者之间却是强迫的关系。买卖的交易的目的是财富或者净收入的分配。

2）管理的交易（managerial transactions）。这是在法律和经济上都不平等的参与者之间的交易，是上级发布命令，让下级行动的交易。由于交易双方在经济和法律上都不

① 张林．新制度主义［M］．北京：经济日报出版社，2006：60.

② Ibid.：49.

③ Ibid.：50.

④ COMMONS J R. Legal Foundations of Capitalism ［M］. New Brunswick：Transaction Publishers，1924（1995 Reprint）：67.

平等，管理的交易的特征就是"命令和服从"。康芒斯认为管理的交易的目的是财富的生产，劳资关系就是典型的管理的交易。这种交易以效率作为一般原则。管理的交易中的纠纷或者争议仍然要由司法当局来解决。司法当局的业务规则倾向于哪一方，在争议的判决中就显得非常关键。康芒斯毕生从事的工作，都可以归结为为劳动者，或者为管理的交易中的"下级"争取一种"合理的"业务规则。

3）限额的交易（rationing transactions）。这种交易的参与者在法律上同样是上下级关系，只不过法律上的上级不仅命令生产财富，还指定和分派财富生产的负担和利益，或者说财富和购买力是通过配给来分配的。限额的交易的特征是强制。在限额的交易中，权力和主权体现得最为明显。

在这些不同的交易形式中，相互依存的参与者之间的争议和纠纷是不可避免的，之所以要有"第五个参与者"和业务规则，就是要在冲突的个人关系中创造秩序，从而使社会有序地运行。这样，每一个交易中都包含了三种社会关系：冲突、依存和秩序。[①]

交易的类型取决于业务规则的类型。业务规则规定了交易的行为，"它们指出个人能或不能做、必须这样或者必须不这样做、可以或不可以做的事"。[②] 业务规则对交易者的行为的规定，是对交易者行为的控制，但另一方面，交易者的行为也可能因为业务规则而得到解放和扩展。在这里，康芒斯通过业务规则的概念，把集体行动、经济状态和社会关系结合在一起。

康芒斯认为，[③] 人与人之间的所有经济关系都可以概括为交易关系，而且交易关系还反映了人与人之间的法律关系和道德关系，所有这些关系都由业务规则来规定。业务规则是集体行动的行为准则。交易者"能"或者"不能"采取个人行动，意味着集体行动会或者不会向他提供帮助；交易者"必须"或者"不必须"采取个人行动，意味着集体行动会或者不会对他进行强迫；交易者"可以"或者"不可以"采取个人行动，意味着集体行动会或者不会对他提供保护。所有这些控制、解放和扩展个人行动的集体行动，就是——制度。

通过业务规则把交易结合在一起，形成了"运行中的机构"，人与人的关系被很好地包括在这个逻辑中。在交易→业务规则→"运行中的机构"这个分析框架内，个人追求自身利益的行为受到行为准则的约束，共同的规则把个人结合到组织中，从而个人只是整体的一个部分，个人具有了社会属性，不再是孤立的、只会计算快乐和痛苦的"小球"。这是制度主义一贯的分析思路。这种分析框架更强调的是人作为团体、阶级、社会的成员，他们的行为相互影响，同时又是社会环境的产物。[④]

康芒斯以及他的学说在经济思想史中的地位是比较独特的。[⑤] 一方面，所有人都承认他是制度主义的奠基人之一，但实际上"康芒斯的著作从来没有很好地融合到制度主

---

① 张林．新制度主义［M］．北京：经济日报出版社，2006：51．

② COMMONS J R. Myself［M］. New York：Macmillan，1934：89．

③ 张林．新制度主义［M］．北京：经济日报出版社，2006：52．

④ Ibid.：61．

⑤ Ibid.：66．

义的传统中"。① 另一方面，西方正统经济学从康芒斯的学说中吸收了许多成分，比如交易的概念、奥尔森和布坎南对集体行动和公共选择的分析，② 但仅有威廉姆森（Oliver E. Williamson）在《资本主义经济制度》中认为康芒斯"对经济组织有着深邃洞见"，却"除了少数制度经济学核心人物外，并不为人所知"，正统经济学家大多不承认康芒斯的相关理论是它的源泉。③

需强调的是，康芒斯不仅是一位制度主义理论家，还是一位积极的实践者。他对美国的劳工和管制政策曾有过重大的影响，甚至可以说，他在实践中的影响要远大于理论上的影响。④ 美国大部分的劳工立法都要归功于康芒斯和他的学生及同事，他也是高等教育史上划时代意义的"威斯康星思想"形成过程中关键的一环。

（3）制度主义运动

凡勃伦和康芒斯的理论奠定了美国制度主义的基础，在他们及其追随者的影响下，两次世界大战之间的这一段时期，制度主义在美国经济学界是一支最活跃的学术力量之一，对当时美国经济政策的制定也产生了重要的影响。经济思想史上把这一事件称为"制度主义运动"（institutionalist movement）。⑤ 当然，尽管制度主义运动的主要源泉来自凡勃伦的理论，但他并非唯一源泉，除他之外，亚当斯（H. C. Adams）、社会学家库利（C. H. Cooley）、实用主义哲学家杜威（John Dewey），以及强调度量和观察的自然科学家也对两次世界大战之间的制度主义者有所影响。⑥

两次世界大战之间制度主义运动的领袖是汉弥尔顿（W. H. Hamilton）、克拉克（John M. Clark）、米契尔（Wesley Mitchell）和康芒斯。⑦ 汉弥尔顿是"制度经济学"这个词的命名者，他在 1916 年首次使用了这个词。该词的正式使用则出现在汉弥尔顿在 1918 年提交给美国经济学会年会的论文中。制度主义运动出现三个中心：⑧ 第一个中心是芝加哥大学（凡勃伦正是在此奠定了制度主义的基础），后来这一中心随汉弥尔顿而转移到了布鲁金斯研究生院，在布鲁金斯研究生院解散以后，这一中心又转移到了纽约的华盛顿广场学院（Washington Square College）。第二个中心在威斯康星大学，康芒斯是这个中心的领袖，他和他的学生通过进步主义的立法活动对制度理论进行着实践。第三个中心，也是最大的一个中心是哥伦比亚大学。

进入 20 世纪 30 年代，尤其是 40 年代，制度主义越来越孤立。首先是它与其他学科渐渐失去了联系。这一时期，社会学开始与经济学明显地区别出来，成为一门独立的

---

① RUTHERFORD M J R. Commons's Institutional Economics ［J］. Journal of Economic Issues，1983，17 ［3（Sep. ）］：721 – 744.

② CHASSE D J JOHN R. Commons and the Democratic State ［J］. Journal of Economic Issues 1986，20 ［3（Sep. ）］：759 – 784.

③ 张林. 新制度主义 ［M］. 北京：经济日报出版社，2006：66.

④ Ibid. .

⑤ RUTHERFORD M. Institutionalism Between the Wars ［J］. Journal of Economic Issues，2000，34 ［2（Jun. ）］：291 – 304.

⑥ Ibid. .

⑦ 张林. 新制度主义 ［M］. 北京：经济日报出版社，2006：79.

⑧ Ibid. ：79.

学科；心理学也从制度主义者所信奉的本能——习惯心理学转向行为主义；法学中的现实主义和实用主义哲学在美国也正失去其特殊的地位。失去了其他学科的支持，制度经济学面临着一个尴尬的局面：它的理论基础正受到来自它原来所依赖的那些学科内部的挑战，这些学科的专业化逐步加强，但制度经济学却还没有形成成熟的体系，它要依赖于其他学科，但其他学科正在抛弃它。[①]

另一个重要原因在于，凯恩斯理论在社会科学中的兴起。20 世纪 30 年代中期诞生的凯恩斯理论为大萧条代表的市场失灵提供了解决方案，虽然它在当时的政治话语中并没有占统治地位，也没有成为当时各国政策范式的理论基础，但第二次世界大战改变了一切。在第二次世界大战期间，一大批受凯恩斯经济学影响的经济学家进入政府部门，并采用了各种受这一理论影响的政策。在战后，凯恩斯经济学主宰了影响发达国家经济政策制定的主流政治话语。[②] 制度主义对经济和其他社会科学的影响力逐渐减弱。

（4）简短总结

凡勃伦和康芒斯为代表的"老制度主义"理论，以实用主义哲学为基础，采取整体主义的、跨学科的、历史的和进化的方法研究社会经济现象，开创了社会科学研究中以制度为中心的分析范式，其影响力远远超过了经济学的范畴，成为大多数社会科学制度分析范式的重要渊源。

"老制度主义"理论将经济问题置于更宏观的社会背景之中，关注人类经济行为的相互依存和社会价值而不是个人利益的最大化，区分了制度和技术在社会进步中的阻碍和促进的角色，认为经济社会的组成部分是相互冲突的，社会是一个演化的过程。同时，"老制度主义"强调社会的发展不能割断历史的继承和发展，经济理论分析的只能是社会发展中的某段过程，应该用进化的方法研究制度与技术冲突的解决过程及二者动态的相互适应，而不是静态的平衡和最优化的终极目标。"老制度主义"还注意到了人的社会性及经济行为的社会价值和文化价值，认为经济的目标应是人类社会整体的福利。

2.2.2 组织分析中的"老制度主义"

涂尔干和韦伯都曾在自己的研究中涉及社会组织的制度分析，但并没有形成系统的理论。组织分析中的"老制度主义"兴起于制度主义运动最大的学术中心——哥伦比亚大学。

（1）几位代表性人物和著作

在 20 世纪 50 年代和 60 年代早期的一系列案例研究中，哥伦比亚学派的代表性人物塞尔兹尼克（Philip Selznick）（及其同事）在该学派组织分析的基础上开创了"老制

---

① 张林. 新制度主义 [M]. 北京：经济日报出版社，2006：81.

② HALL PETER. The Political Power of Economic Ideas：Keynesianism Across Nations [M]. Princeton：Princeton University Press，1989.

度主义"的研究取向，[①] 说明了组织的目标、结构和程序，如何在回应组织的内外部构成要素与变化中的社会环境利益的相互作用过程中得到发展。[②]

塞尔兹尼克关于组织分析的代表作有《田纳西河谷水务当局与草根政治》（*TVA and the Grass Roots：A Study of Politics and Organization*）（1949）、《组织的武器》（*The Organizational Weapon：A Study of Bolshevik Strategy and Tactics*）（1952）以及《行政领导》（*Leadership in Administration：A Sociological Interpretation*）（1957）等。他认为，组织可以分为两类：一类单纯追求技术效率；另一类则受内外部环境的因素渗透，并带有价值和意义烙印，后者即指制度，并指出，组织的制度分析即分析组织的制度化过程及这个过程给组织特征、组织专有能力和组织领导带来的影响。

在塞尔兹尼克看来，组织的制度化与组织的自然适应是同一过程，组织变迁是"有目的之无预料"的后果，组织是演化而非设计的结果。组织的特征和组织的独特能力是组织在自然演化的过程中形成的，这些特征和独特能力既是组织发展的重要推动力，又对组织领导具有很强的约束力。组织在长期发展过程中形成的价值会集中体现于组织的领导，领导必须维护组织的这些价值，尤其是关键时刻的重要决策要体现组织的价值。[①]

帕森斯（Talcott Parsons）是另一位对组织的制度分析作出重要贡献的学者。他从弗洛伊德的客体-关系理论出发，强调了内化、投入和客体价值观灌输的重要性。在帕森斯的模型中，父母与子女的关系起着一种社会互动的原型的作用。他建立了一个包括行动者取向的情感和价值评价维度的多维范式，以及一个有史以来最深奥、最复杂、把分析的个体层次和社会层次联系起来的角色理论。[③] 他超越了狭隘的工具理性，超越了肤浅的情感与利益二分法，并把动机概念内生化和社会化。帕森斯把自我、文化、社会视为道德整合的实体，视制度为"一种治理或支配根据共同体共有的终极价值体系而追求即时目的之行动的调节性规范和规则体系"。[④] 与塞尔兹尼克相反，他强调组织内部和最接近的环境中正在发生的制度化过程。帕森斯发展了如下观点：将组织视为更广泛社会系统的子系统；通过承认社会中制度化的相关规范、价值和技术知识获得合法性和资源。因此，帕森斯认为，领导者的关键任务是使组织的目标和使命与社会的规范和价值保持一致。在帕森斯看来，促使组织与社会规范和价值保持一致的行为经常与促使组织达到目标的行为产生冲突，所以，帕森斯主张组织发展单独的子系统以应付潜在的确保合法性和提高效率的功能化必然冲突，这些冲突导致他所谓的管理者制度和技术层面

① 郭建如. 社会学组织分析中的新老制度主义与教育研究 [J]. 北京大学教育评论，2008（3）：142 - 157.

② Rowan B，Miskel C G. Institutional Theory and the Study of Educational Organizations [A]. From Murphy，Joseph and Karen Seashore Louis，（Eds.）. Handbook of Research on Educational Administration：A Project of the American Educational Research Association（2ⁿᵈ）[M]. San Francisco：Jossey-Bass Inc.，1999：359 - 383.

③ 保罗·J. 迪马吉奥，沃尔特·W. 鲍威尔. 导言 [A]. 沃尔特·W. 鲍威尔，保罗·J. 迪马吉奥，主编. 姚伟，译. 组织分析的新制度主义 [M]. 上海：上海人民出版社，2008：21.

④ PARSONS T. Prolegomena to a Theory of Social Institutions [J]. American Sociological Review，1990，55（3）：319 - 333.

上的"质量裂缝（qualitative break）"的出现。① 在 20 世纪 60 年代，帕森斯的组织分析模型是非常出色的，因为它强调了合法性（相对于效率）作为组织生存的主要依据，还因为它强调对存在于社会（相对于更局部化）层面的制度的组织认同。②

此外，认知心理学在美国的本土性分支，即组织理论的卡耐基学派也构成组织分析中"新制度主义"的重要基础。该学派将认知科学引入组织理论中，提出了一系列新的见解。认知主义可以追溯到韦伯的科层制理论——强调了"计算规则"（calculable rule）在减少不确定性和使权力关系理性化方面的重要作用。理查德·塞尔特（Richard M. Cyert）、马奇与西蒙（March and Simon）等人提出的如下见解现在已被组织研究者视为组织理论的基本要素：指出不确定性的重要性，认为组织惯例可以降低不确定性；提出注意力的组织化这一概念，并指出它是决策得以实现的中心过程；关注在偏好、技术和理解比较模糊的条件下的选择决策；视决策为具有不同偏好的多个行动者共同参与的政治过程；等等。③ 马奇与西蒙还告诉我们，组织行为特别是决策行为，涉及规则的遵守，而不仅仅是对后果的计算。④

（2）简短总结

组织分析中的老制度主义在继承社会学分析传统基础上，将追求技术效率的组织与具有价值意义的制度区分开来，认为组织被来自社区或组织成员的价值所侵染，成为"行为模式和已被很好地确立起来并被很深地价值化了的行为规范"。⑤ 在此基础上发展了一套分析制度化组织和组织制度化的概念与分析框架，如有目的行动的无预料后果、制度化、组织的合法性、自然社区、自然历史、组织特征、组织独特能力（专有能力）、领导、组织传奇等。⑥

老制度主义的分析范式认为，组织运行的核心问题根植于组织创建和运行时所处环境形成的基本关系之中，组织在运行中始终面对着来自环境的压力，这些压力是制度变迁的首要决定因素。组织的制度变迁是自然演化而非理性设计的结果，正式制度是从人们的日常行为中发展出来的，特别强调行动的目的的无意识的后果在制度变迁中的作用。他们把人际关系和非正式结构摆到了重要的分析位置上，将组织视为正式理性结构与非正式结构的结合，认为组织只有与价值（包括来自组织内部成员的价值）相结合才能获得自己独特的生命。他们也注意到了组织的领导问题，明确并强调了领导者的责任和义务，指出领导者的使命是使组织的价值体系与外部环境的规范和价值保持一致。

① PARSONS, TALCOTT. A Sociological Approach to the Theory of Organizations ［A］. From Talcott Parsons（Ed），Structure and Process in Modern Societies ［M］. Glencoe：Free Press，1960：16 - 58.

② ROWAN B，MISKEL C G. Institutional Theory and the Study of Educational Organizations ［A］. From Murphy，Joseph and Karen Seashore Louis，（Eds.）. Handbook of Research on Educational Administration：A Project of the American Educational Research Association（2nd）［M］. San Francisco：Jossey-Bass Inc.，1999：359 - 383.

③ 保罗·J. 迪马吉奥，沃尔特·W. 鲍威尔. 导言 ［A］. 沃尔特·W. 鲍威尔，保罗·J. 迪马吉奥，主编. 姚伟，译. 组织分析的新制度主义 ［M］. 上海：上海人民出版社，2008：22.

④ MARCH J G，SIMON H A. Organizations ［M］. New York：Wiley，1958.

⑤ CLARK B R. Adult Education in Transition ［M］. New York：Arno Press Inc.，1980.

⑥ 郭建如. 社会学组织分析中的新老制度主义与教育研究 ［J］. 北京大学教育评论，2008（3）：142 - 157.

总之，组织分析的老制度主义借助于社会学和经济学"老制度主义"所坚持的案例研究方法，对组织的自然发展过程进行了详细考察，总结出环境、目标（任务）、结构、领导等组织社会学分析的核心概念。组织社会学家佩罗甚至认为"在分析研究一系列不同的组织时，我一向认为把握住组织结构、分析组织目的、抓住环境的实质是处理组织问题的比较现实和有效的方法"，[①] 托尼·布什则从这四个核心概念来总结和概括当代西方教育管理的各种模式。[②]

2.3　新制度主义

"新制度主义"在英语中有两种表达"neoinstitutionalism"和"new institutionalism"，在英语的语境中这两种表达代表了两种有联系但又区别明显的分析范式，而汉语的语境则使两者之间的差别消失了。经济学中的"新制度主义"有两种，一种是对凡勃伦和康芒斯等非正统经济学制度分析范式的继承和发展，另一种是在新古典经济理论框架下采取制度分析的某些概念和术语的正统经济学。此外，政治科学和社会学中也在借鉴马克思、韦伯、涂尔干及凡勃伦和康芒斯的理论基础上，采用制度分析范式研究本学科的问题，它们也称自己的方法为"新制度主义"。可以说，有多少种社会科学就有多少种"新制度主义"。[③]

2.3.1　经济学中的两种"新制度主义"

经济学被视为以通过制度调整来改善经济功能为目标的、实用主义的、进化的和政策的科学。[④] 尽管制度理论在政治科学、社会学、法学甚至心理学等领域都有了广泛的应用，但经济学领域始终是制度理论坚固的阵地，也是活跃的领域。这不仅是因为不论是传统制度主义还是新制度主义都起源于其奠基人对经济问题的关注，更重要的是，经济学的研究对象是现实世界中最不确定的人类交换行为，需要对制度有更清晰的认识。然而，"新制度经济学"是一个含混的术语。其部分原因在于，新制度主义与其说是一个明确的学派，倒不如说是一个植根于现存经济理论和学说的特定共识集合。[⑤]

（1）两种"新制度主义"的联系

在许多人的印象里，所谓的"新制度主义"就是以科斯、诺思、威廉姆森等人为代表的，以交易成本、委托-代理理论为主要工具的理论和分析方法的集合。实际上，科斯等人所坚持的只是正统经济学中的一个分支，在他们之外，还存在着非正统经济学，

① 佩罗. 组织分析 [M]. 马国柱，译. 上海：上海人民出版社，1989：1.
② 托尼·布什. 当代西方教育管理模式 [M]. 强海燕，译. 南京：南京师范大学出版社，1998.
③ 保罗·J. 迪马吉奥，沃尔特·W. 鲍威尔. 导言 [A]. 沃尔特·W. 鲍威尔，保罗·J. 迪马吉奥，主编. 姚伟，译. 组织分析的新制度主义 [M]. 上海：上海人民出版社，2008：1.
④ O'HARA P A.（Ed.）. Encyclopedia of Political Economy（Vol. 1）[M]. London：Routledge，1999：533.
⑤ 约翰·N. 德勒巴克，约翰·V.C. 奈. 导论 [A]. 约翰·N. 德勒巴克，约翰·V.C. 奈，主编. 张宇燕，等，译. 新制度经济学前沿 [M]. 北京：经济科学出版社，1995：1.

或者更广泛的非正统社会科学。譬如马克思主义经济学就是最大的非正统经济学。以凡勃伦和康芒斯为代表的"老制度主义"经济学也是重要的非正统经济学，他们的理论自20世纪50年代以来得到继承和新的发展，并构成非正统经济学中的"新制度经济学"派。

"新制度主义"和"新制度经济学"这两个词首次出现在图尔（Marc Tool）完成于1953年的博士论文《自主的经济：政治经济学的规范理论》（*The Discretionary Economy：A Normative Theory of Political Economy*）的第一章中，但他的这篇论文直到1979年才出版。① 这样，首次使用这两个词的公开发表的文献就是路易斯·容克（Louis J. Junker，最早用制度主义方法分析环境可持续发展的经济学家）于1968年在《美国经济学和社会学杂志》（*Journal of American Economics and Sociology*）上的文章《新制度主义的理论基础》（*Theoretical Foundations of Neo-institutionalism*）。但容克在这篇文章的注释中说明了是图尔首先使用的这两个词。② 而在《经济问题杂志》的文献中，这两个词第一次出现则是在格鲁奇（Allen G. Gruchy）1969年就任演化经济学会（Association for Evolutionary Economics，AFEE）主席就职演说里。但是，尽管图尔曾请格鲁奇审阅过自己的博士论文，格鲁奇似乎并不想承认是图尔首先使用了这两个词，而且两人对新制度主义的理解也存在分歧。③

克莱因（Philip Klein）归纳了新制度主义的理论原则："为（新）制度主义者广泛接受的范式的性质是：坚持技术-制度二分法，（新）制度主义者强调的是动态而不是静态的分析。……一个社会的明显的任务就是要经常回答我们应该沿什么样的方向进步？我们的资源将如何帮助我们向这个方向靠拢？……（新）制度主义者的一个核心主张是，经济绩效必须由社会价值来评价。……市场是一个工具，但它并不是给定了的方向。"④ 这些原则中包含了新制度主义者的理论共性：从凡勃伦和艾尔斯那里延续下来的技术-制度二分法；强调经济现象的过程特征；经济分析必须进行价值判断；价值判断的标准是社会价值；市场只是一种制度，经济问题的解决靠的是制度调整，而不是市场机制。⑤ 它的"新"在于对原有理论的补充和发展。

另一个"新制度经济学"，即 new institutional economics，除了在某些概念上，比如"交易""集体行动"上与康芒斯有些渊源外，在假设前提、价值取向、理论体系诸方面与美国老制度主义者基本上没有任何直接的联系。这一学派最直接的起源是科斯（Ronald H. Coase），后由威廉姆森、诺思等人推广并发展，成为当今经济学中的显学。该学派之所以也称之为"制度经济学"，只是因为它也把制度作为分析对象，但其分析

---

① 张林. 新制度主义 [M]. 北京：经济日报出版社，2006：108.

② Ibid. .

③ BUSH，Paul D. Marc R. Tool's Contributions to Institutional Economics [A]. In Clark，M. A. （Ed.）Institutional Economics and the Theory of Social Value：Essays in Honor of Marc R. Tool [M]. Boston：Kluwer Academic Publishers，1995.

④ KLEIN P A. Institutionalism Confronts the 1990s [J]. Journal of Economic Issues，1989，23 [2 （Jun.）]：546.

⑤ 张林. 新制度主义 [M]. 北京：经济日报出版社，2006：109.

方法和基本信念与主流的新古典经济学区别不大。这一学派的目的是要把正统经济学视为外生的制度因素内生化，把制度包含进新古典经济学的分析框架内。它的分析方法是新古典经济学的分析方法，即从理性人出发，推导出自由市场机制下的价格体系在配置过程中不可替代的作用。尽管它也分析文化、国家和意识形态等因素，但这些因素总是个人理性选择的结果、博弈的结果。因此，可称之为"新古典制度经济学"。[①] 它的"新"是代表一种全新的理论，新在抛弃传统的分析方法，构建一个与老制度学派截然不同的制度分析体系。

（2）两种"新制度主义"的分歧

经济学中的两种"新制度主义"是相互批判的。作为正统经济学的分支，新古典制度经济学一直对非正统经济学的"老"和"新"制度主义表现出某种敌意的忽视。正统经济学发展起来的交易成本理论、集体行动理论和制度分析，尽管其中的一些概念早已存在于康芒斯的理论中，但并未得到正统经济学家的认同。交易成本分析在当代的重要代表威廉姆森虽然承认康芒斯在以下两个方面对正统经济学的组织理论有所贡献：组织问题的基本分析单位是交易；研究经济组织的核心目的在于调和交换关系，但在他的理论中几乎见不到康芒斯的痕迹。[②] 新古典经济学对制度主义的批评集中于两点：一是制度主义者往往从社会现实的描述中分析经济问题，因此"缺乏理论"。科斯甚至刻薄地说："美国制度主义非但不是理论的，而且是反理论的……他们没有理论，除了一堆需要理论来整理，不然就只能等一把火烧掉的描述性材料之外，没有任何东西留传下来。[③]"二是制度主义者对经济和社会问题的阐述没有首选数学表达形式，未迎合"形式主义革命"（formalistic revolution），因此"缺乏先进分析工具"。

制度主义者则认为凡勃伦和康芒斯的思想已经是成熟的理论体系，[④] 至于说制度主义缺乏先进的分析工具，也就是数学工具，那是由于"制度主义对问题的考察不是将其简化为能够很容易地进行最大化、最小化或者最优化处理的公式。这也许可以解释为什么那么多的制度主义者是反定量分析的。这不是因为对定量分析反感，而是难以对制度之类的定性概念进行量化"。[⑤] 以现实批评者出现的制度主义者从未停止过对正统经济学的批判。他们批评新古典制度经济学太抽象和太形式化；有时属于极端的归纳主义的个人主义；将个人想象得过于理性、过于自主，受制度及社会环境的约束而不是影响；用无效的福利标准评价制度变迁，过于相信市场和自发制度的效率。

2.3.2　组织分析中的"新制度主义"

组织研究的新制度主义的诞生日期被确定在 1977 年，因为约翰·迈耶（John Meyer）

①　张林．两种新制度经济学：语义区分与理论渊源 [J]．经济学家，2001（5）：56-60．

②　张林．新制度主义 [M]．北京：经济日报出版社，2006：74．

③　COASE R H. The New Institutional Economics [J]. Journal of Institutional and Theoretical Economics，1984，140（March）：230.

④　张林．新制度主义 [M]．北京：经济日报出版社，2006．

⑤　ATKINSON G W，OLESON T. Institutional Inquiry：The Search for Similarities and Differences [J]. Journal of Economic Issues 1996，30 [3（Sep.）]：705.

在这一年发表了两篇奠基性的论文，即《作为一种制度的教育之影响》和《制度化的组织：作为神话和仪式的正式结构》[与布利安·罗恩（Brian Rowan）合写]，这两篇论文确立了组织分析的新制度主义的很多核心思想要素。[①] 当然，组织分析的新制度主义的最初思想，部分还见于迈耶等人关于世界系统的持续研究中。迈耶早期关于组织情景影响的研究，十分重视宏观因素对地方现象的影响，其中也包括组织分析的新制度主义的部分思想萌芽。迈耶1977年发表的两篇论文，以及后来迈耶与斯科特（W. Richard Scott）之间富有成效的合作研究，厘清并提出了正式组织中存在的制度性（同形）原理。1985年在加州大学洛杉矶分校召开了一个以组织的制度分析为主题的小型研讨会，对文化、礼仪、典礼，以及其他上层结构对组织的影响感兴趣并着力进行研究的与会学者，已经达到了使新制度理论得以命名和形成的足够人数。[②]

事实上，20世纪60年代开始，在理论和实践上均已经对组织研究的新制度主义有了铺垫。强调行动者认知和建构作用的现象学社会学和常人方法学在社会学中发展起来，并在20世纪70年代初被引入组织研究中。在现实方面，全球化的影响日渐突出，发源于西方的现代组织模式在全球范围内不断扩散；同时，不少组织研究的学者观察到组织结构与其核心实践之间存在脱节、一些组织无效率却长期存在等现象。[③]

组织分析的新制度主义把在劳动力市场、学校、政府和公司中发现的制度同形（isomorphism）作为研究的起点。[④] 他们认为很多组织生活中存在的持续稳定性和重复性（即制度），不能简单地根据个人利益最大化的行动者概念来解释，而应认识到它们具有被视为当然现象而得到认可和接受的特征，及其在某种程度上在自我维持的结构中再生产其自身的特征。

与新（古典）制度经济学和公共选择理论等认为制度安排能解决机会主义、信息不对称和不完全、监督成本高昂等问题的观点不同，组织分析的新制度主义关注行动者的偏好来自何处及收益和制度之间的反馈机制。他们主张，个体不可能自由地选择制度、风俗习惯、社会规范和法律程序。例如，单独的某一个人不可能决定用一种新的方式实现离婚，不可能根据与众不同的一套规则来下棋，或者选择不纳税。他们不喜欢理性选择模型，而喜欢假定"行动者会根据适当性规则，把某一种行动和某一种情形自然地联系起来"[⑤] 的广为接受的（taken-for-granted）预期模型，而这些规则是通过社会化、教育和在职学习，或者对传统的熟悉了解而被吸收和内化于行动者的。个人无时无刻不面临选择，但在进行选择时他们会从处于相似情形的他人那里寻求指引，也会参照义务规范或标准。此外，他们还倾向于拒斥各种理性-行动者模型，更愿意把制度视为一种

① 保罗·J. 迪马吉奥，沃尔特·W. 鲍威尔. 导言 [A]. 沃尔特·W. 鲍威尔，保罗·J. 迪马吉奥，主编. 姚伟，译. 组织分析的新制度主义 [M]. 上海：上海人民出版社，2008：13.

② Ibid. ：14.

③ MEYER J W, ROWAN B. Institutionalized Organizations：Formal Structure as Myth and Ceremony [J]. American Journal of Sociology，1977，83：340 - 363.

④ Ibid. .

⑤ MARCH J G, OLSEN J P. The New Institutionalism：Organizational Factors in Political Life [J]. American Political Science Review，1984，78：741.

独立变量，并转而对制度进行一种认知和文化解释，强调不能还原为个体属性或动机的直接结果之集合，具有超个体分析单元的特征。①

组织社会学的新制度主义认为要恰当地理解个人的选择和偏好，就必须考虑个人选择和偏好所嵌植的文化和历史框架。在不同社会中的或制度领域中的人们，在不同的时间里，对于驱使其合法行动的是什么样的利益、个人或集体，在何种预兆下可能会采取行动、什么是适当的行动形式，都往往持有不同的假定。即使是理性选择这个概念，也反映了建构和限制合法行动的现代世俗仪式和神话。②

组织社会学家发现，那些关于制度会因个人利益要求或外部环境的变化而变化的适应观并没有多少说服力。在他们看来，被制度化的行为与结构，比起那些没有被制度化的行为与结构来，变化往往更为缓慢。他们认为，当组织发生变迁时，这种变迁有可能是短暂（episodic）而剧烈的，而不是增量式的和温和的，以适应宏观层次上的制度变迁。在支撑制度性机制的社会安排突然出现问题时，组织就会发生根本性的变迁。③ 另外，他们同意理性选择理论学者关于技术相互依赖和物理沉淀成本是制度惰性的部分原因的看法，但认为其并不是唯一的原因，更不是主要的原因。制度化的安排之所以被再生产，是因为个人常常甚至根本不能想到适当的替代选择（或者因为他们认为所能想到的替代选择不具有现实可行性）。制度不仅仅是制约选择意见，还树立了人们发现、确定和实现其偏好的恰当标准。④

2.4 "老"与"新"的连接

组织分析的新制度主义把其渊源追溯到塞尔兹尼克及其同事的"老制度主义"。新老制度主义有许多共同之处，否则就不必都冠上"制度主义"的标签，更不必区分"老"和"新"。但实质上与两种制度主义在研究取向、路径和内容等方面存在很大的不同或分离。

2.4.1 组织分析中新老制度主义的共性

二者最明显的共性当然是都强调制度在组织和社会分析中的作用。除此之外，他们还在如下方面显示出更多的统一性和连续性。

新老制度主义都承认行动者（即组织）的有限理性，质疑关于组织的各种理性-行动者模型，并且都认为制度化是一种状态依赖的过程，这种过程通过限制组织可以进行的选择，而使组织减少了工具理性色彩。两者都反对工具理性主义与物质主义，都认识

---

① 保罗·J. 迪马吉奥，沃尔特·W. 鲍威尔. 导言 [A]. 沃尔特·W. 鲍威尔，保罗·J. 迪马吉奥，主编. 姚伟，译. 组织分析的新制度主义 [M]. 上海：上海人民出版社，2008：10.

② Ibid.：12.

③ 沃尔特·W. 鲍威尔. 拓展制度分析的范围 [A]. 沃尔特·W. 鲍威尔，保罗·J. 迪马吉奥，主编. 姚伟，译. 组织分析的新制度主义 [M]. 上海：上海人民出版社，2008：198-220.

④ 保罗·J. 迪马吉奥，沃尔特·W. 鲍威尔. 导言 [A]. 沃尔特·W. 鲍威尔，保罗·J. 迪马吉奥，主编. 姚伟，译. 组织分析的新制度主义 [M]. 上海：上海人民出版社，2008：12.

到文化观念和价值体系对组织行为及其制度环境的重要影响。两者都强调组织与其环境之间的关系，都希望揭示那些与以往理论关于组织形式的解释和说明不相一致的方面。两者都强调文化在塑造组织现实中的作用。[①]　同时，在研究方法上，两者都偏爱案例研究，并倾向于在定性讨论的基础上归纳出对组织和制度的一般性认识。此外，二者都认为制度化限制了组织的理性，从而形成冲突。二者都认为制度结构对组织行为有决定作用，制度对行为的规范作用超过其他因素；制度既是人类有目的行为的结果，又型塑着人类行为。二者都区分了组织与制度，并都拒斥组织行为（behavior）是个人行动（action）的简单加总。

2.4.2　组织分析中新老制度主义的差异

新制度主义还是在若干重要的方面与老制度主义存在明显的区别，迪马吉奥和鲍威尔将组织分析中新老制度主义的关键差异概括为表 2－1。[②]

表 2－1　组织理论的新、老制度主义

主题	老制度主义	新制度主义
利益冲突	中心论题	边缘论题
制度惰性的起源	既得利益	合法性强制
结构化的重点	非正式结构	正式结构的符号性作用
组织嵌入	地方社区	场域、部门和社会
嵌入性的性质	合作—选择性的	构成性（constitutive）
制度化的焦点	组织	场域或社会
组织动力学	变革	持续
功利主义批判的基础	利益聚合理论	行动理论
功利主义批判的证据	意外后果	非反思性活动
认知的主要形式	价值观、规范、态度	分类、惯例、脚本、图式（schema）
社会心理学	社会化理论	归因理论
秩序的认知基础	承诺、义务或依附	惯习、实践行动
组织目标	替代性的	并存性的（模糊性的）
研究议程	政策导向的	学术导向的

资料来源：保罗·J. 迪马吉奥，沃尔特·W. 鲍威尔导言［A］. 鲍威尔，迪马吉奥主编. 组织分析的新制度主义［M］. 上海：上海人民出版社，2008：15.

（1）对待利益冲突与组织策略的不同态度

老制度主义以政治性的观点分析群体冲突和组织策略。例如，塞尔兹尼克研究的是田纳西河流管理局的领导层，有意指派外来选民，为了保证乡村电气化工程而牺牲掉管

---

① 保罗·J. 迪马吉奥，沃尔特·W. 鲍威尔. 导言［A］. 沃尔特·W. 鲍威尔，保罗·J. 迪马吉奥，主编. 姚伟，译. 组织分析的新制度主义［M］. 上海：上海人民出版社，2008：14.

② Ibid. ；15.

· 36 ·

理局的创立者（即前任领导）的更具平民主义的农业计划。[①] 相反，新制度主义往往并不注重组织内部和组织之间的利益冲突，即使偶尔重视，也只是关注组织如何通过形成高度精细的行政管理机构来应对这些冲突。[②]

（2）对制度化限制组织的理性根源的不同理解

老制度主义认为是组织中政治权衡所形成的利益集团，不愿意放弃既得利益而导致组织的非理性行为。新制度主义则强调根源在于组织稳定性和合法性之间的关系，以及那些"很少会明确地表达出来的、默会性共同理解"的力量。[③]

（3）对组织结构的不同处理

老制度主义注意到了组织对利益的考虑，但又不同意组织根据狭隘利益确定有意图的、理性的使命，而是强调"非正式互动的荫翳（shadowland）"[④]，即各种人际影响模式、共谋、派系（clique），以及成员在招聘或晋升中的特殊主义，以此说明非正式结构如何偏离和制约着正式结构的各个层面。相反，新制度主义则把非理性定位于非正式结构本身，把某些部门和操作程序的扩散归因于组织之间的相互影响、遵从，以及文化"说明"（accounts）的劝诱，而不是组织有意识地施加的作用之结果。[⑤]

（4）对组织与环境关系的理解差异[⑥]

老制度主义认为，组织嵌植于地方社区之中，组织通过成员多重忠诚和组织间的协定（合作—选择）而与地方社区相联系。相反，新制度主义关注的则是组织的非地方性环境，即有着与产业、专业或民族社会相似边界的组织部门或组织场域。在新制度主义看来，环境对于组织的影响十分微妙和深远；环境远非仅仅是组织之间的合作—选择，其影响渗透在组织当中，并创造了行动者看待和评价这个世界及其中的结构、行为、思想等重要范畴的透镜。

（5）对制度起源的不同解释[⑦]

老制度主义认为制度化是一个过程，在这个过程中，组织与地方支持者之间的限制性关系不断演化，所以组织既是一种被制度化的单元，又是这个制度化过程的关键场所，即制度化发生在组织之内。相反，新制度主义者则认为，制度化是在部门或社会的层次上不断发生的，因此制度化发生在组织之间。被制度化的是组织形式、结构要素和规则（即构成组织的标准元件），而非（由这些元件构成的）具体组织。因此，老制度主义认为组织是一种有机整体，而新制度主义则认为组织是一种标准元件构成的松散结合序列。

---

① SELZNICK P. TVA and Grass Roots [M]. Berkeley：University of California Press，1949.

② 保罗·J. 迪马吉奥，沃尔特·W. 鲍威尔. 导言 [A]. 沃尔特·W. 鲍威尔，保罗·J. 迪马吉奥，主编. 姚伟，译. 组织分析的新制度主义 [M]. 上海：上海人民出版社，2008：14-15.

③ ZUCKER L G. Organizations as Institutions [A]. Bacharach, S. B.（Ed.）. Research in the Sociology of Organization [M]. Greenwich, Corm：JAI Press，1983：5.

④ SELZNICK P. TVA and Grass Roots [M]. Berkeley：University of California Press，1949：260.

⑤ 保罗·J. 迪马吉奥，沃尔特·W. 鲍威尔. 导言 [A]. 沃尔特·W. 鲍威尔，保罗·J. 迪马吉奥，主编. 姚伟，译. 组织分析的新制度主义 [M]. 上海：上海人民出版社，2008：15-16.

⑥ Ibid.：16.

⑦ Ibid..

（6）对制度化形成的组织变迁方向的差异

在老制度主义看来，制度化建立了一种独特的组织"属性……它们通过风俗和先例的累积而定型化或固化下来"。① 老制度主义的源于自我心理学的"属性"概念，意味着在每一种制度内的象征符号和功能之间存在高度的一致性。而且，因为组织属性的形成过程是在组织本身的层次上进行的，所以它恰恰增加了组织之间的多样性。相反，在新制度主义看来，制度化往往减少了多样性，因为是在跨组织的层次上进行的，所以克服了地方环境的多样性。然而，组织的标准元件是松散地结合在一起的，很少表现出功能的整合性。新制度主义不仅强调组织的同质性，还往往强调组织中制度化的构成要素的稳定性。②

（7）拒斥组织行为是个人行动简单加总的不同理由

在老制度主义者看来，这种观点与个人追求的是物质利益特别是理想利益的假定没有多大关系（当然，该利益概念比功利主义的更为宽泛）。塞尔兹尼克认为，官僚和在地方上具有影响力的人物，即使并非总是成功的战略家，也是精明的战略家，而与这样的个人的努力会导致整体理性的假定更为相关。而且，在他看来，组织是"反对个人权威的桀骜不驯的工具"，指向组织的各种努力和意图都会产生超出任何个人控制的"意外后果"。相反，新制度主义对行动意向性观点的反对，是以一种替代性的个体行动理论为基础的，强调绝大多数的人类行为具有非反思性、习惯性和视若当然的特征，并认为利益和行动者本身是通过制度而建构的。③

（8）对制度化行为的文化基础和认知基础问题上的巨大分歧，④ 这些分歧也是上述各种差异的原因所在

对于老制度主义学者而言，价值观、规范和态度是特别重要的认知形式。当组织被"灌输"价值观时，组织就被逐渐制度化了，组织本身是制度化的一种结果。组织内部成员的偏好受到规范的影响，并反映在他的价值判断中，一个制度中的新成员会经历"社会化"过程，导致组织价值观的"内化"，被新成员体验为一种"承诺、投入或依附"。新制度主义则明显地扬弃了这种实质上是道义性的参照框架，认为，"制度化从根本上说是一种认知过程"；⑤ "规范性义务……其本质上是作为一种事实进入社会生活，而行动者必须对这些事实加以考虑"。⑥ 形成制度的材料不是规范和价值观，而是被视若当然而接受的脚本、规则和分类。不是具体的组织而是制度导致行动者对组织产生情感依附或承诺，而制度是宏观层次的抽象，是"理性化的和非人格化

---

① SELZNICK P. TVA and Grass Roots ［M］. Berkeley：University of California Press，1949：182.

② 保罗·J. 迪马吉奥，沃尔特·W. 鲍威尔. 导言［A］. 沃尔特·W. 鲍威尔，保罗·J. 迪马吉奥，主编. 姚伟，译. 组织分析的新制度主义［M］. 上海：上海人民出版社，2008：16.

③ Ibid.：17.

④ Ibid..

⑤ ZUCKER L G. Organizations as Institutions ［A］. Bacharach，S. B. （Ed.）. Research in the Sociology of Organization ［M］. Greenwich，Corm：JAI Press，1983：25.

⑥ MEYER J W，ROWAN B. Institutionalized Organizations：Formal Structure as Myth and Ceremony ［J］. American Journal of Sociology，1977，83：340 - 363.

的规定""共同的典型化"，独立于道德忠诚可能依附的任何实体。① 新制度主义者往往拒斥社会化理论，因为社会化理论关于身份认同和内化的看法具有明显的"强烈"情感色彩。②

（9）简短总结

通过新老制度主义的对比，我们更清楚地认识新制度主义的特征。新制度主义最注意的是合法化和社会再生产过程。强调组织环境是由文化要素即充当组织模板的广为接受的信仰和广为传播的规则构成的。认为制度的再生产与强有力的中心行动者（如国家、职业和组织场域中支配性能动者）的要求密切相关。这种强调突出了制度施加的约束，强调了导引行为的规则无处不在。但制度不仅仅是人类能动者的约束，它们首先是人类活动的产品，往往是经由冲突与争辩过程而建构的。③ 新老制度主义的共同点和众多差异之处证明了，规则和惯例不仅产生秩序并使不确定性最小化，而且制度安排的创造和实施是一个充满了矛盾冲突和模糊性的过程。

2.5　制度理论对本研究的适切性及研究框架

2.5.1　制度理论在教育组织研究中的应用

塞尔兹尼克的学生、高等教育学者伯顿·克拉克，在教育组织特征的提炼、组织特征对组织结构影响的分析及教育组织演变的观念等研究主题上继承和发展了塞氏的分析框架。④ 他通过研究高校组织的三本早期著作：《成人教育的转型》（1956）、《开放学院》（1960）与《特色学院》（1970），展现了组织分析的老制度主义在教育研究中的解释力。

克拉克发现，非全日制成人学校的边缘地位、分散的目标和注册经济（enrollment economy）的压力，使得行政管理人员成为维持学校存在和延续等责任的主要承担者，而且这些管理者为获得外部支持，不得不穷于应付外部的需求与批评。⑤ 成人学校的服务特征，为界定和保护自身的组织特性带来了"预料不到的后果"。当遇到相互竞争的组织时，开放性的成人学校难以建立有力的防卫。由于合法性受到质疑，加之有类似组织功能的竞争性的社区学院大量出现，成人学校被大批兼并。这种情况可称得上是这类组织的服务性特征所带来的"反功能"。

在《开放学院》中，克拉克对加州公立社区学院的组织特征、专有能力与组织功能进行了分析。⑥ 这些学院被克拉克称为"大众型组织"（mass enterprise），具有如下特

---

① MEYER J W, ROWAN B. Institutionalized Organizations：Formal Structure as Myth and Ceremony [J]. American Journal of Sociology，1977，83：340 - 363.

② 保罗·J. 迪马吉奥，沃尔特·W. 鲍威尔. 导言 [A]. 沃尔特·W. 鲍威尔，保罗·J. 迪马吉奥，主编. 姚伟，译. 组织分析的新制度主义 [M]. 上海：上海人民出版社，2008：17 - 18.

③ Ibid.：32.

④ 郭建如. 社会学组织分析中的新老制度主义与教育研究 [J]. 北京大学教育评论，2008（3）：142 - 157.

⑤ Ibid.

⑥ CLARK B R. The Open Door College [M]. New York：Mcgraw-Hill Book Company Inc.，1960.

征：受教育当局直接控制，具有依赖性；开放入学，学院无法选择学生群体；学院工作特征和项目演变却由这些不加选择的学生主体决定。形成这些特征的主要因素是学区管理层的控制、定位和压力及学区外公立学校"利益团体"。社区学院"大众"的特征塑造了组织的专有能力（special ability）：项目多样化以处理异质性的学生群体、平衡截然不同的操作项目和将学生从转学项目重新安置到终结性项目的能力。

克拉克认为社区学院在高等教育系统中实际上发挥了一种"冷却功能"。进入大学学习已成为民主、平等文化背景下，民众所接受的一般性价值观念，普遍成为个人的基本目标，而高等教育需要标准，也就控制了手段。目标与手段的脱节，导致大批学生学业失败，开放学院"冷却"了这些失败者的勃勃雄心。①

克拉克的《特色学院》深化了前两部著作中的有关问题，聚焦于与组织特征及特有能力相关的组织价值化目标和理念，及其如何在组织日常实践和个人行为中体现。② 通过研究美国三所有影响的私立文理学院，克拉克将这些特色学院最核心的成分概括为"组织传奇"，并分析了组织传奇创造过程中组织创建者和领导的作用以及组织传奇维持的条件。③

克拉克坚持了塞尔兹尼克的演化观点，强调正式的组织或制度产生于大量的非正式制度。他在对社区学院的研究中反复指出，事物的发展是在不断应付问题的适应过程中进行的，而并非像最初规划的那样。这种适应可能是有目的的，但从组织整个发展来看，却是无意图行为的结果。④ 在讨论制度变迁的过程中，克拉克也延续了塞尔兹尼克对行动者利益和权力斗争的关注。他在成人教育的研究中，注意到了管理者与外部力量围绕学校控制权而进行的斗争；在开放学院的研究中，他还注意到了学区内外公立学校这些"利益群体"对社区学院的控制和影响。① 此外，克拉克在对成人学校的研究中还注意到了组织的不同合法性来源与实际运行逻辑之间可能会存在着冲突。⑤ 克拉克的分析指出了项目服务的市场逻辑与制度的合法性逻辑之间的矛盾，这正是后来的新制度主义学者所着力研究的。⑥ 也就是本研究所关注的效率机制（市场逻辑）与合法性机制（制度的合法性逻辑）之间的张力。

组织分析中的新制度主义最初就是从教育研究开始的。迈耶区分了技术性组织和制度性组织，并以此为基础，修正了单纯从技术角度研究学校组织的看法。当时的主流观点视学校为缺乏内部理性、不能有效衡量学业表现、不能防止自身受环境影响的无效组织。⑦ 而迈耶认为，教育已成为现代社会中重新定义和分类社会成员的重要工具，学校对社会的合法性起着重要作用，是受到制度高度影响的组织，具有很强的仪式性。同时，学校也是一种松散耦合的组织，组织内部结构的松散性恰恰使组织缓冲了来

---

① 郭建如. 社会学组织分析中的新老制度主义与教育研究［J］. 北京大学教育评论，2008（3）：142－157.
② Ibid..
③ Clark B R. The Distinctive College［M］. New Jersey：Transaction Publishers，1992.
④ Clark B R. The Open Door College［M］. New York：Mcgraw-Hill Book Company Inc.，1960.
⑤ Clark B R. Adult Education in Transition［M］，New York：Arno Press Inc.，1980.
⑥ 郭建如. 社会学组织分析中的新老制度主义与教育研究［J］. 北京大学教育评论，2008（3）：142－157.
⑦ Ibid..

自外部的影响，保护了处于组织核心的教学活动。另外，在学校组织以及外部环境之间存在着一种信任逻辑（logic of confidence），外界主要是看学校在仪式上是否具有符合成为学校的那些外在特征，因此外界对学校的检查、评估等都是仪式性的。正因为学校是一种高度仪式化和松散耦合的组织，学校与外部环境之间遵循的是仪式性的信任逻辑，学校组织虽然被人为地纳入了大量新的项目和服务，同时大量的创新还在环境中产生并随着合法化被纳入学校和学区中，但是那些在学区内旨在组织和协调教学活动的改革创新不被实施的可能性很大——或者从原有的结构中除掉，或不对现有的教学活动产生影响。因为在学校这样高度制度化的环境中，技术系统很难发展起来。[①]

2.5.2　制度理论对本研究的适切性

（1）制度理论对组织行为的深刻解释力

自 20 世纪 70 年代以来社会科学中制度主义的回归，显示了制度理论的强大生命力，而克拉克、迈耶、斯科特等人应用制度主义的分析方法对教育机构等组织的分析，深化了学术界对组织和其他以组织为核心的社会现象的认识。

特别是 20 世纪 90 年代以来，政治学、社会学、经济学和组织理论中的学者们出现对理性社会和组织行为模型的广泛觉醒，在原有模型中，为追求他们自身利益，相关自主行动者被视为拥有完全理性。新制度主义摒弃了这种对组织行为和个人行动的狭隘理解，并在理论和研究上进行了符合现实的改进。"新制度主义在整个社会科学的兴起标志着这些分散的学科存在重新统一的可能性，它为研究者描述和概念化研究问题提供了一个更加通用的语言。新制度主义影响着社会科学几乎所有的概念和分析工具。"[②]

教育研究一直是制度理论的主要领地，组织分析中的新制度主义最初也是从对学校组织的研究开始的。相对于传统观点，视高等教育为一项制度将引导人们的注意力转向构成本土环境主要特征的文化脚本（cultural script）和组织规则（organizational rules），[③] 而这些因素又是更广泛的国家和世界环境的组成部分，这将使人们在更现实的角度审视高等教育的实践，也使得学术研究的成果更具现实意义。

（2）研究问题的制度化特征

本研究关注两个问题：一是美国农业服务体系以赠地院校为主体的制度安排是如何形成和发展的？二是这个体系是如何适应内外部环境变化的？在这个过程中制度安排又

　　①　MEYER J W，SCOTT W R，et al. Institutional and Technical Sources of Organizational Structure ［A］. In H. D. Stein（Ed. ）Organization and the Human Services ［M］. Philadelphia：Temple University Press，1981：51 - 78.

　　②　MEYER H D，ROWAN B. Institutional Analysis and the Study of Education ［M］. Albany：State University of New York Press，2006：1.

　　③　MEYER J W，RAMIREZ F O，et al. . Higher Education as an Institution ［A］. In Patricia J. Gumport （Ed. ）. Sociology of Higher Education：Contributions and Their Contexts ［M］. Baltimore：The Johns Hopkins University Press，2007：187 - 221.

是如何演进的？这其中涉及的以赠地院校为主体的美国农业服务体系在其形成和发展过程中具有很强的"制度化"色彩。

1862 年由林肯总统签署的《莫里尔法案》（*Morrill Act*）将各州中属于联邦政府的土地赠予各州政府用于开办包含实践性学科的高等教育机构；1887 年美国国会通过《哈奇法案》（*Hatch Act*）授权赠地院校指导成立"农业试验站"；1914 年美国国会通过的《史密斯-利弗法案》则开创了通过联邦政府、赠地院校与地方政府的合作进行农业推广工作的美国模式。这三项法案构成美国农业服务体系制度建设的基础。在此期间及以后的时间里，美国国会和政府又通过更新和建设相关制度，完善了整个体系的运行（参见附录 1）。与此同时，在众多法案之外，赠地院校及其农学院、农业试验站和合作农业推广站在美国高等教育的民主化与大众化、应用性学科的发展和民众科学素养的提升等社会文化观念建设方面也发挥了不可替代的重要作用。

不难发现，本研究所关注的是高等教育领域中一项制度安排的起源、变迁和发展，因此选择制度理论作为分析工具是理所当然的。

（3）制度理论的"美国本土性"的特征

早期的制度理论源于经济学，而经济学中的"老制度主义"一般被认为是德国历史学派在美国的翻版，但这一说法并不准确。制度主义确实吸收了德国历史学派的某些元素，比如历史分析方法，但它主要还是在美国特定的社会经济环境中产生的一个美国原生的经济学派。[①] 而 20 世纪 70 年代兴起的组织社会学孕育出的组织制度学派则明显地表现出"很强的美国本土学术范式"的特点，[②] 对美国社会现实有深刻的反映，能提供有力的解释。

美国赠地院校及其农业服务体系在世界高等教育领域的独特地位，无须再加以强调，因此应用具备美国本土学术范式的分析工具对美国高等教育组织现象的考察，无疑会增加研究的针对性和解释力。

2.5.3 本研究的分析框架及理论假设

制度分析的核心突破之处，既非揭示组织实践的非效率性，也非赞成制度安排的非最优化。新制度主义质疑"留存下来的制度就代表了有效的解决方案"这类论断，因为环境变迁的速率往往超过了组织适应速率。[③] 由于次优的组织实践也可以持续存在一个延长的时期，所以往往不能指望制度会简单地反映当前的政治和经济力量。关键之处不是去辨别各种制度是否有效，而是要对组织把其历史经验整合进它们的规则和组织逻辑中的方式提出有力的解释，[④] 这样才对现实世界更有意义。

现有的制度理论强调制度变化会引起组织的变化，组织会朝着制度环境所规定的方

---

① 张林. 新制度主义 [M]. 北京：经济日报出版社，2006：3.
② 高柏. 中国经济发展模式转型与经济社会学制度学派（代总序）[A]. 沃尔特·W. 鲍威尔，保罗·J. 迪马吉奥，主编. 姚伟，译. 组织分析的新制度主义 [M]. 上海：上海人民出版社，2008：1-19.
③ 保罗·J. 迪马吉奥，沃尔特·W. 鲍威尔. 导言 [A]. 沃尔特·W. 鲍威尔，保罗·J. 迪马吉奥，主编. 姚伟，译. 组织分析的新制度主义 [M]. 上海：上海人民出版社，2008：38.
④ Ibid..

向变化，却没有指出制度本身是如何变化的？是什么促成了制度的变化？也即"制度理论缺乏微观基础"。①

制度是由具体的历史行动者构建的。这些行动者既受到自我利益的驱动，也受到价值和文化信念的驱动，从而制度变迁的机制不仅包括利益冲突和权力斗争，而且包括社会学习和实验机制。② 因此，本研究提出：

假设1：特定冲突是制度起源的微观基础。

这里的"特定冲突"虽然与基于有限理性的利益算计及权力博弈密切相关，但并不仅限于利益和权力的主题，也可以是文化和价值观之间的矛盾。冲突引发博弈，当博弈达到一定程度的均衡，在一些非控制性因素的触发和引导下，最终形成广为接受的制度。

任何一个组织必须适应环境才能生存。对组织行为和组织现象的分析，必须从认识组织环境的角度出发。经济学和管理学的观点认为，技术环境决定了组织的表现，组织的任何行为都可以从成本最小化、改善技术函数、优化市场条件、改进技术扩散曲线等对组织效率的追求中得到解释，这种解释被称为效率机制。而组织分析的新制度主义却提出，组织同时面临的制度环境（institutional environment），即一个组织所处的法律、文化期待、社会规范、观念意识等为人们"广为接受"（taken-for-granted）的社会事实，③ 才是影响组织表现的最重要因素。

各种组织受制度环境制约，追求社会承认，采纳合乎情理的结构或行为，这种诱使或迫使组织采纳在外部环境中具有广为接受的组织结构或做法的制度力量称为合法性机制，或称作为社会承认的逻辑或合乎情理的逻辑。④

不同的理论都对组织林林总总的行为给出了解释，理想化地，是对差异化的组织应用差异化的理论进行分析。根据组织在技术环境和制度环境嵌入程度的不同，迈耶和斯科特将组织划分为四类：⑤（a）存在于弱技术但强制度化的环境中的组织（如学校和其他带有不确定技术的高度制度化组织）；（b）存在于弱制度环境但强技术环境的组织（如在竞争性市场的许多商业公司）；（c）存在于强技术环境和强制度环境的组织（如医院）；（d）存在于弱技术环境和弱制度环境中的组织（许多个体服务企业）（图2-1）。

① 周雪光.组织社会学十讲［M］.北京：社会科学文献出版社，2003：107.

② MEYER H D，ROWAN B. Institutional Analysis and the Study of Education ［M］. Albany：State University of New York Press，2006：10.

③ 周雪光.组织社会学十讲［M］.北京：社会科学文献出版社，2003：72.

④ Ibid.：78

⑤ SCOTT W R，MEYER J W. The Organization of Societal Sectors ［A］. DiMaggio，Paul J. and Walter W. Powell（Eds.）. The New Institutionalism in Organizational Analysis ［M］. Chicago：University of Chicago Press，1991：108-140.

制度环境		
	弱	强
技术环境 强	竞争性市场的商业公司	医院
技术环境 弱	个体服务企业	学校和其他带有不确定技术的高度制度化组织

图 2-1　不同制度和技术环境影响下的组织类型

　　面临不同技术环境和制度环境的组织，受效率机制和合法性机制的约束力强度也不一样。而一般情况下，两种机制发挥作用的过程和效果是冲突的。从过程上讲，技术环境要求效率，制度环境常常要求组织耗费资源去满足合法性。从效果上看，由于组织的目标、规模、技术条件等条件的不同，为实现高效率，组织就必然采取不同的结构形式，而且随着上述技术环境的改变，组织结构也应该产生相应的变化，表现出差异性，这是效率机制发挥作用的结果。但按照合法性的要求，组织在制度环境中的生存，是不断地接受和采纳外界公认、赞许的形式、做法或"社会事实"的过程，[①] 因此，组织的机构应该是趋同的。

　　合法性与效率之间存在张力（tensions），组织如何应对？塞尔兹尼克曾经指出，在某一创新初期就采纳这种创新的组织，常常出于改进其效率的需要而受效率机制支配。但是，新的实践可能"被赋予超越当下任务技术要求的价值"。迈耶和罗恩更进一步，他们认为，一种创新在组织间的扩散会达到一个阈值或极限，当超过这个阈值或极限，一个组织采纳这一创新为其提供的主要就是合法性而不是直接增进其经济绩效。[②] 因此，他们提出，组织的一个重要对策就是要把内部运作和组织结构分离开来，即"脱耦（loose coupling）"。[③] 在实践中就是，一个组织制定了很多的规章制度但并不实施，用以应付制度环境。即有意识地将正式结构与组织内部的日常运作分离开来。组织的正式结构变成了象征性的东西，对组织内部的运作没有实质上的意义。组织内部可能采用非正式的职业规范的组织结构来约束行为。换言之，正式结构是适应制度环境的产物，是做给别人看的，而非正式的行为规范才是组织运作的实际机制。[④]

　　这样，代表着组织行为对自身利益的维护和提升的效率机制与代表着组织行为被社会认可的程度的合法性机制就表现出某种程度的"共存互补"，[⑤] 即相互加强与补充，因此有：

　　假设 2：合法性机制与效率机制共存互补，合法性与效率之间的张力是制度变迁的决定性因素之一。

　　效率机制，即追求组织利益的实现和绩效的提高；合法性机制，即组织通过争取权

---

　　① 周雪光. 组织社会学十讲［M］. 北京：社会科学文献出版社，2003：73.

　　② MEYER J W, ROWAN B. Institutionalized Organizations: Formal Structure as Myth and Ceremony［J］. American Journal of Sociology，1977，83：340-363.

　　③ Ibid..

　　④ 周雪光. 组织社会学十讲［M］. 北京：社会科学文献出版社，2003：77.

　　⑤ Ibid.：151.

力中心认可的行动，实现制度的设计。合法性机制和效率机制在运行时都需要耗费组织有限的资源，在过程和效果上也存在不一致，但二者却有共同的目标：使组织运行得更好。因此具有了共存互补的基础，而二者之间的张力对制度变迁的方向具有重要的影响。如果合法性超过了效率，则制度将沿最强势的权力中心和主流意识形态所规定的方向演进，存留下来的制度将不一定是效率最高的但一定是最符合权力中心要求的；如果效率的要求超过了合法性，既有的制度就构成约束，新的冲突会不断涌现，制度的演化将重新进入假设 1 所规定的情况，开始新的循环，新的制度将会在新的冲突中产生。

高等教育组织处于强制度环境和弱技术环境约束下，美国赠地院校及其农业服务体系因其起源即由政府主导，制度理论是如何解释这类组织的起源的？效率机制和合法性机制是如何共同作用于这类组织的？本研究希望通过历史的回顾和现状的分析，验证上述两个假设。

2.6　本章小结

制度理论来源于以前多个社会科学，在 20 世纪初曾兴盛于社会科学的各个领域。尽管在以凯恩斯主义为代表的新古典理论冲击下，制度理论自第二次世界大战后渐渐式微，但从 20 世纪末开始，制度理论在社会科学中得到全面复兴。

凡勃伦将人类本能划分为建设性本能和破坏性本能两个部分，并以此为基础分析社会现实，开创了一直处于制度主义核心的技术-制度二分法，经艾尔斯改进后成为制度主义中的"凡勃伦-艾尔斯传统"。康芒斯从资源的稀缺性前提中引申出交易关系，并将"交易"作为分析经济行为的基本单位，推导出人类行为的冲突，从而需要"强制性的业务规则"控制人们的行为，建立起强调人作为团体、阶级、社会的成员，行为相互影响，同时又是社会环境产物的制度主义基本分析框架。

塞尔兹尼克和帕森斯进行了将制度理论应用于组织分析的早期研究，总结出环境、目标（任务）、结构、领导等组织社会学分析的核心概念。尽管他们的工作开展于 20 世纪五六十年代，但由于是将制度理论用于分析社会组织的最早尝试，因此被认为是组织分析中的"老"制度主义。

经济学中的"新制度主义"有两种：一种是对凡勃伦和康芒斯等非正统经济学制度分析范式的继承和发展，另一种是在新古典经济理论框架下采取制度分析的某些概念和术语的正统经济学。而且这两种"新制度经济学"是相互批判的。相对而言，对组织研究的新制度主义的认识则比较统一。

制度理论在教育组织研究中有着广泛的应用，并已经被证明能够为理解现实世界中教育组织的行为，提供有力的解释。然而，现有的研究却没有指出制度理论的微观基础，并坚持规范组织行为的效率机制与合法性机制是矛盾的。因此，本研究提出了两个理论假设：（a）特定冲突是制度起源的微观基础；（b）合法性机制与效率机制共存互补，合法性与效率之间的张力是制度变迁的决定性因素之一。

3 | 制度的孕育：美国赠地院校兴起的背景

制度并非凭空而生，总是有其存在的条件和基础。美国有着与其他国家大不相同的历史，因此创造了许多意想不到的机会，也遇到了前所未有的问题。从哈佛学院成立到1862莫里尔法案签署，美国的高等教育有着怎样的发展路径？又为赠地院校留下了怎样的制度遗产？赠地院校的兴起仅仅是出于教育改革的目的吗？

3.1　殖民地时期的高等教育（1636—1776）

在 1636 年坎布里奇学院（Cambridge College，1639 年更名为哈佛学院，1780 年更名为哈佛大学）成立之前，美洲大陆并没有可供继承的正规高等教育。因此，美国在殖民地时期的高等教育完全来源于对其他国家的直接模仿和继承。

美国的高等教育受到过多种力量的影响，其早期的高等教育正式制度安排主要来自对英国传统学院的继承和借鉴，在殖民地后期则加入了法国大学的元素，而在美洲土地上逐渐形成美国本土的价值观念等非正式的制度安排也在积极影响和塑造着那些移植过来的机构。

3.1.1　概述

1492 年，受西班牙皇室资助的航海家哥伦布（Christopher Columbus）重新发现了美洲大陆。16 世纪上半叶开始，西班牙、荷兰、法国和英国等欧洲的殖民主义者先后侵入这块印第安人的故乡，开拓和争夺殖民地。

1763 年，西班牙、法国和英国之间长达百年余年的殖民竞争，在经过激烈的"七年战争"之后，终见分晓，英国赢得了最终的胜利。此后，英国殖民主义者排挤了其他国家的殖民势力，在现在美国东起大西洋西岸、西至阿拉巴契亚山脉之间的土地上建立起了 13 个殖民地。英国取得这个新大陆大部分地区的实际掌管权，成为殖民地时期美国政治、宗教、经济、思想文化和教育等方面制度安排的最主要来源。

英国对美国的影响出于两种不同的原因，开始于两个不同的地方。1607 年，受西班牙在美洲南部发现黄金的激励，一批英国冒险家在弗吉尼亚（Virginia）的詹姆斯城（Jamestown）建立了第一个北美殖民地，同时开始向那里移民，以期获得更多的财富。但严酷的环境使这批人经常饥寒交迫而不是原来设想的黄金满屋。1620 年，另一批英国人带着不同的使命来到美洲大陆。他们是受到宗教排挤和迫害的清教徒（the Pilgrims），希望在北美大陆实现自己的宗教理想。他们在马萨诸塞（Massachusetts）的普利茅斯（Plymouth）定居下来。至 1650 年，殖民地总人口约 5 万多人，其中 4.4 万人来自英国。[①] 人口优势和强盛的国力使英国的习俗制度在各殖民地区居于主导地位，其他国家的移民迅速被同化。北美殖民地几乎所有的早期教育传统、学校类型、教科书和教育思想都直接从英国输入。[②]

英国的牛津大学（Oxford University）和剑桥大学（Cambridge University）是殖民地学院建设的最初原型。哈佛学院的办学章程直接模仿剑桥大学伊曼纽尔学院（Emmanuel College），其最早的学位证书有"pro modo Academiarum in Anglia"（根据英格兰的大学的规定）的语句；学院四个年级的分类和名称则是直接借用。此外，在学生专业、课程和管理规范及学位要求方面，哈佛对英国学院的模仿也很明显。而哈佛也成为所有殖民地后起学院的模仿对象。[③]

在哈佛学院创办半个多世纪后，由圣公会发起，仿效苏格兰大学的殖民地第二所高等教育性质的机构——威廉玛丽学院（College of William and Mary）于 1693 年在弗吉尼亚的威廉斯堡（Williamsburg）建立。1701 年，清教徒中的公理会教士在康涅狄格州建立了一所学院，1718 年定名为耶鲁学院（Yale College）。1701—1769 年，殖民地陆续建立了 7 所学院。

表 3-1　殖民地学院成立及分布情况

原名	现名	建校年份	所属教派	所在州
哈佛学院	哈佛大学	1636	公理会	马萨诸塞
威廉玛丽学院	威廉玛丽学院	1693	圣公会	弗吉尼亚
耶鲁学院	耶鲁大学	1701	公理会	康涅狄格
新泽西学院	普林斯顿大学	1746	长老会	新泽西
国王学院	哥伦比亚大学	1754	圣公会	纽约
费城学院	宾夕法尼亚大学	1755	非教会	宾夕法尼亚
罗得岛学院	布朗大学	1764	浸礼会	罗得岛
女王学院	罗格斯新泽西州立大学	1766	荷兰归正会	新泽西
达特茅斯学院	达特茅斯学院	1769	公理会	新罕布什尔

资料来源：Good，H. G. A History of American Education，2th ed. New York；The Macmillan Company，1968：61.

3.1.2　正式制度的继承与修正

美国大学（学院）的正式制度包括两个方面：一是学院内部的结构和治理方式；二

① 贺国庆.德国和美国大学发达史 [M].北京：人民教育出版社，1998：81.

② Ibid..

③ BRUBACHER J S，RUDY W. Higher Education in Transition：A History of American Colleges and Universities [M]. 4th ed. New Brunswick（U. S. A.）& London（U. K.）：Transaction Publishers，1997（2008 Reprint）：3.

是学院与行政当局（起初是英国王室，后来是殖民地当局，再后来是州立法机构）的关系。在这两个方面中，出于对合法性的期望，殖民地时期美国的学院继承了英国高等教育中的某些概念，如"学院""校长"和"控制委员会"等，但在实质内容上却根据实际作了本土化的修正，与传统英国大学存在很大差异。

（1）殖民地学院管理制度的基本情况

殖民地学院在建立之时都希望得到宗主国（主要是英国）皇室的承认，取得特许状，以获得名义上的合法性和行政当局的支持及资助。由于取得办学特许状的标准和要求大部分是按照英国传统学院的模式确定的，所以在许多方面，至少是在形式上，殖民地时期所建立的学院都要继承和模仿英国传统学院的办学模式。

但是，皇室能否授予特许状是不确定的。因为当时英国的学院主要教授的是以古典语言和文学为核心的传统课程，关注贵族的心智培养，皇室很难相信在北美蛮荒之地适宜开展此类高等教育。而且北美大陆疆域广阔、人口稀少，教师、学生、图书、校舍等办学条件也根本无法与英国传统学院相提并论。所以，在制度安排上，殖民地时期的美国学院与英国传统学院又有所不同。譬如，牛津大学和剑桥大学包括多所学院，且集中于伦敦城，两所大学只是学位授予机构，教学则分散在各学院进行。但在殖民地时期的美国却没有包括多所学院的"大学"，只有散布于各殖民地的学院，而且这些学院既承担教学任务，也授予学生学位。[①]

传统欧洲大学是学生和教师自愿结合的学者社团（corporation），虽然也需得到教皇或国王的保护，但它们却努力保持着由学者行会自己管理自己的自治地位，校长是他们自选的维护自身利益的代理人。而美国殖民地学院则是由立法机关、教会等外部力量所控制，校长只是具体的执行者。在这些学院中，最高决策机构是由校外人士组成的董事会或校监委员会（Board of Overseers），有时也统称为管理委员会（Governing Board）。这些委员会须经英国王室或殖民地立法机关的特许，拥有管理学校资产、任免校长等权力，以及为学校募集资金的责任。

在美国殖民地学院创办的初期，校长以下一般不设任何行政组织，确切地说，校长就是整个的行政管理机构。校长担负着在19世纪和20世纪由学校教务长、注册办公室主任与图书管理员负责的全部工作。这些创始时期的校长不仅负责整个学校的行政管理，而且还肩负许多其他职责，其中最主要的是繁重的教学任务。后来当校长只给高年级授课时，负担才有所减轻。然而学校所有日常行政管理中的问题都要由校长裁决。通常校长要主持每天的礼拜仪式和每个星期日的布道。在没有专门注册人员以前，校长通常要负责保存学生的档案。不少校长还兼任学校的图书管理员。除此之外，校长还必须不断地寻找机会，筹集资金和处理学校具体的行政事务。很明显，即使是在学生数量不多的情况下，校长的职位也是一项十分耗费时间和精力的工作。[②]

---

① BRUBACHER J S, RUDY W. Higher Education in Transition: A History of American Colleges and Universities [M]. 4th ed. New Brunswick (U. S. A.) & London (U. K.): Transaction Publishers, 1997 (2008 Reprint): 4.

② Ibid.: 27.

（2）多所学院的管理制度

哈佛最初建立的校监委员会（1637 年经殖民地总法院批准）由马萨诸塞殖民地总监、副总监、财政大臣、三名地方官员和六位教会牧师等十二人组成，直到 1642 年马萨诸塞殖民地总法院重新改组了哈佛校监委员会，使其变为常设机构，哈佛的校长才作为院方的唯一代表进入该委员会。[①] 由于当时交通条件不便，由院外人士组成的校监委员会成员很难及时处理繁杂的日常校务问题。校长必须承担学校日常管理的主要责任，但却没有相应的权力。鉴于这种情况，马萨诸塞殖民地总法院在 1650 年为哈佛颁布的特许状中，授权学院设立一个由校长、财务主管人和其他五位评议员组成的新的行政管理机构——"院务委员会"（Corporation）。这是一个与学院事务保持经常和直接联系的驻校机构，成员为终身制。该机构拥有经办学院的所有必要的权力，如：有固定的印章，能够聘用教职人员，有权购买资产、接受捐赠，以及向法院提出起诉等。该机构的设立在一定程度上体现了欧洲大学自治的传统，但学院并没有因此而变成为一个完全独立的机构。特许状同时规定校监委员会对这个新机构拥有监督权及新校长的委任权。这样哈佛就形成了校监委员会与以校长为首的院务委员会两个管理机构并行的局面。这种两院制的管理形式一直持续至今。[②]

威廉玛丽学院在行政管理模式上受欧洲大学自治传统的影响较深。该学院创建时期由一个十八位绅士组成的松散的理事会管理。1693 年英国王室颁发的特许状规定该理事会在完成学校创立的任务后，即应把全部资产权移交给学院的校长和教师。但直到 1729 年当学院成立了由校长和六位教师组成的院务会议的时候，理事会才勉强执行了特许状的规定，转变成为一个监督性质的视察委员会（board of visitors）。到独立战争时期，该学院已基本上实现了接近传统意义上的"自治"。但威廉玛丽学院这种独立的地位并没有维持多久。美国独立战争以后，弗吉尼亚州法院否决了该院的自治地位，使视察委员会重新获得了控制学校的权力。[③]

耶鲁的创立者们似乎根本没有把学校自治作为学院组织管理构架的打算。鉴于当时哈佛学院校监委员会与以校长为首的校务委员会之间种种争斗所带来的混乱，发起创立耶鲁的公理会教士们决心把学院牢牢地控制在自己的手里。结果他们建立了单一的由公理会教士占据全部席位的学院管理委员会。事实上，由于惧怕学院内部产生有权势的人物，直到获得了 1745 年的特许状以后，他们不得不允许院长（rector）成为"耶鲁校务委员会"（Yale Corporation）的成员。即使如此，与哈佛和威廉玛丽学院相比，耶鲁学院的管理距离英国的传统仍然相当遥远。然而，一个世纪以后的耶鲁著名校长托马斯·德怀特（Timothy Dwight）仍确信一院制的组织管理形式优于两院制。他认为两院制的主要弊病是负责监督的委员会只能否决而不能创制法规，这就容易导致优柔寡断或迁就妥协。另外担心由校外人士特别是非教会人士把持的校监委员会不能正确把握学

① EDWARDS H T，NORDIN V. Higher Education and the Law［M］. Boston：Harvard University Press，1979：8.

② 陈学飞. 美国高等教育发展史［M］. 成都：四川大学出版社，1989：5-6.

③ WESTMEYER P. A History of American Higher Education［M］. Springfield：Charles C Thomas Publisher，1985：11.

院发展的方向。不管这些评论的价值如何，值得注意的是，继上述三所学院之后创立的许多学院和大学都仿效了耶鲁"一院制"的模式。①

在殖民地时期，除耶鲁之外，宾夕法尼亚大学管理委员会也曾长期排斥学校官员的代表。托马斯·杰弗逊（Thomas Jefferson）在规划创办弗吉尼亚大学（University of Virginia）的时候，甚至根本不准备设校长，而设想由轮换的教授会主席来执行校长的职责。然而这些由管理委员会独揽大权、排斥学院行政官员的做法结果并不好，因为管理委员会成员并不接触只有校长才了解的学校日常事务。即使在哈佛，尽管校长既是校监委员会又是校务委员会的成员，但仍然感到建立一个能够现场做出临时决定的"直接管理委员会"是必要的。上述学校都遇到了与哈佛类似的问题。到了18世纪中叶，耶鲁终于决定由校长担任学院的首席行政官员。宾夕法尼亚大学到19世纪才做到这一点。而弗吉尼亚大学直到20世纪才采用由校长负责行政管理的体制。②

美国殖民地学院在创立初期之所以出现由校外人士而非教授进行管理的模式，主要有以下三方面的原因③：第一，建立马萨诸塞殖民地的清教徒属于加尔文教派（Calvinism）。加尔文派的基本信条之一就是主张普通人必须参与社会机构的管理与决策。第二，欧洲的大学是在长期既已存在的学者团体（行会）中逐渐演进形成的，而殖民地时期的美国学院实际上是由种种非学者社群创立的。这些社群的财力十分有限，学院则更不具备自治或独立的财政基础，因此它们必须求助于其他社会力量的支持。这种情况就促成了社会力量对学校的控制。即使是在学院自身变得更为强大以后，社会的力量也不愿放弃这种控制。第三，在欧洲，教师行业的社群在大学产生以前既已存在。而在美国，首先建立的是学院，而后作为重要力量的教师社群才逐渐形成。殖民地学院在创建初期除了校长之外，教师一般都是临时聘用的教士。他们不同于欧洲大学的教师，并不是专业化的学者社群，因而往往既无兴趣也无志于参与学院的管理与决策过程。

时代转变和社会环境的演进使殖民地学院所面临的内外部环境不断发生变化，但殖民地初期所形成的学院内外部组织权力结构的制度安排却成为后来美国高等学校行政管理的基本模式。

3.1.3　非正式制度的移植与适应

殖民地时期的社会价值观念等非正式制度深受中世纪欧洲宗教思想的影响，反映在高等教育中就是学院与教会关系密切，学院发展理念和人才培养目标往往以宗教价值为导向。

开拓新大陆时的欧洲在基督教统治之下已逾两百年，"以神或上帝的名义"约束着所有社会和个人行为，远洋殖民也不例外。规划美国社会未来的1620年《五月花公约》

---

①　BRUBACHER J S，RUDY W. Higher Education in Transition：A History of American Colleges and Universities［M］．4th ed. New Brunswick（U. S. A.）& London（U. K.）：Transaction Publishers，1997（2008 Reprint）：26.

②　Ibid.：27.

③　陈学飞. 美国高等教育发展史［M］. 成都：四川大学出版社，1989：5.

就是一个"以上帝的名义"制定的宗教"誓约"。到这个新大陆的清教徒希望在新大陆建立吸引全世界目光的"山巅之城"①，创造一个人间天国，展示上帝的仁慈，普及上帝的模范品德。而要完成这样一个艰巨的任务，最好的方式就是通过教育培养传承宗教思想的有学识的牧师。

坚信"学习阅读伟大上帝的经文是每个人必须承担的责任"的清教徒在 1624 年便已筹划开办一所学校，但因为人数太少和缺少稳定的资助而未能成功。② 同时，占殖民地人口多数的清教徒们认为（宗教的）知识具有道德导向作用，随着清教徒人数的增加，他们的认识和观念得到广泛的认同和传播。在殖民地时期学院的创办者和管理人员最主要的特征是他们都是分属不同教派的教士（表 3-1）。到独立战争结束时，学院的校长几乎还没有一位是布衣的绅士。管理委员会成员也几乎都是教士，包括耶鲁及其他大学与学院。③ 事实上，这并不奇怪，因为在那个时代教士是有知识的人，他们最有能力来参与高等教育，也愿意为实现自己的宗教理想付出努力。

另一方面，由于在殖民地开创初期，贵族和社会中间阶层的人不屑于漂洋过海冒险到北美大陆来，所以很多移民都是处于社会底层的人，殖民地的统治当局也希望通过教育使新移民和当地印第安人信奉上帝，成为品德良好而遵纪守法的顺民，便于管理和统治，因此通过多种方式资助殖民地学院。

由于殖民地时期的学院经常需要公共财政的支持，以至于被 19 世纪和 20 世纪的一些人误认为它们是那个时期的州立大学。④ 除政府拨款外，马萨诸塞在早期曾把过往查尔斯河摆渡的收入，及后来桥梁代替摆渡后征收的通行税分给哈佛学院；威廉玛丽学院开始于皇室的 2 000 英镑拨款，而后得到弗吉尼亚皮毛税及再后来的烟草税的资助。殖民地当局颁发给布朗大学的特许状规定给教师以免税权，以间接资助学校。而且，几乎所有的殖民地都授权学院管理（该殖民地界内的）一种或多种彩票（lottery）以间接地资助学院。⑤ 尽管学院只能得到彩票收入的 10%～15%，但独立战争前各学院从 18 种彩票中共收入了可观的 12 000 英镑。⑥

从英国移植过来的以培养教士为主的办学理念和人才培养目标在殖民地学院得到了很好的贯彻。哈佛最早的章程规定该校的主要目的是培养学生能够牢记永生的上帝和耶稣救世主。威廉玛丽学院的建立是为了给教会培养受过虔诚教育的有学问和举止端庄的青年，同时也为在印第安人中间传播基督教的信仰。耶鲁的目的是使"青年人在人文和自然科学方面受到教育"，使"这些青年经过全能的上帝的赐福，将适于在教会和文明

---

① 《圣经·马太福音》第五章上说："You are the light of the world. A city built on a hill cannot be hidden."

② WESTMEYER P. An Analytical History of American Higher Education [M]. 2nd ed. Springfield：Charles C. Thomas Publisher，Ltd.，1997：6-7.

③ BRUBACHER J S，RUDY W. Higher Education in Transition：A History of American Colleges and Universities [M]. 4th ed. New Brunswick（U. S. A.）& London（U. K.）：Transaction Publishers，1997（2008 Reprint）：27-28.

④ Ibid.：35.

⑤ Ibid.：35-36.

⑥ MCANEAR B. The Raising of Founds by the Colonial Colleges [J]. Mississippi Valley History Review，1952，38（March）：591-612.

国家中供职"。① 殖民地 9 所学院，除费城学院外，都由不同教派创立和控制。即使是由非教会人士创办的费城学院，也在不久之后归于圣公会的控制之下。② 在校园生活中，宗教理所当然地居于中心地位，来自剑桥大学的以古典语言、文学和神学为主要内容的传统自由教育（liberal education）成为哈佛课程设置的模板，进而也成为其他殖民地学院教学内容的核心。

到 18 世纪中叶，美洲大陆的非正式制度逐渐形成与欧洲不同的特点，这也必然作用于高等教育等正式制度，使其适应殖民地社会的现实。在众多的不同中，如下两个方面对殖民地学院的正式制度影响较深。一方面，与英国只存在一个强大的正统教派不同，来自英国和欧洲大陆的移民都带来了信众较多和教义相对成熟的多种教派，在殖民地形成了各种教派共存发展的格局。因此，各教派学院要发展或某教派要建立新的学院，就必须减少其他教派的敌意。同时为了吸引更多的学生、扩大财政资助的基础，在它们的公开声明中也必须强调各教派间政策的共同点或惯常的共同做法，③ 这就促使殖民地学院及整个社会朝着宗教文化多元化，甚至"去教派化"方向发展。另一方面，经过 100 多年的经营，殖民地的商业已经足够繁荣，迫切需要实用性人才，特别是在波士顿地区商业阶层的势力已很强大，出现了举办世俗大学的要求。

除此之外，伴随着欧洲启蒙运动的强大影响逐渐传入，并受到以非寄宿制、教育带有为从事一定的职业作准备的倾向、学校主要是由地方社会代表管理等为特征的苏格兰传统的影响，殖民地学院的正式制度对非正式制度环境的变化很快作出了回应。例如罗德岛学院的特许状破例地规定该学院不仅废止任何宗教测验，而且特别不许宗教偏见注入教学。……尽管所有的宗教论争都可以自由地研究、检查和解释，教派的不同主张不能作为普通和古典学科教学的任何部分。新泽西学院则力求使任何教派的人在该学院都能得到"平等的教育上的自由和利益。"哈佛早在 17 世纪中叶即试图为世俗社会培养法律、医学等方面的专业人才以及地方的行政官员。1727 年以后，当富有的波士顿人成为哈佛管理委员会的主要影响力量时，这种世俗化趋势的发展更加迅速了。在耶鲁，虽然学院的重点是培养教士，但在校长托马斯·克莱普（Thomos Clap）的领导下，学校制订了一项雄心勃勃的为世俗职业准备人才的计划。校长亲自讲授"国民政府的性质"、各类法律以及农业、商业等实用学科的课程。进入 18 世纪以后，威廉玛丽学院的重点不再仅限于为圣公会培养教士，同时也培养未来的律师和医生。1770 年该校的教授们发表了一个声明，宣布该校的目的是为三种传统的职业（神、法、医）培养青年。这就使学院的培养目标回到了中世纪大学的传统，是殖民地学院摆脱教会控制、向世俗化迈

① BRUBACHER J S，RUDY W. Higher Education in Transition：A History of American Colleges and Universities ［M］. 4th ed. New Brunswick（U. S. A.）& London（U. K.）：Transaction Publishers，1997（2008 Reprint）：8.

② Ibid.：16 - 19.

③ Ibid.：9.

进的重要一步。①

总之，以哈佛学院为代表的殖民地学院以传统英国大学的学院为原型，为着宗教目的而得以建立，然而，几乎在每一个例子中，英国殖民者最终发现美国物质和社会环境的独特条件都促使他们的学术机构发生了出乎意料的变化和修正。其中的一些变化和修正最终对美国高等教育以后的发展产生了非常重要的影响。正式制度在与非正式制度的协调中得以巩固和发展。

殖民地学院的形成和发展标示了美国高等教育的英国根源，在社会观念中引入了大批英国因素，而且明确了美国高等教育的职业导向——先期是培养为教会服务的教士，后来扩大至为世俗社会培养法律、医生等专业人才。

3.2 独立初期的高等教育（1776—1862）

1775—1783 年的独立战争（Revolutionary War）造就了"美国"这个政权，当然也深刻影响了美国高等教育的发展。从英国殖民统治下解放出来的十三个地区于 1776 年宣布独立，并在 1787 年制定了宪法，1789 年建立联邦政府。宪法明确规定了政教分离，为殖民地学院摆脱各教会控制提供了基本法律保障。再者，由于宪法中未明确联邦对教育事务的权利和义务，根据宪法第十修正案："宪法未授予合众国、也未禁止各州行使的权力，由各州各自保留，或由人民保留"，各州政府就承担起管辖本州各级教育的责任。

源于模仿英国学院制度的殖民地学院经过 100 多年的发展后，逐渐发生了变化：一方面是由于殖民地人口、经济、文化的发展，学院的办学理念和组织结构更加实用化和多元化；另一方面，由于教派增多，出于竞争目的，各学院的教派色彩逐渐淡化，从而表现出世俗化和民主化的特征。

高等教育的控制权属于联邦政府、州政府，还是教会、私人团体等社团？高等教育是应该满足现实和未来社会需要的世俗化教育目标，还是继续维护传统自由教育和宗教目的？这两个问题的争论主导了独立初期美国高等教育的制度建设进程。

3.2.1 制度的制订：属于谁的大学

对高等教育控制权的争夺在殖民地学院就已存在，但仅限于不同的教派，美国建国后，联邦与州政府、私人团体、教师行会、工商业组织等社团也参与进来。

（1）法国对美国独立初期高等教育的影响

联邦政府对高等教育的控制企图源自法国的影响。在美国流行了一个多世纪的英国学院模式，建国后受到了严重挑战。受欧洲启蒙运动的影响，民主主义和自由主义的思想在独立初期的美国非常流行，一小批有影响的人士不满于美国高等学校的现状，他们

---

① BRUBACHER J S, RUDY W. Higher Education in Transition：A History of American Colleges and Universities［M］. 4th ed. New Brunswick（U. S. A.）& London（U. K.）：Transaction Publishers，1997（2008 Reprint）：9 - 10.

在高等教育领域，如同在政治领域一样要求民主共和的形式和内容。他们在企图创建适合于新国家的高等教育机构时，从法国找到了持续的鼓励和榜样。事实上，作为承认美利坚为"一个民族"的第一个国家，法国在美国独立战争期间曾给予美国以巨大的人力和物力支持。不仅如此，虽然法国仍然保留了君主制度，但没有妨碍植根于对革命和启蒙哲学共同热忱的法、美两国共和主义思想的融合。强有力的证据表明，在法国大革命爆发的1789年之前，美国国家政府的形式、新思想的根源，大多来自法国。① 在美国独立前后数十年里，法国对美国高等教育产生了深远的影响，这种影响是法国对美国政治思想影响的必然结果。

建立体现法国理性主义哲学家意想，由世俗政府领导的控制所有学院和学校的国家教育制度，自1579年法国的布卢瓦法令（Edict of Blois）起，已经在法国提倡了200多年，19世纪80年代末率先在美国纽约实现。② 1784—1787年，纽约州立法机关着手创办一种新型的组织——一个控制和管理整个州教育事业或州内各级学校的"大学"——纽约州立大学，这个独特的大学不像巴黎大学或牛津大学那样，仅是一个办理高等教育的机构。相反，它的职权范围扩大到管理本州各级各类学校、学院和大学，这是一种由州控制的、集权的和世俗的教育制度。此外，通过大学控制中等学校考试，它实际上控制了中等教育机构的入学标准和办学方向。

1787年本杰明·拉什（Benjamin Rush）首次提出建立国家大学的设想，得到许多政治家的响应，特别是美国驻法国大使巴罗（Joel Barlow）在1806年明确提出效仿法国模式，在美国教育系统顶端建立包括教学和科研两个独立职能的"真正的大学"。③

美国开国之初的六任总统都赞成设立国家大学。华盛顿曾捐赠自己的一笔遗产作为创办该大学的基金，詹姆斯·麦迪逊（James Madison）在任总统期间曾三次向国会提出创办国家大学的议案，直到20世纪30年代仍有人向议会提议建立国家大学，但由于各州坚持自由发展的原则，议案最后均遭拒绝。原因在于④：（a）议员们担心国家大学会形成教育和学术上的强权，损害自由和民主；（b）现有的大学校友和教会所负担的教育经费均用于资助本地学院，学院的发展跟他们的利益密切相关，因此他们没必要加重自己的税务负担用于资助一所全国范围的大学；（c）据后来的耶鲁校长蒂莫斯·德怀特说，国家大学的议案在国会遭到失败的真正原因是来自宗教集团的压力，这些宗教集团不希望看到政府资助的世俗学院的建立；（d）在议案屡遭拒绝的过程中，一大批政府扶持的国立研究机构和研究项目建立起来，国立大学所要承担的任务已经由这些新机构承担；（e）赠地学院的建立分散了政府对高等教育的资助。

1817年成立的密歇根大学也体现了法国的影响，它不仅提供了一个高等教育机构，而且提供在州严格控制下的完整的学校制度。校长和教授由州长（当时密歇根为准州）

---

① 贺国庆. 德国和美国大学发达史 ［M］. 北京：人民教育出版社，1998：90 - 93.

② Ibid.：92.

③ BRUBACHER J S，RUDY W. Higher Education in Transition：A History of American Colleges and Universities ［M］. 4th ed. New Brunswick（U. S. A.）& London（U. K.）：Transaction Publishers，1997（2008 Reprint）：220.

④ Ibid.：220 - 222.

任命，从地方财政支付工资。13 名教授除了全面管理大学事务以外，还承担了管理准州各级学校教师的任务。他们进一步被授权建立各种学院和学会、学校、图书馆、展览馆、植物园、实验室和其他有用的文学及科学机构。他们有权任命所有县、镇和市的教师及学校官员。①

(2) 州立大学运动

在推动和建立集权、世俗化的州立大学方面最有影响力的当属托马斯·杰斐逊和他勤力创办的弗吉尼亚大学。作为为美国独立和建国作出突出贡献的政治家，杰斐逊的民主主义思想和建立公立教育体系的主张深刻影响了美国高等教育的发展。他坚信人类的条件能够无限改善，而教育是实现这种改善的最容易达到的伟大途径。通过旅居欧洲（主要是巴黎）的观察和研究，他设想批判性地综合所有外国的影响，建立一所与众不同的美国式大学。

事实上，在此之前，也有多个州宣称创办了州立大学。譬如 1776 年，北卡罗来纳州开始规划创设大学，三年后获得办学许可证，1795 年正式创立北卡罗来纳大学（University of North Carolina）；佐治亚大学（University of Georgia）于 1801 年创办，南卡罗来纳学院（South Carolina College）于 1805 年创办，俄亥俄大学（Ohio University）于 1809 年开设，田纳西大学（University of Tennessee）于 1820 年成立。但所有这些院校提供的教育都远远低于大学水平。它们在许多方面反映的仍是殖民地时期的传统，在性质上更接近于私立院校而不是公立大学。②

早在 1779 年当选为弗吉尼亚州长的时候，杰斐逊曾试图重建他的母校——威廉玛丽学院为州立大学，但未获成功。他于是转向筹划建立一所完全新型的大学，并经过多年努力，于 1818 年即 76 岁高龄时成功地获得了州议会为新大学颁发的特许状，弗吉尼亚大学（University of Virginia）遂于 1825 年正式开学。③ 该大学被认为是美国第一所真正的州立大学，其理由在于：首先，它从创立之日起，目标就是要提供比现存学院更为高级的教育并允许学生享有选择专业和课程的特权。其次，它的章程清楚地表明，这所大学完全是政府的事业，而不是民间的或半官方的。最后，它早期的目标是清晰和明确的世俗化及非宗教性的。④ 因此，该大学成为美国 19 世纪前期按照启蒙运动革命精神建立起来的高等学校的最杰出代表。

(3) 达特茅斯裁决

杰斐逊和弗吉尼亚大学极大地促进了各州政府的办学热情，一大批州立大学在此后建立，州政府扩大了自身对高等教育的影响力和控制权。但政府对高等教育事业的种种企图遭到了宗教团体等私人势力的强烈抵制，达特茅斯案的裁决在双方的斗争中最具影响。

① 贺国庆. 德国和美国大学发达史 [M]. 北京：人民教育出版社，1998：94.
② 陈学飞. 美国高等教育发展史 [M]. 成都：四川大学出版社，1989：27.
③ Ibid.：28.
④ BRUBACHER J S, RUDY W. Higher Education in Transition：A History of American Colleges and Universities [M]. 4th ed. New Brunswick（U. S. A.）& London（U. K.）：Transaction Publishers，1997（2008 Reprint）：147－149.

位于新罕布什尔（New Hampshire）的达特茅斯学院始建于 1769 年，由英国国王乔治三世（George Ⅲ）核发特许状而设。该特许状规定学院设校理事会，同时赋予理事会具有补充缺额及选任学院院长的权力。该院首任院长惠洛克（Wheelock）于 1779 年去世后，其子约翰·惠洛克继任。校理事会中的成员在政治上属于公理教会（Congregationalist）和联邦党，约翰·惠洛克是名军人而不是牧师，政治上属于长老会（Presbyterian）和民主共和党。双方的矛盾在 1815 年激化，被理事会撤职的约翰·惠洛克诉理事会"毁约"，由共和党人把持的州议会于 1816 年 6 月 27 日通过一项法律，借此撤销英王的特许，修改特许状，重建理事会并将"学院"改组为由州政府控制的"大学"。原理事会不服，维持"学院"的运转并不断上诉，但新罕布什尔州各级法院均判其败诉，直到 1818 年 3 月诉至联邦最高法院。属联邦党的最高法院大法官约翰·马歇尔于 1819 年撤销州法院的判决，裁定达特茅斯学院系"私人的慈善机构"，不是公共机构，不受公众控制。不经理事会同意，学校的特许状是一个不能更改的契约，受宪法保护，判决生效后达特茅斯学院恢复原状。①

最高法院于达特茅斯学院诉讼案的最终判决，保证了私立学院独立行使其职能的权利，鼓舞了私立学院的发展。1820—1850 年，私立教派院校纷纷出现。据统计，1860 年美国共有院校 382 所，其中教派院校竟占 116 所，私立教派学院的发达，明显地推迟了州立大学的创办。② 比尔德（Charles Beard）认为："这项判决给私立院校和州立院校的前进都廓清了道路，它使教会掌握的学院在风暴中感到安全，又提醒州政府不能违反原有学院的意志而把它们改为州立学府。在这里，法治精神在教育领域显示了威力。不过，在另一方面，原有学院在客观形势之下也都作了妥协。它们中有的由州委派校董，领取州的补贴费，从而政府可以直接或间接地过问校政，参与决定办学方针，学院慢慢地不再是殖民地时期那样广泛享受自治权的世外桃源。学院在过去乃是宗教教派设立和控制的，如今则和政府结起联盟了。"③

整体来看，从独立至南北战争之前，更准确地说是在赠地院校成立之前，美国高等教育的控制权在几经反复后，有了三点变化：（a）宗教、私人、公办有了明确的区分，而不再是相互纠结。尽管历史上政府和立法机关一直对高等教育给予资金、税收等多种形式的援助，但联邦政府毕竟刚刚成立，尚未形成强势权力，对控制权的企图还不是很强烈；（b）世俗力量大举进入高等教育领域的管理、课程、专业设置等方面的内容，甚至深受宗教影响的学院也对世俗需要做出了反应。市场等世俗力量大大改变了高等教育中的制度安排；（c）学术活动仍带有宗教色彩，但始终保持着自治的传统。至此，政府、市场和学术三种权力之间的冲突虽有显现但尚不激烈。

3.2.2 制度的遵守：为了谁的大学

经历了 16—17 世纪的科学革命后，欧洲大陆涌现出许多新的知识和新的科学，实

---

① 姚云. 美国高等教育立法研究—基于立法制度的透析 [D]. 上海：华东师范大学，2003.
② 贺国庆. 德国和美国大学发达史 [M]. 北京：人民教育出版社，1998：97-98.
③ 腾大春. 美国教育史 [M]. 北京：人民教育出版社，1994：217.

用主义要求将这些新的知识领域整合进课程体系中，以满足迅速扩张的社会。欧洲的发展被不断涌入的移民带进北美。启蒙运动（enlightenment）推崇的理性主义和经验主义也很快在没有那么多腐朽的清规戒律的北美大陆得到传播。这些新的条件对殖民地学院的发展提出了挑战。

殖民地学院的发展理念是宗教性的，注重传统古典知识的教学，虽也为世俗社会培养特定职业的专业人员，但专业人才的培养和科学研究始终不是它们的主要兴趣。自18世纪以来，美国的一些民主主义的思想家和教育家就积极尝试打破殖民地学院以古典语言文学为核心、全部必修的"自由教育"课程体系，增设自然科学、现代英语及农业、商业等实用课程，[①] 呼吁成立世俗化的实用型和高级专业人才培养机构。这些尝试和呼吁至美国独立后才逐渐实现。

在课程内容上，此时的课程较之从前更趋多样化和丰富化。不仅州立大学引进了新的学科专业，更加面向现实，私立院校也开始改弦更张，以适应时势之需。1800年哈佛大学规定一、二、三年级除攻读古典语文外，还要求一年级学习数学，二年级学习代数、几何、三角，三年级学习自然科学，四年级学习伦理学、哲学和基督教义。其他八所旧学院大同小异，州立大学虽未完全摒弃古典学科，但其重心已移至现代科学。[②] 弗吉尼亚大学增设了自然科学和反映现实的教学科目，打破了传统学院中"垂直"的全部必修的课程安排，给予学生根据自己兴趣选修课程的自由。密歇根大学1843年的课程虽包括希腊语、拉丁语、道德学，但自然科学更受到重视。在1825年的课程改革中，哈佛允许高年级学生选修一定数量的课程，还允许学生按照自己的进度修习专门系科的课程。弗吉尼亚大学和哈佛学院的课程改革引起了相当大的反响，也遭到了一些保守人士的非议。

1828年的耶鲁报告就是一篇针对弗吉尼亚大学和哈佛大学1825年课程改革而拟定的旧势力的宣言书。起草人是在耶鲁工作69年的校长戴伊（J. Day）和在耶鲁工作50年的拉丁语、希腊语教授金斯利（James L. Kingsley）。该报告认为大学教育应是文化修养的教育而非专业教育或职业教育；古典语文可以陶冶心灵品质，训练心灵能力，是将来专门研究的基础；大学的全部课程应为必修课，德国式的"教学自由"和"学习自由"对美国大学是不适宜的；大学应对学生进行严格管理，约束其行为。耶鲁报告在知识界激起强烈反响，虽然其主旨是不合时代潮流的，实际上维护了古典教育的传统，但该报告激起的广泛争论和批评，客观上促进了美国高等教育新风气的形成。[③] 传统古典课程，尤其是宗教性质的神学课程，虽未被完全排斥，但地位已今非昔比，越来越多反映时代要求和现实需要的课程及教育方式出现了。

在原有13个州的基础上，美国独立后的领土不断向西部和南部扩展，这一过程一直持续到19世纪。随着边疆界线的移动，拓疆的居民不断涌入新的地区，新的学院也就不断在新的边疆地区建立。从美国宣布独立至1800年的25年时间里，又有16所学

① 陈学飞. 美国高等教育发展史［M］. 成都：四川大学出版社，1989：36.

② 贺国庆. 德国和美国大学发达史［M］. 北京：人民教育出版社，1998：100.

③ Ibid. .

院得以建立，几乎是殖民地时期 9 所学院的 2 倍。这些新增的学院多是为了满足世俗的需要而成立，而且多数建于当时美国的边疆地区，[①] 以适应美国建国后对实用型人才的需求，并促进新居民对美国社会的适应。但由于边疆地区的人口、经济、文化发展远比东海岸地区落后，而且新增学院多数是由中小学逐渐演变过来的，规模小、教育质量低、课程内容狭窄，教育形式与内容比东海岸的学院更为落后。

与此同时，专业教育和实用型教育机构也逐渐兴盛。宾夕法尼亚大学的前身费城专科和慈善学校于 1765 年开始了医学教学，被认为是美国学院或大学提供的第一个专业训练。此后，国王学院（哥伦比亚大学的前身）于 1776 年、哈佛大学于 1782 年、达特茅斯学院于 1798 年、马里兰州立大学于 1807 年、耶鲁大学于 1812 年也设立了医学专业学院。美国最早的法学教学于 1784—1833 年在康涅狄克的西部城镇利奇菲尔德（Litchfield）开始实施，但大学第一个永久性的法学教学课程是 1816 年随着马里兰大学法学院的创办而开设的。随后，哈佛于 1817 年，耶鲁于 1824 年，弗吉尼亚大学于 1826 年，分别创设法学院。第一个师资训练机构——霍瑞斯·迈恩学校（the Horace Mann School）于 1837 年创办于马萨诸塞的列克星敦（Lexington），它是美国师范学院和大学教育学院的先驱。1847 年，耶鲁、哈佛和密歇根分别设立了理学院，并增设了理学学士学位。[②] 美国军事学院（The United States Military Academy）开办于 1802 年；伦塞勒理工学院（Rensselaer Polytechnic Institute）于 1824 年创立；麻省理工（Massachusetts Institute of Technology）在 1861 年获得特许状，在 1865 年开办；哈佛、耶鲁、达特茅斯和布朗大学都像宾夕法尼亚大学一样，在他们项目中增加了技术学院。[③]

从教育目的上看，市场等世俗力量的影响正逐渐扩大。地方和社区发展的实践要求影响到这一时期高等教育机构的院系设置、课程建设和教学内容等相关的制度安排，为赠地院校提供了课程项目上的探索和实践参照。

3.2.3 赠地院校继承的制度遗产

从独立到南北战争是美国高等教育不断"试误"的时期，[④] 发展相当缓慢。宗教势力受到了世俗社会的巨大挑战，二者之间的冲突几经反复。1636—1776 年，总共建立起的 9 所殖民地学院，无疑是宗教团体掌握着控制权。但在美国建国后，由于缺乏建设型人才，也需要教化新加入联邦的边疆居民，高等教育的实用化和世俗化很严重，世俗力量（政府、商业社团）开始试图控制高等教育，这一过程从 1776 年一直持续到 1819 年。1819 年达特茅斯案的裁决，保护了私人对高等教育的控制权，创办公立大学的努力受到阻碍。正如下文将要展现的，1862 年的莫里尔法案促使世俗力量在高等教育控制权上占到绝对优势，而世俗力量的这次反击，则是适应潮流和决定性的。

---

① 王廷芳. 美国高等教育史 [M]. 厦门：厦门大学出版社，1995：64.

② 贺国庆. 德国和美国大学发达史 [M]. 北京：人民教育出版社，1998：99 - 100.

③ WESTMEYER P. An Analytical History of American Higher Education [M]. 2nd ed. Springfield：Charles C. Thomas Publisher, Ltd., 1997：21.

④ 黄福涛. 外国高等教育史 [M]. 2nd ed. 上海：上海教育出版社，2008：140.

在办学水平上，殖民地学院更接近于中学而不是高等教育，[①] 而从独立到南北战争之间建立的美国高等教育机构，虽然多自称为"大学（university）"，但也极少达到学院水平（college-level）。以至于联邦教育局在 1867 年成立后的最初任务，就是确定全国有多少教育机构可以称得上"学院"。全国第一份"学院"名单共包含 369 所授予学位的机构。[②]

除了保守势力的阻碍，非正式制度的制约也是决定南北战争前美国高等教育发展缓慢的重要原因。南北战争前所有超出这个发展阶段的企图都遇到了难以逾越的障碍，原因主要是人力和资金的匮乏。[③] 贺国庆认为，在整个人类历史上，达到高水平的智力，取决于社会所能够给予它的有效支持，如有教养的有闲阶级的资助，或广泛增长的市场需求。但 1865 年前的美国两者皆不具备，当时仅有 200 多年登陆历史的殖民者主要忙于定居和开发以前不发达的大陆。因此，未开发的土地和未触及的自然资源吸引了所有可用的流动资本，成为人们致力的主要活动。[④] 在这样的社会条件下，高等教育被看作是特殊的奢侈，忙于建设和开发事务的美国人几乎无暇顾及高等教育。而当发展条件具备之后，美国将为人类的高等教育事业作出自己独特的贡献。

总之，在南北战争之前，美国已经按照自己对欧洲传统高等教育的理解，在继承传统的基础上自行发展了美国特色的高等教育。这种高等教育在制度上的特征，或者说，为未来美国高等教育留下的正式制度的遗产在于：

首先，明确了州政府对高等教育的直接管理权，联邦政府需要另想办法才能参与高等教育事业。其次，厘清了宗教、商业等社团和政府对高等教育的权力边界，行政力量对高等教育的直接干预行不通。另外，以哈佛大学"两院制"为代表的院外人士控制的管理体制，及以耶鲁大学"一院制"为代表的内外结合管理体制出现融合，外部力量的影响开始渗入大学内部，大学也在发展中将外部需求考虑其中。也即，在高等教育内部，正式制度框架中公立与私立出现分野，州一级政府占据强制性力量的中心；高校的内部组织机构已向规范化方向发展，校长等管理人员的职责有了清晰的划分。而在非正式制度方面，高等教育的发展理念转向更加切合社会实际，大学/学院开始承担起推动社会发展的任务。

3.3　非正式制度的基础：赠地院校兴起的文化历史条件

布尔斯廷认为，[⑤] 美国人依循欧洲继承的传统，把大学设想为"高等学术"的贮

①　BRUBACHER J S，RUDY W. Higher Education in Transition：A History of American Colleges and Universities［M］. 4th ed. New Brunswick（U. S. A.）& London（U. K.）：Transaction Publishers，1997（2008 Reprint）：143.

②　WESTMEYER P. An Analytical History of American Higher Education［M］. 2nd ed. Springfield：Charles C. Thomas Publisher，Ltd.，1997：28.

③　贺国庆. 德国和美国大学发达史［M］. 北京：人民教育出版社，1998：101.

④　Ibid..

⑤　布尔斯廷. 美国人：民主的历程［M］. 谢廷光，译. 上海：上海译文出版社，2009：593.

藏所，即教授最先进、最深奥、最难懂知识的地方。它们是"知识阶梯"的最高一级，但是美国人却觉得"知识阶梯"这个提法不合心意。民主对等级观念是无法容忍的，在教育问题上当然也是如此。如果教育的首要目的就是发展，那么每个人本身就是一种阶梯。高等教育的民主，意味着低级和高级、实践和理论、通才和专长的界线又一次变得模糊不清起来。① 民主化的思想与旧式高等教育理念构成意识形态上的冲突。

刚刚获得独立、急于摆脱从属地位的美国人，越来越没有耐心等待传统高等教育的转变，他们要开创属于美国自己的高等教育事业。奇怪的是，美国大陆的空寂荒凉，竟成了促成这种高等教育的条件，意想不到地竟成了建设和赞助这些大学的主要源泉。② 联邦政府拥有的并为全体美国人民保留的土地，使大学能够在政府的赠予地上兴建起来。虽然这些大学不过是美国高等院校中的一类而已，但它们却具有一种前所未有的决定性的影响。

3.3.1 初步成型的"美国文化"

长期以来，英国对北美殖民地的管理是宽松和混乱的。英国决策者大多没有到过北美，对殖民地的了解无外是通过皇家官员的报告、殖民地驻伦敦代表的证词，以及英国人所写的北美旅行记等，信息来源不仅狭窄，而且有所延迟。同时，殖民地在英国下议院没有自己的代表，而殖民地没有贵族，自然无法对上议院施加影响。③ 这种双方沟通交流的不畅通，使英国政府不能准确把握殖民地局势的动向，决策自然捉襟见肘。④ 另一方面，殖民地居民一直视自己为大英帝国的平等成员，和英国享有同等权利，不承认他们是依附于母国的次等臣民，⑤ 因此在政治、经济和文化生活等方面往往自行其是，依靠志同道合者组成的社团，而不是统治者当局。

凭借这种宽松和混乱，北美各殖民地获得了极大的自主发展的空间，经济上形成了很强的自足性和良性循环；以地方自治和议会下院崛起为标志的政治自治能力已经相当成熟。④

在社会内部，社团文化也相当兴盛。由于北美居民来源广泛，信条或信念、传统或地域很难再使人们聚合在一起，但他们都面临着相似的生存环境，因此共同的努力和共同的经验成为美国人聚合的基础。布尔斯廷认为，⑥ "人们不是按照他们的地区和籍贯来划分，而是按照形形色色的目的和打算来划分的。美国人现在不只是生活在一个有山有水有矿藏的尚未充分勘探的大陆上，而且也生活在一个分门别类的新的大陆上。这些据说（他们也相信）就是他们所从属的社团"。

---

① 布尔斯廷. 美国人：民主的历程 [M]. 谢廷光，译. 上海：上海译文出版社，2009：593.

② Ibid..

③ 李剑鸣. 美国的奠基时代：1585—1775 [M]. 北京：人民出版社，2001：539.

④ Ibid.：564.

⑤ Ibid.：522.

⑥ 布尔斯廷. 美国人：民主的历程 [M]. 谢廷光，译. 上海：上海译文出版社，2009：2.

经济自足、政治自治和"无所不在的社团"① 构成殖民地后期和独立初期的美国文化的核心，在启蒙运动的影响下，自然就形成民主化的主流意识形态，为美国未来的发展奠定了思想基础。而以英国传统"自由"教育为代表的、传统高等教育"象牙塔"的形象，与这种意识形态格格不入。相反，面向大众的，实用性质的农业、工业与矿业教育更容易获得主流意识形态的接受。

卡姆贝尔认为，② 一些重要的事件和发展，在思想理论上为赠地院校系统的产生创造了条件。这些事件和发展包括：

"独立宣言　这份文件给予我们重要的自由：思考的自由、讨论社会问题和公开表达自己观点的自由；追求如何实现我们更期待的现实状态的自由；追求为实现我们的梦想和雄心壮志而做出改变的自由。

民主代表形式　我们的民主是这样一种形式，允许个人和集体需要公开，要求决策与规定的制定以一致性方式形成。

大众教育的承诺　这个国家最早的移民——大部分是欧洲血统——强烈笃信教育的价值。虽然大多数人不能追求他们自己的教育目标，但他们尽力保证扩大那些可获得的机会给他们的孩子。

国会通过的教育立法　这为各地建立小学提供了联邦赠予的公共土地，也是所谓'赠地（land-grant）'一词的来源。"

卡姆贝尔相信，③ 早期的赠地运动被一些全国性的共识所引导，即高等教育的大门应该向所有人打开，无论他们的穷富、性别，也无论他们是有色人种还是欧洲裔美国人。

事实上，从一开始，赠地院校就已有了一个共同的目标，即将以科学知识为基础的实践教育拓展至劳动人民和其他阶层人民中间。这一目标与托马斯·杰斐逊（Thomas Jefferson）的民主教育思想密不可分。杰斐逊认为，能让普通民众热情地拥护国家的信念在于，只有国民受到良好教育，民主才能得到最好的发扬。他认识到，没有教育发挥作用，最终的民主就不会实现；没有民主，教育也不能实现它的潜在价值④

在实践层面，出生于马萨诸塞州，在耶鲁学院（现耶鲁大学）接受教育后就职于伊利诺伊学院，教授修辞学、拉丁文、希腊文和人文学科的乔纳森·B·特纳（Jonathan Baldwin Turner，1803—1899）为"赠地学院"运动成为现实作出了奠基性的贡献。

特纳的计划受到杰斐逊思想的影响和指导。他试图培养年轻人运用理性思考的才能，开阔他们的思维，培养他们的道德情操，以使商业、农业和工业都能兴旺发达，给所有美国人带来益处。特纳对教育的设想、演讲和规划最终形成了创建产业大学的确切

---

① 布尔斯廷. 美国人：民主的历程 [M]. 谢廷光，译. 上海：上海译文出版社，2009：2.

② CAMPBELL J R. Reclaiming a Lost Heritage：Land-Grant and Other Higher Education Initiatives for the Twenty-first Century [M]. Ames：Iowa State University Press，1995：3.

③ Ibid..

④ Ibid.：16.

提议。①

1850 年 5 月 13 日，特纳在伊利诺伊师范学院发表"服务于产业阶级的州立大学计划"（A Plan of our State University for the Industrial Class）的演讲，这次演讲被视为描绘了美国公立高等教育组织设立的蓝图。他提议不仅应该在伊利诺伊州为农业和普通产业阶级建立一所州立大学，联邦的每一个州都应该成立这样的大学系统。他的计划包括三个基本目标：（a）建立学院，以最低的成本向在农业、商业和技术领域的需要教育援助的劳动阶级开放；（b）开设课程，包括为了劳动阶层的利益而开展的实践和职业教育目的的教学活动；（c）从联邦政府拥有的大量土地中捐赠办学所需土地。

由于符合当时许多人的想法，特纳的计划被广泛传播，当地各主要报纸都给予高度评价。在特纳的"产业大学计划"基础上，1853 年，伊利诺伊议会向国会提交了兴办产业大学的请求。许多关键的证据有力说明了特纳的"产业大学计划"对莫里尔法案的影响。②③④

3.3.2 赠地兴学的传承与改良

用土地资助和促进教育发展并不是美国的创新。早在英王亨利八世（Henry Ⅷ 1491—1547）之前，英国许多文法学校就从教堂土地的收入获得支持，英国的牛津大学、剑桥大学也曾以这种方式接受土地捐赠。⑤北美殖民地时期，在基督教传教士的争取下，为了"教化"印第安人，殖民地当局就将土地赠予教会和文法学校，也用来建设大学和学院。

联邦政府对教育的土地赠予源于邦联时期（指 1781—1789 年十三州的邦联）。美国独立后，由于接管了英国国王的土地，没收了皇室的财产，许多州的土地拥有量剧增，在一些州，这些土地的一部分也被用于资助学院。⑥1785 年 5 月 20 日，北美殖民地邦联议会通过了关于西部土地测量和出售的法令。这是美国邦联议会通过的第一个土地法规。法令规定，在西部各交通方便的地区设立土地局来经办土地的出售和转让事宜。土地测量从宾夕法尼亚南部边界线西端开始，在这里按南北走向画出一条基线。基线以西的土地依次测绘为方形。每个方形土地内又按 36 平方英里⑦为单位划分城镇区（town-ship）。每个城镇区又将土地划分成面积为 640 英亩⑧的地段 36 个。其中划出一个地段归合众国所有，一个地段作为兴办公立学校的土地基金，其余地段则按编号顺序以每英

① CAMPBELL J R. Reclaiming a Lost Heritage：Land-Grant and Other Higher Education INitiatives for the Twenty-first Century ［M］. Ames：Iowa State University Press，1995：9.

② 布尔斯廷. 美国人：民主的历程 ［M］. 谢廷光，译. 上海：上海译文出版社，2009：593 - 597.

③ CAMPBELL J R. Reclaiming a Lost Heritage：Land-Grant and Other Higher Education INitiatives for the Twenty-first Century ［M］. Ames：Iowa State University Press，1995：9 - 18.

④ KEY S A. The Origins of American Land Grant Universities：An Historical Policy Study ［D］. Public Policy. Chicago：University of Illinois at Chicago. 1995 Ph. D. Dissertation：162.

⑤ 李素敏. 美国赠地学院发展研究 ［M］. 保定：河北大学出版社，2004：33.

⑥ Ibid. ：35.

⑦ 英里为我国非法定计量单位，1 英里≈1.6 千米。——编者注

⑧ 英亩为我国非法定计量单位，1 英亩≈4 046.86 平方米。——编者注

亩不少于 1 美元的价格向私人出售。法令规定，"保留每一城镇的第 16 地段，来维持公立学校"，不可移作他用。如果第 16 地段已经卖出、赠予或处理掉，则把邻近相等的土地用来办学。①

美国国会于 1787 年 7 月 13 日通过《西北法令》（Northwest Ordinance），比美国宪法的签署日期（1787 年 9 月 17 日）还早了大约 2 个月。这表现了早期联邦政府对高等教育的兴趣。《西北法令》包括了对州的条款，即西北领地各州要保留两个或更多的镇区那么大面积的政府所有土地支持高等教育。② 1787 年 7 月 23 日，美国国会在给俄亥俄公司的售卖条例中规定"不超过两个完整的镇区……永久性给予大学……用于州立法机构的预想目的。"③ 这是新成立的美国政府对高等教育的首批捐赠。而在此前，殖民地时期的 9 所学院都或多或少地得到过来自执政当局或英国皇室的土地及资金捐赠。④

用国有土地支持高等教育发展的先例建立后，除佛蒙特、肯塔基、缅因和得克萨斯四州外，内战前 21 个州的建州许可状中，联邦政府都为大学保留了土地。⑤ 到 1857 年，美国各州共保留 6 000 万英亩的公共土地资助公立学校。此外，合众国赠予 15 个州 400 万英亩土地用于发展州立大学。⑥当时，对接受土地捐赠的机构的性质或特征还没有具体的规定。尽管如此，很显然，联邦政府开始插手教育事业的发展。因此，工农业教育的支持者为发展农工阶级的教育，向联邦政府寻求帮助是自然而然的。⑤

事实上，美国历史中有三种类型的"土地赠予"被设计用来资助和鼓励教育：⑦

（1）19 世纪早期的地区赠予。当时，霍若斯·曼恩（Horace Mann）说，"一个免费的、综合的教育是每一个儿童天生的权利。"作为这一观点的强烈支持者，他推动通过了一项旨在给予每个镇四个区的土地用于为 1～8 岁的孩子提供教育的独立学校的立法活动。

（2）1836 年，美国国会决定赠予各州两个镇区（township）面积的土地（46 080 英亩）"建立一所州立大学（state university）和一所神学院（seminary）于任何一州。"借助于这次土地赠予，例如密歇根大学得以在 1837 年成立，威斯康星大学得以在 1848 年成立。在 19 世纪 50 年代，来自伊利诺伊州的乔纳森·B. 特纳推动联邦"赠予土地"为"产业阶级的儿女们"建立农业和机械技工学院。

（3）1862 年，闻名于世的《土地赠予法案》被签署为法律，提供联邦土地以帮助

① 张友伦. 美国农业革命 [M]. 天津：天津人民出版社，1983：72.

② CAMPBELL J R. Reclaiming a Lost Heritage：Land-Grant and Other Higher Education INitiatives for the Twenty-first Century [M]. Ames：Iowa State University Press，1995：8.

③ EDDY EDWARD D. Colleges for Our Land and Time：The Land-Grant Idea in American Education [M]. New York：Harper & Brothers Publishers，1957：21.

④ KEY S A. The Origins of American Land Grant Universities：An Historical Policy Study [D]. Public Policy. Chicago：University of Illinois at Chicago. 1995 Ph. D. Dissertation：7 - 8.

⑤ 李素敏. 美国赠地学院发展研究 [M]. 保定：河北大学出版社，2004：40.

⑥ EDDY，EDWARD D. Colleges for Our Land and Time：The Land-Grant Idea in American Education [M]. New York：Harper & Brothers Publishers，1957：21.

⑦ CAMPBELL J R. Reclaiming a Lost Heritage：Land-Grant and Other Higher Education INitiatives for the Twenty-first Century [M]. Ames：Iowa State University Press，1995：7.

建立赠地学院/大学。

因此可以说，19世纪中期达到高潮的美国赠地院校运动既是对英国赠地兴学历史传统的继承，又是面对北美大陆新的情况，为适应北美大陆实际需要将历史传统充分发扬的结果。

3.4　正式制度的基础：赠地院校兴起的政治经济条件

3.4.1　公共土地处置制度的演进

土地是国家发展的重要资源，对土地的处置方式决定着社会和经济的发展路径。很少有国家能像美国这样，拥有如此丰沛的土地资源。面对这看似无限的资源，联邦土地政策的指导思想是：公共土地应尽快以妥善的方式处置，而不应长久保持在政府手中。[①] 这一思想可追溯至殖民地时期。

当时，尽管在弗吉尼亚、宾夕法尼亚和马萨诸塞都有不同的公共土地测量和处置体系，但他们都渴望将公共土地保持在"私人"手中。这种渴望却被1763年王室声明（Royal Proclamation of 1763）所阻止。[②] 声明留出所有殖民地西部（扩大至英属北美殖民地的西部边界）土地为王室土地，用作印第安人保留区；在未得到母国政府许可之前，殖民地当局严禁买卖和定居于这些土地。

独立战争后，为扩大各自的公共领地，每个州都向这些皇家土地提出请求，而取得这些闲置土地归属权的新成立的联邦政府，急需出台一项能为各方所接受的土地政策。围绕土地处置政策，国会产生了很多争论，而这些争论，本质上是联邦与州政府之间权力冲突、各州及各州与联邦之间利益冲突的表现。

依据独立宣言，对公共土地的处置权归于殖民地国会（Continental Congress）。由于在独立战争中国会已经积累了大量外债，所以许多人希望售卖公共土地来充实财政。但国会内部围绕"谁能从处置土地的方式中获益"和"应该处置什么样的土地"的问题争议很大。那些具有丰沛土地的州，如弗吉尼亚（Virginia），希望从售卖土地中获益，所以故意拖延土地的转让；另一方面，那些土地资源贫乏的州，如马里兰（Maryland），则希望联邦的所有成员均应该从土地售卖中获益，所以要求抓紧处理闲置的土地。[③]

国会在1780年10月达成共识，转让给联邦的土地"应当考虑联邦的整体利益而处置，并且明确其归属于哪个州"，成为联邦的成员则具有"同等的如下权利：主权、自由和独立"。国会至少是在理论上，肯定了公共土地的处置应为了公众利益和一些新的州对土地的分配。[④]

①　KEY S A. The Origins of American Land Grant Universities：An Historical Policy Study［D］. Public Policy. Chicago：University of Illinois at Chicago. 1995 Ph. D. Dissertation：16.

②　Ibid. .

③　Congress of United Stated Journal of the Continental Congress，1914，XV：622.

④　KEY S A. The Origins of American Land Grant Universities：An Historical Policy Study［D］. Public Policy. Chicago：University of Illinois at Chicago. 1995 Ph. D. Dissertation：17 - 18.

在实践层面，有两种力量影响国会的决定：目的和形式。① 国会在处置的目的上分为两个阵营：财政或移民。坚持处置公共土地应优先保证财政目的的人认为，公共土地应以较低的价格卖给大客户，以获取更多资金给财政部用于偿还因战争而形成的债务；另一方面，来自第二阵营的人，比如托马斯·杰斐逊，认为转让给联邦政府的土地应用于满足发展和定居的需要。这意味着联邦土地应直接处理给个人移居者，他们将变成"合格农民"（good farmer），土地因此应被分割为小的地块。事实上，为鼓励移民，土地应该以低价售卖或者赠送。但这样做将增加处置公共土地的成本，减少政府从土地中获得的财政收入。

在处置方式上，北方殖民地的州，特别是新英格兰（New England）倾向于镇区系统（township system），即在没有任何定居者之前准确测量并划分为固定大小的区域，一旦土地准备被卖掉，确定的条件是，定居者必须要像满足安全需要一样保证满足教育和道德的需要（即兴办学校和教堂）。南方各州则更愿意用他们自己熟悉的方式，即个人可以随意选择定居地，然后提出土地要求并进行测量。当然，土地要求可能会有重叠并引发矛盾，但这种划分方式将鼓励形成大规模的农场。

联邦政府对上述问题进行了协调，协调的初步成果是《1784 条例》（Ordinance of 1784）。该条例没有具体规定土地处置的模式，而是强调了财政的重要性，即土地应该被售卖而不是赠予，并确立了三项主要的土地财政原则：①未来各州不再有干预土地处置的权力；②未来各州不再对联邦土地征税；③非固定居民应与固定居民一样纳税。②

随后的 1785 条例规定土地在转让前应划分为镇区（township），每个镇区再细分为面积更小的 36 个地段（sections）。这一条例被设计用于促进西部土地的销售和定居，但实际上，它对联邦土地政策的指向发出了混合信号。当时，每个镇区的一半需作为独立的单位整体出售；另一半则按每区 640 英亩的面积出售，这就导致大买家代替了单个的定居者成为积极购买者。③ 可以看出，国会的这些土地处置条例明显是为了保证财政目标的实现，但也没有把定居和农业开发完全置之不理。1787 年条例进一步明确了镇区划分的新英格兰型土地系统（New England-style land system）的使用，并要求西北各州及领地须在政府拥有土地中保留两个或更多镇区用于支持教育，由此形成了"赠地（land grant）"概念。

至 19 世纪 30 年代，因独立战争产生的外债基本还清，④ 用公共土地资助移民和农业开发的呼声高涨。虽然 40 年代爆发和结束的美国对墨西哥的战争，又使公共土地的处置偏向保证联邦财政的一边，但毕竟国力已有大的提升，而西部土地面积辽阔，足够在偿还外债之外发挥更大的作用。

毫无疑问，对新国家来说，清理和耕种（即开发）土地的最好方式就是移民。政府

---

① KEY S A. The Origins of American Land Grant Universities：An Historical Policy Study［D］. Public Policy. Chicago：University of Illinois at Chicago. 1995 Ph. D. Dissertation：9－20.

② CONGRESS OF UNITED STATES. Journal of the Continental Congress，1823，Ⅳ：416.

③ KEY S A. The Origins of American Land Grant Universities：An Historical Policy Study［D］. Public Policy. Chicago：University of Illinois at Chicago. 1995 Ph. D. Dissertation：20.

④ Ibid.：33.

对吸引"合格农民"（good farmer）定居和开发土地非常感兴趣。这种类型的移民使更多的土地用于农业生产，从而增加国家的财富，促进国家的繁荣。看起来，联邦土地政策应该更紧密地与农业需求联系在一起。为保证长期的发展，还要为将来做储备（如用于支持教育的土地），以招徕未来的移民。这些规定赋予西部新成立的州更多联邦拥有的公共土地，早在19世纪20年代就引起了对公共土地觊觎已久的东部"老"州的不满，① 他们要求从公共土地的处置中获得平等的收益。至南北战争爆发之前，针对公共土地的处置，新成立的西部各州与东部"老"州之间的利益冲突已相当激烈。

为加速移民和推动农业的发展，西部各州希望将公共土地赠予定居者，供他们耕种，但这一希望屡屡受到东部各州的阻挠。南北战争爆发后，一些新的、自由的州为确保联邦财政的增加，劝说东部代表支持西部的需要，结果促成了1862年宅地法案的通过。② 借助向所有实际定居者捐赠土地，联邦财政将有望通过增加的消费提高税务收入，国家也有望因土地用于农业生产而继续发展和繁荣。

1862莫里尔法案根据各州的议员数将国家所有的土地分配给所有各州，这意味着东部各州将接收到最多的赠予，它可能是东部支持宅地法案的回报。③ 事实上，参议院议员按每州两名的额度均分给各州，而众议院议员数则是根据各州的人口占全国的比例确定的，就这一点来说，东部"老"州有明显的优势。而借助于莫里尔法案，东部各州的利益得到了平衡。可以说，莫里尔法案与联邦政府解决东西部各州利益冲突的政治考虑密切相关。④

3.4.2　地方农业协会与农场主利益集团的形成

18世纪，农业仍然是一个国家强盛的基础，美国也不例外。殖民地时期，作为宗主国廉价的原材料供应地及商品倾销市场，北美殖民地没有强大的工业，农业是整个北美大陆的经济支柱。1796年12月7日，乔治·华盛顿（George Washington）在向国会发表的演讲中指出："毫无疑问，无论是对个人还是国家，农业都是第一重要的。"发生在1838年的粮食歉收，无论是对于农民还是这个年轻国家的每一个人来说，人们都认识到农业需求已成为一项紧迫的课题。⑤ 对如何提高农业生产效率的讨论，引发了民众和政府官员对农业教育的关注。

19世纪中叶美国工农业迅猛发展，科尔（Clark Kerr）认为，⑥ 赠地运动的兴起是对这种势头的反映。大学试图通过下述途径来推进这种发展：培训"绅士"、教师、传教士、律师，以及医生以外的人才；开展与耕作和制造技术发展有关的科学研究；服务

① KEY S A. The Origins of American Land Grant Universities：An Historical Policy Study［D］. Public Policy. Chicago：University of Illinois at Chicago. 1995 Ph. D. Dissertation：31.

② Ibid. ：166.

③ Ibid. .

④ Ibid. .

⑤ CAMPBELL J R. Reclaiming a Lost Heritage：Land-Grant and Other Higher Education INitiatives for the Twenty-first Century［M］. Ames：Iowa State University Press，1995：6.

⑥ KERR C. The Uses of the University［M］. 5th ed. Cambridge：Harvard University Press，2001：35.

于社会的许多部门，最终服务于社会的几乎所有经济和政治部门。事实上，19 世纪中期，美国农业区域不断向西推进，成为世界上最大的农业地区。在耕种面积迅速扩展的同时，美国农业专门化开始发展，商业农业代替了自给自足的农庄。①

另一方面，由于西部农场的建立者，绝大多数是从联邦而不是私人那里获得的公共土地，他们得以免除绝对地租的负担，而将节省下来的资金投资于经营，这使成千上万独立的自由农民得以在西部迅速地形成，② 他们更热衷于农业技术的改进，创造和传播有用的农业信息，以及培养农业人才。当然，单个的农场主或农民无法影响国会的立法，但当他们聚合起来组成社团后，情况就不一样了。

确实，并不是所有的人对法案的通过有特殊或完全的兴趣。显然，最感兴趣的群体是农业社团（agricultural community）。这些农业社团由农民组织、农场主和其他直接或间接依赖农业的个人及机构组成。组织农场主的早期努力集中于上层农场主们（gen-tlemen-farmers）（即拥有大量土地的上等人，the landed gentry），他们对改善农场生产实践和解决各种农业问题有着异乎寻常的热情，并成立了致力于关心和推动农业的地方农业协会。这些协会如雨后春笋般在 18 世纪 80 年代的康涅狄格、马萨诸塞、宾夕法尼亚、南卡罗来纳、弗吉尼亚等州迅速增加。③ 整体说来，这些协会举办活动和集会，为改善耕作实践和动植物病害的补救方法提供奖励。④ 这些早期的协会对各郡集市的建立和繁荣发挥了很大作用，但协会和集市均被上层农场主把持，他们经常提供诸如大规模使用临时劳动力等，被视为不切实际的想法，因此，只取得有限的成功。⑤

这些地方性的协会充当了州范围内协会组织的催化剂。州一级的协会集中了对农业进步抱有先进思想的农场主，并至少比早期的协会更关注于小农场主的需要。州一级协会的组织者希望"教育"农场主们，通过邀请成功的农场主介绍他们自己的做法和在农场报纸中传播这些信息，⑥ 教育活动逐步开展起来。此外，借助集会、集市和出版物，"他们努力使公众认识到农业和农村人口的利益值得国会和州立法机关认真考虑"。⑦

---

① 李素敏. 美国赠地学院发展研究 [M]. 保定：河北大学出版社，2004：2.

② 何顺果. 美国历史十五讲 [M]. 北京：北京大学出版社，2007：95.

③ TRUE A C. A History of Agricultural Education in the United States：1785—1925 [Z]. In United States Department of Agriculture（Ed. ）Miscellaneous Publication No. 29. Washington，D. C. ：United States Government Publication Office，1929：7 - 17.

④ GATES P W. The Farmers Age：Agriculture 1815—1860 [M]. New York：Holt Runchart and Winson，1960：312.

⑤ TRUE A C. A History of Agricultural Education in the United States：1785—1925 [Z]. In United States Department of Agriculture（Ed. ）Miscellaneous Publication No. 29. Washington，D. C. ：United States Government Publication Office，1929：7 - 17.

⑥ MOMFORT F B. The Land-Grant Movement [M]. Columia：University of Mission Press，1940：8.

⑦ TRUE A C. A History of Agricultural Education in the United States：1785—1925 [Z]. In United States Department of Agriculture（Ed. ）Miscellaneous Publication No. 29. Washington，D. C. ：United States Government Publication Office，1929：24.

这些州一级的协会帮助了唤醒政治家们（而不是公众）对农业的兴趣。[①] 在形式和内容上，州对农业的资助丰富多样。一些州提供资助用于鼓励特有作物的生产，如缅因和马萨诸塞就对小麦生产进行补贴。另一些，如佐治亚、密西西比和纽约等为解决各种难题提供奖金。还有一些州使检查条例成为法律，并为主要产品设立标准。[②]

众议院和参议院分别于 1820 和 1825 年成立的农业常设委员会（standing committees on agriculture），显示出这些协会对联邦政府的影响。[③] 常设委员会确保了农业社团的专门利益，也使农业团体能够参与到国会的立法进程中。

农业社团通过多种方式教给农民"关于最新发现和从事科学农业最优方法的信息"，[④] 但"旧式农民"似乎对此不感兴趣，"现实中广泛存在对教育的最严酷态度和对学校的怀疑，而且这种现象在边远地区愈加明显"。[⑤]

于是，农业社团开始把注意力转向通过教育培养下一代的农民，试图鼓励各州创建多个类型的正规教育。1825 年，马萨诸塞州曾有人提议建立一所农业学院，而且在被马萨诸萨农业研究所（Massachusetts Agricultural Institute）合并之前，该机构存在了将近 25 年。纽约州的农民也在 1823 年向州立法机关请求建立一所州立农业学校，但直到 1838 年立法机关收到另一份 6 000 人签名的、请求州政府协助开展对未来农民进行教育的请愿之前，州立法机关没有采取任何行动。[⑥] 1832 年在缅因创办的 Gardiner Lyceum 是第一所致力于（培训）农民和技工的机构。俄亥俄成立于 1842 年的农民学院（Farmers College）和纽约州（New York）成立于 1851 年的人民学院（People's College）更偏向于培训农民。

在这些成功的基础上，农业团体继续呼吁和请求州立法机构促进农业教育。理想化地，这将通过建立州立农业学院得以实现。此外，也有些州采取在现有机构中开设农业课程的方式。截至 1860 年，越来越多的机构已经开设农学系，马里兰、密歇根、纽约、俄亥俄和宾夕法尼亚还为农学院批准并拨付了专门款项。[⑦] 随着一些州建立了州立的农学院，另一些州有意让联邦政府为此类教育提供资助。[⑧] 尽管有多种形式的公共支持，但各州的立法行动缓慢，这引起农业社团的不满。

---

① KEY S A. The Origins of American Land Grant Universities: An Historical Policy Study [D]. Public Policy. Chicago: University of Illinois at Chicago. 1995 Ph. D. Dissertation: 160.

② GATES P W. The Farmers Age: Agriculture 1815—1860 [M]. New York: Holt Runchart and Winson, 1960: 318 - 320.

③ KEY S A. The Origins of American Land Grant Universities: An Historical Policy Study [D]. Public Policy. Chicago: University of Illinois at Chicago. 1995 Ph. D. Dissertation: 160.

④ GATES P W. The Farmers Age: Agriculture 1815—1860 [M]. New York: Holt Runchart and Winson, 1960: 357.

⑤ LEE G C. The Morrill Act and Education [J]. British Journal of Education Studies, 1963, 12 (1): 19 - 40.

⑥ SHANON F A. The Farmers' Last Fromer: Agriculture 1860—1897 [M]. New York: Farrar & Rinchart Inc. , 1945: 272

⑦ TRUE A C. A History of Agricultural Education in the United States: 1785—1925 [Z]. In United States Department of Agriculture (Ed.) Miscellaneous Publication No. 29. Washington, D. C. : United States Government Publication Office, 1929: 45 - 88.

⑧ Ibid. : 91.

除了对农业教育的需求，还有另一些呼吁对"产业阶层"（Industrial Classes）开展高等技术教育的革新者。早在1845年，特纳（Jonathan B. Turner）就呼吁建立为了产业阶层的高等教育，因为他们构成了人口中的多数，并且需要专门的（specific）技术教育。① 他是将伊利诺伊请求联邦支持产业大学方案提交国会的主要推动者。此外，布朗大学（Brown University）的校长韦兰德（Francis Wayland）指出，美国当时有120所学院、47所法律学校和42所神学院（Seminaries），但没有一所面向农民、手工业者、技工或商人等终身所从事的工作开办的教育机构。② 普遍的共识是，现存的学院和他们的经典课程未能满足农民和其他劳动者的需要。

概括来说，面对丰沛的土地资源，联邦和各州、州与州之间，都对由此产生的利益垂涎三尺，冲突自然产生。而在社会内部，强大的农业社团与产业阶级的代言人联合向国会施压，要求改革现存的高等教育形式，以更好地实现他们的利益。双重的利益冲突迫切需要处于权力中心的联邦政府作出回应。

3.5 本章小结

殖民地时期的北美，受到英国全面而深刻的影响，并且在继承的基础上根据实际情况进行了务实的改变和修正。出于对合法性的期望，殖民地时期美国的学院继承了英国高等教育中的某些概念，如"学院""校长"和"控制委员会"等，但在实质内容上却根据实际作了本土化的修正，譬如管理委员会的人员构成及职责、学院内部管理架构、学位评定规范、教学内容"去教派化"和世俗化的趋势等。其中的一些改变和修正，最终对美国社会及美国高等教育以后的发展产生了非常重要的影响。

美国独立后至南北战争爆发前，高等教育内部和外部各种矛盾冲突聚集起来，成为赠地院校得以创设的微观基础。（a）高等教育管理模式冲突。受法国教育思想的影响，政府参与高等教育事物的意图非常强烈，这与殖民地时期形成的大学相对自治的传统形成了矛盾，这一矛盾在州立大学运动中表现得特别明显。达特茅斯裁决是美国高等教育发展史上关键事件之一，它为宗教团体、私人和公办教育廓清了发展道路。（b）教学内容冲突。启蒙运动推崇的理性主义和经验主义很快在没有那么多腐朽的清规戒律的北美大陆得到传播，传统古典课程与基于科学的现代课程之间产生了激烈较量。（c）教育理念的冲突。刚刚获得独立，急于摆脱从属地位的美国人，越来越没有耐心等待传统高等教育的转变，他们要将民主观念贯彻到底，开创属于美国自己的高等教育事业。（d）政治权力冲突。联邦宪法赋予各州充分的自主，联邦国会和政府急需树立它们自己的权威，从英国皇室继承来的大片土地和不断开拓的边疆，为联邦提供了筹码。（e）地域诉求冲突。美国各区域经济基础不同，所拥有的公共土地数量相差悬殊，因

---

① TURNER M C. The Life of Jonathan Baldwin Turner [M]. Urbana：University of Illionis Press，1961：74-94.

② WAYLAND F. Report to the Corporation of Brown University on Changes in the System of Collegiate Education [R]. Providence，1850.

此，对公共土地的处置目的和形式有着不同的要求，甚至大相径庭。（f）经济利益冲突。美国工农业的迅猛发展和强大的"社团文化"，迫切要求改革现存的高等教育制度以维护工农业者的经济利益。

从英国继承来的赠地兴学的传统为解决上述冲突提供了一个重要的选项。需要指出的是，上述六种冲突并非赠地院校得以创设的全部基础，还有一些重要的推动因素，将在下一章展示出来。

4 | 制度的构建：体系的建立与完善

历史的意义是一回事，历史的过程是另外一回事。制度的构建是不断解决冲突、平衡矛盾的过程，是效率机制与合法性机制相互加强、相互补充的结果。

体系的建立与完善有着自己的逻辑和路径，有哪些因素影响了这些逻辑和路径？如何影响？

4.1 赠地院校的成立

4.1.1 1862 莫里尔法案的通过

国会的注意力在南北之间激战正酣时转向扩大高等教育的行为，看起来非同寻常。但正如我们在前一章所看到的，莫里尔法案承载了多方的冲突，它的通过过程，将更清楚地展示冲突在制度起源中的作用。

来自佛蒙特州的议员贾斯廷·S·莫里尔（Justin Smith Morrill，1810—1898）（1855—1866 任众议员，1866—1898 任参议员）原是一位店主，也是一位商人。而且，尽管从未读过大学，但并不妨碍他成为热心的园艺学家。1854 年，莫里尔在辉格党的支持下进入国会，但不久就参加了新成立的共和党。[①]

1857 年 12 月莫里尔向国会提交题为"捐赠各州与准州公共土地以支持实现农业和机械工艺利益的学院"（A bill donating public lands to the several States and Territories which may provide colleges for the benefit of agriculture and mechanic arts）的议案。[②] 他还建议将议案提交农业委员会，但 1858 年 4 月众参两院一致同意将议案转交公共土地委员会审议。[③] 这也从一个侧面反映了莫里尔法案并不单纯是一部农业法案或教育法案。

经过近两年的争论，议案于 1859 年 2 月获得众参两院的通过，但身为民主党的总统詹姆斯·布坎南（James Buchanan）以违宪为由否决了这个议案。莫里尔随即提议对

---

① 李素敏. 美国赠地学院发展研究 [M]. 保定：河北大学出版社，2004：46.

② CONGRESS OF U. S.. A Century of Lawmaking for a New Nation：U. S. Congressional Documents and Debates，1774—1875 [J]. Journal of the House of Representative of the United States，54：17.

③ 崔高鹏. 从特纳到莫雷尔：1862 年美国赠地学院法案的起源与发展研究 [D]. 北京：北京师范大学. 2008.

总统的否决进行复议，但结果未达法定的三分之二多数，议案未能起死回生。①

众参两院的争论主要围绕以下议题展开：（a）法案本身的合宪法性问题。② 这个问题表现在两个方面：一是法案对联邦和州的权限的影响，有议员担心法案的通过将无限制地扩大联邦政府权限，而压缩州的主权。二是法案本身的宪法依据。美国联邦宪法第四条第三款规定："国会对于属于合众国的领土或其他财产，有权处置和指定一切必要的条例和规章"，③ 但对于国会有没有权力把公共土地分配给各州，是免费赠予还是有偿售卖，应不应该附带限制条件等问题，议员们争议很大。（b）实施法案的范围。无论是法案的支持者还是反对者，均认为法案对于人口稀少的新成立的州和那些准州是不公平的，因为它们在国会中只有少数，甚至没有议员。而且，有议员担心法案将引起东部狡猾的投机商和银行家垄断大片公共土地，阻止移民定居和开发。另外，许多来自南方各州的议员指出，法案所支持的学院只能让大种植园主得到很少的利益，而鼓励了小型的、非奴隶制的农场主。这将威胁到支持奴隶制与反对奴隶制的州在国会中脆弱的平衡。上述争议体现了各州对自身利益的关切，也体现了联邦与州之间的权力冲突。

布坎南总统的否决咨文列出了六条理由：④ "（a）该议案通过的不是时候，因为此时我们须以极大的努力才能征集到足够的税收以维持政府日常的用度，如果该议案通过成为法律，从出售公共土地的所得将全部或至少几乎全部被占用，仅仅在下一个财政年度，这项收入估计在 500 万美元左右……。（b）现在我们先将宪法权利问题放在一边，这份议案将对早已建立起来的联邦与州之间的关系产生什么样的影响……。（c）如果这份议案通过成为法律，它将极大的伤害新州的利益……。（d）这份议案就算是通过，能否对农业和机械工艺的发展起到作用，这一点是值得怀疑的，而这一目标我们是不能对它期望太高的……。（e）这份议案将伤害现存于各州的学院，在这些学院中有许多学院都将农业作为一门科学来教授，并且在所有这些学院中，农业都应该作为一门科学来传授……。（f）在宪法的指导下，国会是否拥有权力向联邦各州捐赠公共土地，用以建立旨在教育各州人民为目的的学院？"

这份咨文揭示了联邦对经济利益和财政目标的重视，也提到了联邦与州之间的权力冲突，新成立的州与"老"州之间的利益争夺，即将成立的学院与旧有学院之间的冲突。

1860 年共和党赢得总统选举，来自伊利诺伊的共和党人林肯（Abraham Lincoln）入主白宫。⑤ 1861 年，美国内战爆发，南方各州脱离联邦，原来反对莫里尔议案的南方议员退出国会。1861 年 12 月，莫里尔再次提出赠地学院议案，并争取到来自俄亥俄的参议员本杰明·沃德（Benjamin Wade）的支持。1862 年 6 月，莫里尔的议案又获众参

---

① CONGRESS OF U. S.. A Century of Lawmaking for a New Nation：U. S. Congressional Documents and Debates，1774—1875 [J]. Journal of the House of Representative of the United States，55：501 - 508.

② 崔高鹏. 从特纳到莫雷尔：1862 年美国赠地学院法案的起源与发展研究 [D]. 北京：北京师范大学，2008.

③ 刘绪贻. 美国研究词典 [M]. 北京：中国社会科学出版社，2002：1167.

④ CONGRESS OF U. S.. A Century of Lawmaking for a New Nation：U. S. Congressional Documents and Debates，1774—1875 [J]. Journal of the House of Representative of the United States，55：502 - 505.

⑤ 尽管不能证实林肯与特纳之间的具体关系，但有证据显示林肯在竞选之前曾对特纳有过承诺。参 Campell，1995.

两院的通过；7 月 2 日，议案经林肯总统签署生效，称为《1862 年莫里尔赠地法案》，又称"第一莫里尔法案"。

该法案规定，联邦向各州提供公共土地，由出售此种土地或土地证券而获得的款项，建立永久性基金，资助和维持至少一所学院，该学院中不得排除其他科学和经典的学习，并应包括军事战术训练，但其主要课程必须按照各州议会所分别规定的方式，讲授与农业和机械工艺有关的知识，以便提高各实业阶层从事各种工作和职业的文化和实用教育。① 向各州拨赠的土地面积，依据 1860 年各州拥有的国会议员人数而定，每有一名议员赠送土地 3 万英亩。

另外还规定，可使用出售土地所获资金购买联邦、州政府债券或者其他可靠债券，以营利扩大永久性基金，其利息不得低于 5%。如果州许可，永久性基金经费的 10%，可用于购买土地建立学院或试验农场。最后，为了促进国家的稳定，该法案还规定，凡暴乱和造反的州无权获得联邦土地，而新加入的州则有权获益。资金的目的是用来资助和维持学院的开办，州政府必须在两年内完成其立法程序，五年内必须至少设立一所新的赠地学院，或维持一所已成立的学院，但要发挥赠地学院的功能，否则州政府必须把联邦的赠地或捐款退还给联邦政府。②

值得注意的是，尽管 1862 年是美国整个国家处于危机中的一年，但美国国会却通过了三个有远见的法案。这些法案为美国的经济和社会发展带来了深刻的影响。③

第一，1862 年 5 月 15 日，亚伯拉罕·林肯总统签署法案，成立美国农业部。这项法律程序为美国农业的科学发展提供了重要的基础，在农业部的支持下，美国食品和农业生产成效卓著。

第二，1862 年 5 月 20 日，林肯签署了《宅地法案》（Homestead Act）。此项法案积极鼓励向西部扩张，为建设农业定居点和发展农业生产开放大约 20 亿英亩的土地。

第三，1862 年 7 月 2 日，林肯签署了《第一莫里尔法案》。

4.1.2　1862 莫里尔法案的实施

联邦政府有着用公共土地支持初等和高等教育的传统。这些赠予过去往往赋予那些拥有公共土地的新成立的州，并很少附带条件。而莫里尔法案，第一次，联邦的土地赠予被用于支持所有州的高等教育，并且国会规定了专门的限制和条件。④

法案赠予每个州每名参议员和众议员 30 000 英亩公共土地（矿地被特别除外），用于建立教授农业、机械工艺和军事训练且不排除其他科学和经典科目的学院。限制和条件包括：（a）没有土地的（东部）各州，将接受必须来自第三方的土地凭证，从而，一个州就

①　EDDY，EDWARD D. Colleges for Our Land and Time：The Land-Grant Idea in American Education ［M］. New York：Harper & Brothers Publishers，1957：31.

②　李素敏. 美国赠地学院发展研究 ［M］. 保定：河北大学出版社，2004：51.

③　CAMPBELL J R. Reclaiming a Lost Heritage：Land-Grant and Other Higher Education Initiatives for the Twenty-first Century ［M］. Ames：Iowa State University Press，1995：17.

④　KEY S A. The Origins of American Land Grant Universities：An Historical Policy Study ［D］. Public Policy. Chicago：University of Illinois at Chicago. 1995 Ph. D. Dissertation：4.

不会拥有另一个州的土地；（b）为防止单独某个州受到这项法案的冲击，每州（用作此法案目的）的土地不得超过 100 万英亩；（c）（来自赠地的）基金必须投资于联邦债券或其他安全稳妥的项目，永久性维持学院的发展；（d）既然这些基金不得移作他用，各州必须（自行）承担选择和售卖土地的花销，及管理和分配收益的责任；（e）各州还必须负担维修和建筑（即基金不得用于建造）；（f）各州必须在两年内接受该法案，并在 5 年内建立学院；（g）一旦接受，各州州长须向国会提交关于土地售卖和投资收益的年度报告；（h）各学院必须向其他赠地机构和内政部长提交关于各自发展和费用的年度报告。①

在莫里尔法案通过后的 18 年时间，美国创建了 43 所赠地学院，这些学院通常被称为"1862 机构"。依据法案售出的公共土地，最高的价格是纽约的每英亩 6.73 美元，最低的是罗德岛（Rhode Island）每英亩 0.41 美元，平均价格是每英亩 1.65 美元。实际上，整个资金并没有全部用于农工教育，但农工教育的确因为这笔资金而得到发展。②

艾奥瓦州在 1862 年 9 月 11 日最早接受了法案，其他各州陆续行动。直到 1870 年，所有的州才全部同意接受赠地。赠地机构被设立的情况如下：③

● 密歇根、宾夕法尼亚、马里兰和艾奥瓦在以前特许的农业学院以外，创办了农工学院。

● 威斯康星、明尼苏达、北卡罗来纳和密苏里将赠地资金全部转给现存的州立大学，设置新的项目。

● 俄克拉荷马、南达科他和华盛顿设立与现存州立大学并行的农工学院。

● 俄亥俄、加利福尼亚、阿肯色和西弗吉尼亚创办了新州立大学并增加农工项目。

六个州将赠地资金拨付给现存的私立学院用于提供农工教育：康涅狄格④拨给了耶鲁的谢菲尔德科学学院⑤（Sheffield Scientific School of Yale）；罗德岛拨给了布朗大学（Brown University）⑥；新罕布什尔拨给了达特茅斯学院⑦（Dartmouth College）；新泽西拨给了罗格斯学院（Rutgers）；肯塔基拨给了特兰西瓦尼亚学院［作为中等学校

---

① CONGRESS OF UNITED STATES. 37th Congress 2nd Session. An Act donating Public Lands to the several States and Territories which may provide College for the benefit of Agriculture and the Mechanic Arts ［Z］. The Congressional Globe. 32：386，Appendix.

② WESTMEYER P. An Analytical History of American Higher Education ［M］. 2nd ed. Springfield：Charles C. Thomas Publisher，Ltd.，1997：61.

③ Ibid.：61 - 62.

④ 为更好地履行法案规定的义务，1893 年康涅狄格州议会将赠地基金收益由谢菲尔德科学学院转给 1881 年成立的斯陶思农业学校（Storrs Agricultural School），即现在的康涅狄格大学（University of Connecticut）。

⑤ 有学者翻译为"理学院"，事实上，科学教育是比理学教育更广泛的概念。詹天佑即于 1913 年毕业于这个学院。

⑥ 罗得岛州在 1863 年接受了联邦赠予的位于肯萨斯准州的 120，000 英亩土地，并将售卖所得拨付给布朗大学。1888 年，罗得岛州根据 1887 哈奇法案在南金斯敦（South Kingston）建立农业试验站，并在 1890 莫里尔法案支持下，于 1890 年将农业试验站扩充为州立农业学校，于 1892 年更名为罗得岛农业和机械工艺学院（Rhode Island College of Agriculture and the Mechanic Arts，RICA&M）。1894 年罗得岛州政府将赠地基金由布朗大学转至 RICA&M（即现在的罗得岛大学，University of Rhode Island）。参 http：//www. uri. edu/home/about/history _ timeline. html.

⑦ 达特茅斯学院为此专门成立了"新罕布什尔农工学院（New Hampshire College of Agriculture and the Mechanic Arts）"，1891 年该学院独立出来，并逐步发展成为现在的新罕布什尔大学（University of New Hampshire）。

（seminary）创立于 1783 年]，俄勒冈则拨给了科瓦利斯（Corvallis）的麦瑟迪斯特学院（Methodist College）（现为俄勒冈州立大学）。

在其他州：

特拉华复建了特拉华学院（Delaware College）；

马萨诸塞开办了一所新的农工学院并同时把部分资金（1/3）拨给了麻省理工（MIT）（用于工业和技术教育而不是农业和机械工艺）；

印第安纳用赠地资金加上私人捐助创立了普渡大学（Purdue University）（以捐赠了 10 万美元的约翰·普渡的名字命名）；

纽约同印第安纳一样，用赠地资金和私人捐赠创办了康奈尔大学（Cornell University）（以捐赠了 50 万美元的约翰·康奈尔的名字命名）；

得克萨斯则有着比其他州更长的故事。它在 1845 年被并入美国，成为第 28 个州。在此之前，它是 1836 年宣布从墨西哥独立的得克萨斯共和国（Republic of Texas），有独立控制公共土地的权力。在 1850 年协议（Compromise of 1850）中，联邦重申了得克萨斯的公共土地由该州自己保留，[①] 因此该州不受 1862 莫里尔法案的约束。事实上，早在 1838 年，时任得克萨斯共和国总统的莱玛（Mirabeau B. Lamar）就要求拨付土地用于建立一所大学，在 1839 年获得批准 221 240 英亩土地用于建立两所而不是一所大学。不过决议一直没有施行，直到 1856 年新的州议会立法要求进行土地测量，才为创办大学留出大约 216 805 英亩土地，并于 1858 年批准建立得克萨斯大学（University of Texas）。但脱离美国的行动和内战的爆发推迟了决议的实际执行。内战后，1866 年得州宪法承认以前的赠地；1876 年宪法重申了赠地决议，并批准建立得克萨斯农工学院（Agricultural and Mechanical College of Texas）。到 1883 年，整个永久大学基金（Permanent University Fund）共拥有 2 100 000 英亩土地。[②]

得克萨斯农工学院后来发展为大学（Texas A & M University），是得克萨斯大学系统（University of Texas System）最早的两所学校之一，并分享永久大学基金。但得州农工大学后来寻求到了立法拨款替代赠地资金，所以从基金中退出了。在发现了石油后，得州农工大学请求重新获得基金并得到了基金收益的 1/3，[③] 并在后来像其他州接受 1862 莫里尔法案的高等教育机构一样，接受了 1887 哈奇法案和 1914 史密斯-利弗法案及其这些法案修正案规定的权利和义务，从而该大学被视为得克萨斯州的"1862 机构"。现在，得克萨斯农工大学与得克萨斯大学是两个平行的大学系统。

4.1.3　1862 机构成立初期的情形

受当时农业生产落后、教育事业发展水平较低等社会经济条件所限，加之法案本身为缓解冲突而形成的纰漏，作为一种新式高等教育机构，从 1862 年至第二莫里尔法案

---

① WESTMEYER P. An Analytical History of American Higher Education [M]. 2nd ed. Springfield：Charles C. Thomas Publisher，Ltd.，1997：63.

② Ibid.：64.

③ Ibid..

通过的 1890 年，赠地学院依然面临严酷的发展环境。因为法案只是为院校的建立提供了资助，却没有为院校的发展提供支持，还需要院校自身及所在各州付出努力。

对于赠地院校应该办成什么样子，不同的社会团体总是给出不同的解释，并向州议会和赠地院校施加影响，让新成立的赠地院校无所适从。除此之外，资金更是匮乏。

大部分的赠地院校多是在成立近 20 年后才得到州政府的财政支持，[①] 这些资助数量不多而且极不稳定。北部在内战中积累了巨大的债务，南部是分裂的。两个地区的州立法机构都很难为赠地学院提供充足而稳定的资助。1873 年的大恐慌（The Panic of 1873）使工商业深深地陷入战后第一次衰退。[②] 在赠地处置、办学形式、课程设置、校舍建设、招生、选聘师资等方面，刚刚开办起来的、面向大众的赠地院校陷入了混乱。

来自传统学院和私立学院的竞争，又使赠地院校深受困扰。事实上，在赠地法案通过后的第一个 10 年，各种类型的学校都对赠地资金提出要求，没有谁能预知哪个或哪些机构能够接受资金。在这一点上，宾夕法尼亚提供了一个例子。[③] 在 1862 年春季，莫里尔法案正在酝酿通过，农民高中（the Farmer's High School）将它的名字改为宾夕法尼亚农业学院（Agricultural College of Pennsylvania）。这所学校的理事会员们在 1862 年 5 月 6 日支持了这次更名，比林肯签署莫里尔法案早了大约 2 个月，所以这所学校能对赠地资金发出强烈的请求。农业学院和费城（Philadelphia）一所私人捐资的工程学校——宾夕法尼亚州多科技术学院（the Polytechnic College of the State of Pennsylvania），均向宾夕法尼亚议会（the Pennsylvania General Assembly）要求获得赠地资助。1863 年 4 月 1 日，州长 Andrew Curtin 签署法令，农业学院成为接受赠地基金的单独机构。而当议会在 1864 年初再次召集开会时，有 6 所学院请求分享赠地资金。[④]

早期许多赠地院校相当简陋，"不过是几个有经验的农民或技工向邻居的小伙子们谈谈话而已"。1867 年，《美国农业家》杂志对如何建立赠地学院，用调侃的语气提出了无师自通的简单易行的办法：[⑤]

> 在一个搞得好的农场里，安排几个办事认真、能够教授农业知识的人。农场里要有一座漂亮的大房子和几个牲口棚，还要找一个有经验的农民来协助。如果需要的话，再建几座临时房屋，这些房屋现在用作教室，以后也许要逐步改作马厩。给教员一点钱，用来购买书籍、设备和器材。告诉他们，只要他们做出成绩，马上就可得到更多的钱。所有永久性的改进都要着眼于未来，至于上课和纪律这类事情，让教员自己去做，尽可能不要插手。于是，在联邦的任

① JOHNSON E L. Misconceptions About the Early Land-Grant Colleges [J]. The Journal of Higher Education, 1981, 52 (Jul.-Aug.): 333-351.

② WILLIAMS R L. The Origins of Federal Support for Higher Education: George W. Atherton and the Land-Grant College Movement [M]. University Park: The Pennsylvania State University Press, 1991: 40.

③ Ibid.: 41.

④ Ibid.: 43.

⑤ 布尔斯廷. 美国人：民主的历程 [M]. 谢廷光，译. 上海：上海译文出版社，2009: 599.

何一个州都几乎肯定会取得最令人满意的成功。

这种简陋并不是问题的全部。至 1870 年，当时所有 37 个州已经或正在完成建立赠地学院的基础工作。但是，学院并未繁荣起来，有些甚至陷入临近关门的窘境。[①] 至 1873 年，已经招生的 24 所赠地机构注册了超过 2 600 名学生，约占到当时全美 217 所高等教育机构向教育专员报告的总共 20 000 名学生的 13％。[②]

（1）赠地院校在发展初期遭遇的困难

1）资金匮乏。先期定居者和开荒者早已占据了好的地块，并反对将肥沃的土地选作政府赠地，[③] 因此，用于售卖的赠地的位置和品质普遍较差，自然卖不上好价钱。除了不高的赠地基金收入，刚刚成立的赠地学院没有更多的资金来源。视各州政府对教育的重视程度，来自州政府的资助要么没有，要么很少，而且是不定期的。这些情况导致大部分的赠地院校在成立初期存在着教师薪资很低，教学设施落后，图书资料奇缺等问题。

2）师资薄弱。赠地院校须开设农业、机械工艺和军事学科，但在当时的产业发展水平下，农学教授是找不到的，因为"农学"这一学科还根本不存在。[④] 法案所要求的几门学科都很难找到合适的教师。传统学院的毕业生由于没有接受过相关训练，也无法承担此类课程。

3）招生困难。赠地院校成立之前，高等教育在美国仍然是"奢侈品"，大部分民众对此不感兴趣，为高等教育提供生源的高中教育一直没有发展起来。面向大众的赠地院校，在开办初期也招不到合格的学生。年轻人想获得土地去耕种，他们认为通过"做"（doing）比"研究"（studying）更能学到东西。在 1872—1873 年，有 12 所学院的农业和机械工艺系的学生不足 50 人；6 所学院为 50～100 人；6 所学院为 100～150 人，只有 3 所学院农业和机械工艺系的学生超过 150 人。[⑤] 内战结束后的 10 年后，在巴尔的摩（Baltimore），超过 5 所高等教育机构的注册学生数"至少是那所小型农民学院（指马里兰大学，University of Maryland）的 2 倍"，[⑥] 而这所"小型农民学院"在战后 8 年内换了 5 任校长，总共真正毕业了 6 名学生。[⑦] 佛罗里达的学院也经历了特别困难的时期，它在 1884 年的 38 名学生全部在预科部，并且直到 1898 年它大学部班级总人数才

---

① WILLIAMS R L. The Origins of Federal Support for Higher Education：George W. Atherton and the Land-Grant College Movement ［M］. University Park：The Pennsylvania State University Press，1991：3.

② Ibid. ；40.

③ JOHNSON E L. Misconceptions About the Early Land-Grant Colleges ［J］. The Journal of Higher Education，1981，52（Jul.-Aug.）：333 – 351.

④ Ibid. .

⑤ RASMUSSEN W D. Taking the University to the People—Seventy-five Years of Cooperative Extension ［M］. Ames：Iowa State University Press，1989：25.

⑥ JOHNSON E L. Misconceptions About the Early Land-Grant Colleges ［J］. The Journal of Higher Education，1981，52（Jul.-Aug.）：333 – 351.

⑦ CALLCOTT G H. A History of the University of Maryland ［M］. Baltimore：Maryland Historical Society，1966：174.

仅仅 57 名。①

4）课程设置混乱。传统古典学科的课程有章可循，实践性的学科却需要赠地院校自行摸索。创新并不是那么容易，总要经历一番痛苦的混沌。赠地院校早期的课程中就出现过"如何耕田（How to Plow）"与"心灵和道德哲学（Mental and Moral Philosophy）"的怪异组合。②但通常，课程只是经验的示范，更构不成体系。例如 1875 年在堪萨斯州赠地学院的课程表中所列的课程包括农场、苗圃、木工、家具制造、车工工艺、马车制造、油漆、打铁、女式服装裁制、曲线截锯和雕刻。③学院仅能开设一些与农业相关的科目，譬如植物学、化学或生理学。④但即使是这些科目，也"仅仅是一大堆经验"。⑤

（2）造成这些困难的原因

1）法案设计的纰漏。各州获赠的公共土地是依该州在国会众议院和参议院的议员数目确定的，这既不公平也不合理。国会参议员是按每州两名的配额分给各州，众议员则是按各州人口多少分配。因此人口稠密的东部各州当然要比人口稀少的西部各州获赠土地多，如纽约州获得 99 万英亩，而科罗拉多等州只有 9 万英亩，相差 11 倍之巨（图 4 - 1）。⑥法案这一不公平不合理的"纰漏"，看似是无意的疏忽，事实上却是有意的偏袒。前文已有叙述，此处不赘。

再者，法案没有规定出售赠地的最低价，导致各州赠地售卖价格混乱，赠地基金多寡不均。直到 1889 年，国会通过法案，规定此后加入联邦的各州所得赠地，每英亩售价不得低于 10 美元，⑦这样赠地基金的收入才有了保障。另外，法案没有为校园建设提供资金，赠地院校的基础设施建设需要另找资助。

2）产业科学发展落后。当时的农业虽是国家的支柱，但农业科学还未成型。机械工艺的科学化较农业稍好一些，但也未达到可充分供高等教育机构进行研究和教学的程度。落后的产业使农民不信任科学，以致密歇根州立学院院长安格尔（James B. Angell）在 1869 年宣称"如何使农民深信科学能对他们有利"是"最需要克服的困难"。⑧

3）教育事业发展落后。当时许多州的公共教育运动刚刚开始，州提供资助的原则和强迫入学法律的通过还需要一定的时间，进入中学的学生很少，因而申请就读赠地院

---

① PROCTOR S. The University of Florida：Its Early Years：1853—1906 ［M］. Gainesville：University of Florida，1958：22.

② SEEVERS B，GRAHAM D，et al. Education Though Cooperative Extension ［M］. Albany，Bonn，Boston，Cincinnati，Detroit，London，Madrid，Melbourne，Mexico City，New York，Pacific Grove，Paris，San Francisco，Singapore，Tokyo，Toronto，Washington：Delmar Publishers，1997：21.

③ 布尔斯廷. 美国人：民主的历程 ［M］. 谢廷光，译. 上海：上海译文出版社，2009：599.

④ JOHNSON E L. Misconceptions About the Early Land-Grant Colleges ［J］. The Journal of Higher Education，1981，52 (Jul.-Aug.)：333 - 351.

⑤ NEVINS A. The State Universities and Democracy ［M］. Urbana：University of Illinois Press，1962：57.

⑥ ORFIELD M N. Federal Land Grants to the States with Special Reference to Minnesota ［R］. Minneapollis：University of Minnesota，1915：124 - 125.

⑦ 杨光富. 美国赠地学院发展研究 ［D］. 上海：华东师范大学，2004.

⑧ 林玉体. 西洋教育史专题研究论文集 ［M］. 台北：文景出版社，1984：286.

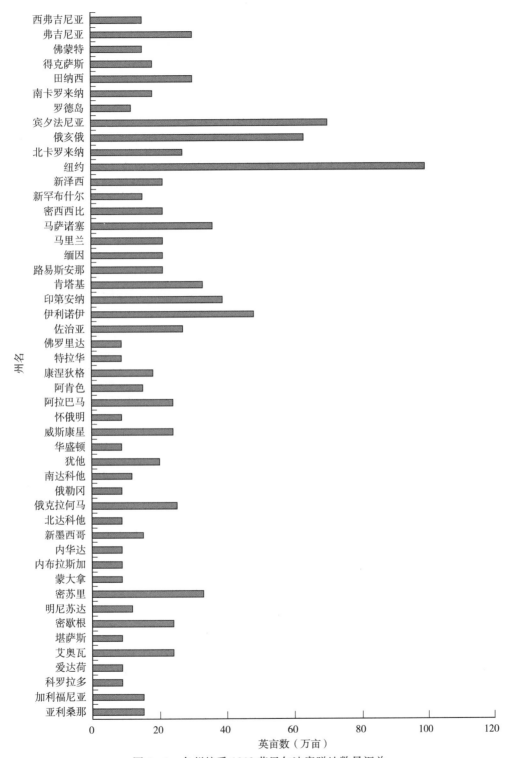

图 4-1 各州接受 1862 莫里尔法案赠地数量汇总

资料来源：ORFIELD M N. Federal Land Grants to the States with Special Reference to Minnesota ［R］. Minne-apollis：University of Minnesota，1915：124-125.

校的学生不多。[①] 与此同时，那些已经存在的高等教育机构，虽被描述为"反应迟钝、僵硬、冷酷，并且最糟糕的是——不民主"，[②] 但却并不妨碍他们扼制赠地院校的发展。他们推崇古典学科，贬低实用学科，利用已有的声望同新成立的赠地院校争夺办学资源，赠地院校任何争取政府资助的动议均会招致反对公共教育的人士，如哈佛校长艾略特（Charles Eliot）等人的愤怒。[③]

（3）赠地院校的应对之策

1）广开财源。赠地院校积极争取政府追加拨款，争取产业社团的支持和私人捐赠，并开始收取学费。赠地院校的领导们不断向联邦国会和州议会申请更多的教育资助，但效果不佳，这使他们开始寻求其他的理由，也为后来1887哈奇法案的通过埋下了伏笔。赠地院校向产业社团（农业和工程）及私人开展了游说，但由于没有显示出强大的服务能力，也没有强大的校友资源，赠地院校对产业社团和私人捐赠的吸引力远远落后于那些老牌的私立高等教育机构。

2）广辟生源。赠地院校采取了三种应变措施：一是降低入学要求，结果也降低了其学术标准。[①] 威斯康星大学（University of Wisconsin）自称"麦迪逊村高中（a High School for the village of Madison）"；宾夕法尼亚州立大学（Pennsylvania State University）被称为"农民高中（Farmers'High School）"。[④] 尽管他们的目标是办成大学，但却不得不付出许多努力，以使学生达到普通中学的水平。二是校内附设预备课程，训练程度不够的学生。拥有较大规模的预科部是赠地院校初创时期的标志。[⑤] 在1879—1880学年，阿肯色大学（University of Arkansas）全部注册的450名学生中有300名是预科生。[⑥] 三是打破传统，积极招收女生入学。1862莫里尔法案为男女同校提供了制度保障，对美国女子高等教育的发展起到了决定性的作用，[⑦] 在赠地院校的努力下，美国女子高等教育规模、结构和层次都得到了快速发展。这是赠地院校对美国高等教育作出的另一重要贡献。

3）开办示范农场。为让农民相信教育的价值，赠地院校开始开办示范农场。这样做既满足了师生实地观察和操作的需要，也能通过对比让农民认识到农业科学带来的利益。密歇根州立学院在19世纪六七十年代，就常有州农场之称。马里兰州的农学院也以示范农场而闻名。配合实验室的研究、新品种的改良、施肥的探讨、肥料的发明与应用、灌溉排水、温度和湿度对动植物的影响、轮种观念的建立及其方式的灵活运用等，

---

① 李素敏. 美国赠地学院发展研究 [M]. 保定：河北大学出版社，2004：59.

② WILLIAMS R L. The Origins of Federal Support for Higher Education：George W. Atherton and the Land-Grant College Movement [M]. University Park：The Pennsylvania State University Press，1991：2.

③ Ibid.：40.

④ JOHNSON E L. Misconceptions About the Early Land-Grant Colleges [J]. The Journal of Higher Education，1981，52（Jul.-Aug.）：333-351.

⑤ Ibid..

⑥ Ibid.：333-351.

⑦ 杜学元. 浅谈美国女子高等教育的发展及其成因 [J]. 西华师范大学学报（哲社版），2004（3）：99-102.

使得农业逐步走向科学化，农民对赠地院校信心大增。[①]

4.1.4 1890 莫里尔法案的通过和实施

为缓解赠地院校遇到的困难，促进它们的发展，莫里尔在 1872—1890 年的 18 年间，12 次向国会提出给赠地院校进一步捐赠的议案，[②] 但屡遭失败，其部分原因在于：（a）州政府视赠地院校为联邦对州权力的干涉，虽考虑到整体的经济、政治和教育意义而接受 1862 莫里尔法案，但不愿承担更多义务，也不愿自身权力再受影响。（b）已经发展了 200 多年的殖民地学院等旧式私立高等教育机构的反对。它们未能从赠地中得到任何利益，而且受到赠地院校所推崇的教育理念和课程体系的冲击。（c）以格兰奇运动（the National Grange）[③] 为代表的农民社团的不支持。他们对赠地院校成立以来，特别是在 1873 年大恐慌期间的表现相当失望。

在赠地院校自身和农业部的努力下，又结合南北战争后解放黑人运动的开展，国会最终于 1890 年通过由莫里尔提议的《将公有土地的部分收入用于更加全面地资助按国会 1862 年 7 月 2 日批准的法案规定所建立的学院，以促进农业和机械工艺发展的法案》（简称 1890 莫里尔法案）。

法案规定：每个州将得到直接用于资助和支持赠地学院的追加资金，第一年 15 000 美元，以后每年增加 1 000 美元，直到每年拨款额度达到 25 000 美元。资金主要用于"农业、机械工艺、英语、数学、物理、自然和经济科目的教学，特别用于关于这些科目在工业上的应用及有关教学设备的开支。"[④] 各州必须立法同意并保证不会因管理不善而造成资金流失。要求赠地学院院长给农业部长和内政部长提交年度报告，并由内政部长决定该学院是否有资格获得每年的拨款。法案还保证了黑人等有色人种的受教育权利，规定根据该法案拨给州或准州的任何款项，均不得用于资助对招生采取种族和肤色歧视的学院，但对于那些建立与维持白色人种学生和有色人种学生分开的学院，只要这些州或准州将收到的基金公平合理地分配，则被认为符合本法案规定。此后，有色人种学院将有权享受本法案的权益并遵守其规定。以前把 1862 年资金完全用于白人学生教育的州，若欲接受法案拨付的资金，则须将现有学院对黑人学生开放或为其另设学院。[⑤]

有 17 个州根据 1890 莫里尔法案成立了赠地院校。阿拉巴马、佛罗里达、得克萨

---

① 李素敏. 美国赠地学院发展研究 [M]. 保定：河北大学出版社，2004：57.

② Ibid.：71.

③ 全称 The National Grange of the Order of Patrons of Husbandry，简称 the Grange，是美国农民自发成立的最早的全国性农业组织，形成于南北战争期间，于 1867 年成立，总部在华盛顿。19 世纪 90 年代至 20 世纪 50 年代是该组织的鼎盛时期，至 2011 年，在全美国 37 个州 2 700 个社区拥有超过 20 万的会员。该组织鼓励农业家庭为改善他们共同的经济和政治待遇联合起来，致力于建设一个强大而灵活的"农业美国（Rural Ameica）"。参 http：//www.nationalgrange.org/about/history.html，2011/7/30；http：//en.wikipedia.org/wiki/The_National_Grange_of_the_Order_of_Patrons_of_Husbandry，2011/7/30.

④ EDDY，EDWARD D. Colleges for Our Land and Time：The Land-Grant Idea in American Education [M]. New York：Harper & Brothers Publishers，1957：102.

⑤ 李素敏. 美国赠地学院发展研究 [M]. 保定：河北大学出版社，2004：73.

斯、肯塔基、路易斯安那、弗吉尼亚、密西西比河密苏里将资金拨付给已经存在的公共支持的黑人学院。马里兰把钱给了一所现存的私人机构，随后该机构成为州立大学系统的一部分。特拉华、佐治亚、北卡罗来纳、俄克拉荷马、南卡罗来纳、田纳西和西弗吉尼亚为黑人学生创办了新的赠地学院。①

1890 莫里尔法案之所以能通过，一个重要原因是它结合了南北战争后高涨的解放黑人运动，而且在赠地院校的努力下获得了农业部的支持。另一方面的原因在于，争取1887 年哈奇法案通过的努力（关于这方面的情况将在下一节展现），为 1890 莫里尔法案扫清了来自农业社团和农民的阻碍。

1890 莫里尔法案为困境中的赠地院校争取到了稳定的资金来源；通过接受黑人等有色人种入学，更加树立了赠地院校的民主形象。1890 莫里尔法案扩充了课程内容并给出了具体规定，为赠地院校突破"农业和机械工艺专门学院"而成为真正的"大学"奠定了制度基础。这样，两部莫里尔法案支持下的赠地院校，从此实现了两种意义上的"民主"：一是录取的学生，所有的人都可以进入大学学习；二是开设的课程，只要是人类知识的积累和思维的创造都可以进入大学课堂。

4.1.5 莫里尔法案的意义

作为宏大的公共政策的一部分，两部莫里尔法案的通过是美国国内政治、经济、文化等方面冲突妥协的结果。这些宏大的政策来自农业社团多年的经营、政治版图的改变、满足国家发展和繁荣需要的西部开发②及这个新成立的国家创造民主国家形象的努力。

1862 年，国家存亡尚且未知，联邦政府需要找到一条平衡北部各州、西部各州及联邦自身的需求和利益的途径。借助这些需求和利益的平衡，联邦政府希望能够联合北部和西部，并因此保住联邦。随着共和党的胜出和南部代表团的因战退出，联邦国会中的政治气候得到重大改变，东西部各州达成合作的共识；而农业社团利用多年积累的努力，为使农业从众多其他产业中胜出提供了机会。法案强化了为从其他资源获得更多的财政收入，而将公共土地从售卖到捐赠的转变。它也安抚了西部各州，并促进农民改善农业生产，提高他们的生活质量。

1862 莫里尔法案是对先前联邦行为的重大超越。以前，新的州也曾接受过用于支持基础教育和高等教育的土地赠予，但这些赠予都被视为对定居者的鼓励并很少附加要求。莫里尔法案，第一次，所有的州都会得到用于支持高等教育的土地，并且联邦政府对赠地附加了严格的要求，③ 建立了联邦干预宪法赋予的州权事务的新方式。

1890 莫里尔法案则是美国民众追求民主的国家形象的重要体现。黑人的高等教育权利得到法制的保障，实践性学科也被鼓励踏入神圣的学术殿堂。刚刚成立的，羸弱而

---

① RASMUSSEN W D. Taking the University to the People—Seventy-five Years of Cooperative Extension [M]. Ames：Iowa State University Press，1989：24.

② KEY S A. The Origins of American Land Grant Universities：An Historical Policy Study ［D］. Public Policy. Chicago：University of Illinois at Chicago. 1995 Ph. D. Dissertation：167.

③ Ibid.：74.

又饱受攻击的赠地院校不仅承担起新的民主任务，更重要的是得到了稳定的政府资助，获得了新的发展空间。

借助于将公众拥有的土地赠予各地方政府用于兴办高等教育，1862 和 1890 莫里尔法案开启了美国乃至世界高等教育的一个新的时代。在这个新时代中，高等教育变得更加民主，也更加贴近人们生产和生活的实际。

莫里尔法案使那些以前从未有机会接受高等教育的人们获得了选择的自由。如果考虑到当时的美国仅有不到 2% 的人口能够在上完中学后继续接受教育，[1] 那么，联邦政府对高等教育的赠地资助则更会显得意义非凡。大学和学院第一次向所有人敞开了大门，教育机会平等的理想成为现实。莫里尔法案被称为国家的"教育权利法案"（Bill of Educational Rights）。[2]

4.2 农业科研系统的建立

4.2.1 初期的农业科研

（1）早期的农业科研活动

高等教育增加研究方面使命的第一个呼吁来自乔治·华盛顿（George Washington）。在 1796 年为国会作的总统报告中，他要求成立农业委员会（Board of Agriculture），其目的是鼓励（农业）科学实验。[3] 这并不让人奇怪，因为乔治·华盛顿的芒特弗南庄园（Mount Vernon estate）是一个名副其实的试验农场，在那里，主人寻找多种方法试图养护土壤，多样化种植，并使用新的机械。借助仔细的选种，华盛顿育成为一种改进的小麦品种；获得了播种装置的第一项专利；他的羊比邻居家的羊多产了近 3 倍的羊毛；他还是第一位繁育骡子的美国人。[4]

最著名的"科学农民（scientific farmers）"也许是托马斯·杰斐逊总统。他曾是华盛顿总统的内阁成员，随后成为美国第三任总统，有着创造性的才智和科学实验的天才。他在自己的蒙蒂塞洛弗吉尼亚庄园（Monticello Virginia estate）维持着试验用地，参与测试了至少 32 种不同蔬菜的种植，采用水平犁以控制水土流失，[5] 今天的参观者还能查阅他的试验记录。[6] 他设计了计算一种全金属壁犁（moldboard plow）最小土壤阻力的数学公式。他还发明了一种条播机（seed drill）、一种大麻碎茎机（hemp

---

① CAMPBELL J R. Reclaiming a Lost Heritage：Land-Grant and Other Higher Education INitiatives for the Twenty-first Century ［M］. Ames：Iowa State University Press，1995：18.

② Ibid. .

③ Ibid. ：20.

④ Ibid. .

⑤ Ibid. .

⑥ ETZKOWITZ H. Beyond the Endless Frontier：From the Land Grant to the Entrepreneurial University ［A］. In Wolf，Steven and David Zilberman（Eds.）. Knowledge Generation and Technical Change：Institutional Innovation in Agriculture ［M］. Boston/Dordrecht/London：Kluwer Academic Publishers，2001：52.

brake)，并对脱粒机（threshing machine）进行了多项改进。①

这种非正式的科学项目毕竟有局限。大多数科学农民很快意识到，他们不能单独地或与世隔绝地产生出好的科学结果。为了得到最高的生产率，研究必须集中进行，并且必须由专业人员开展。当时，无论是生产效率还是人口比例的贡献，农业都居于美国所有产业的领导地位。② 农业也是产生创新和发明的焦点领域，农民是这些活动的主要领导者和参与者。那些支持技术进步的农民认为科学研究能够用于改变农业。他们中的许多人开辟出用于提高粮食产量的私人试验地块，并将试验结果告诉他们的邻居或者通过公开发表的农业科学文献得到更广泛传播。

许多赠地学院也借助演示和模范农场进行农业试验，较早的有宾夕法尼亚州立学院（Pennsylvania State College）和密歇根农学院（Michigan Agricultural College）等。起先，示范农场占用学生时间和劳力的是庭院平整设计或为来参观的农业工作者提供样板，这些示范农场很快演化成试验场所。通常，他们被用于种子和化肥的测试地块，并承担学院试验室负责的化学分析任务。③ 一直到 1875 年，全国第一家农业试验站成立，这种安排对许多赠地学院来说是非常普遍的。

（2）早期的农业试验站

第一家农业试验站 1875 年在当地人士的强烈支持下建立于康涅狄格州（Connecticut），与位于 Middletown 的 Wesleyan 大学相连。主要推动者是曾在德国学习的耶鲁谢菲尔德学院（Yale's Sheffield School）的 Samuel Johnson 和 Wesleyan 大学的化学教授 Wilbur O. Atwater。Atwater 后来在 1888 年成为美国农业部试验站办公室（Agriculture Department's Office of Experiment Stations）的第一位主任。

试验站的成功要归功于 Atwater 在获取农业社团支持方面的政治敏锐性：他强调试验站在肥料分析方面的重要作用及其在消除化肥制造商在期诈农民等危害方面的前景。④ 事实上，试验站在其开始运转的第一年就分析了 162 份化肥样品。它的价值由此体现了出来，试验站后来在 1877 年从 Wesleyan 搬到谢菲尔德学院。⑤

在西海岸，加利福尼亚试验站也在 1875 年开办。它的创办者是加利福尼亚大学（University of California）农学教授 Eugene W. Hilgard，他还被誉为当时最杰出的农业科学家之一。他的强项是土壤分析，检测了加州多个地区的土壤成分。在 1877 年，立法机关慷慨地拨付 5 000 美元给试验站，用于接下来的两年的工作。1879 年，这一拨款增加到 10 000 美元。⑥

① CAMPBELL J R. Reclaiming a Lost Heritage：Land-Grant and Other Higher Education INitiatives for the Twenty-first Century [M]. Ames：Iowa State University Press，1995：20.

② ETZKOWITZ H. Beyond the Endless Frontier：From the Land Grant to the Entrepreneurial University [A]. In Wolf，Steven and David Zilberman（Eds.）. Knowledge Generation and Technical Change：Institutional Innovation in Agriculture [M]. Boston/Dordrecht/London：Kluwer Academic Publishers，2001：52.

③ WILLIAMS R L. The Origins of Federal Support for Higher Education：George W. Atherton and the Land-Grant College Movement [M]. University Park：The Pennsylvania State University Press，1991：90.

④ Ibid..

⑤ Ibid.；91.

⑥ Ibid..

宾夕法尼亚农业试验站的设立却没有这么幸运，宾州州立大学校长 George
W. Atherton 于 1882 年夏天到达之后，旋即在州层面为试验站奔波。他向宾州议会提
交的关于设立试验站的议案在 1883 年春天获得通过，但遭到州长佩特森（Robert
E. Pattison）的否决。理由是："州里的农业社区对现存的（赠地）学院都漠不关心，
更不相信它（试验站）的任何用处"。1885 年，佩特森以同样的理由第二次否决了建立
试验站的议案。①

在其他地方，凭借利益者联合的鼓励，试验站陆续出现。这些利益者包括杰出的农
场主、州农业协会和农业委员会、州立法机关。至 1887 年，14 个州已经建立了试验
站，其中有 8 个与赠地学院相结合。② 在其他的 13 个州，同样的工作也正在由少数几
个正式组织进行。这些试验站根据它们获得资助的条件不同而形式多样。

在这些试验站成立的过程中，赠地院校的校长们的努力并不显著，在德国学习过的
农业科学家们和学院教授们起到了关键作用，而且德国已有的由州资助的试验站模式，
为美国人民所渴望的试验站系统提供了一个通用的范本。③ 确实，在 19 世纪七八十年
代，"教学与科研相统一"的"洪堡原则"深刻影响了美国的高等教育，并在实践中得
以体现，最著名的是 1876 年霍普金斯大学成立。注重科学研究的风气正在形成，赠地
院校开始采取行动，反击旧式学院对它们的攻击。

正在崛起的农业科学家阶层通过多次会议，为全国农业试验站系统的建立奠定了基
础。1880 年 6 月，来自中西部赠地院校的农学教授们聚集于伊利诺伊大学（University
of Illinois）讨论彼此关心的问题。一年后，1881 年 6 月，他们再次在密歇根农学院
（Michigan Agricultural College）相聚"为一致的和系统的（united and systematic）农
业实验商定一些计划"。会议达成的共识包括：试验站应由国家支持，就像联邦政府建
立赠地学院一样。这样的系统，让那些"农业教师们"（"Teachers of Agriculture"）相
信，不仅使农民受益，也通过让学院的学生体验研究，为他们提供了更好的实践教育。
他们紧接着于 1882 年在艾奥瓦，1883 年在俄亥俄，1884 年在纽约，1885 年在印第安
纳进行集会，非正式组织以"农业教师们"之名而广为人知。④

4.2.2　哈奇法案的通过

已对争取政府资助心灰意冷的赠地学院的校长们，在农业科学家的鼓动下，在 19
世纪 80 年代找到了新的努力方向，即：致力于实现联邦对农业试验站的全国性网络的
资助。从 1882 年开始，不断有要求联邦资助在全国建立与赠地院校结合的农业试验站
的议案提交国会。

此前，刚刚开办的赠地院校，既未受政府重视，也未获农民的满意。赠地院校争取
联邦和州政府追加拨款的努力没有获得任何进展，还招致私立学院的愤怒。1867 年成

---

①　WILLIAMS R L. The Origins of Federal Support for Higher Education：George W. Atherton and the Land-
Grant College Movement ［M］. University Park：The Pennsylvania State University Press，1991：91.

②　Ibid..

③　Ibid..

④　Ibid.：90 - 91.

立的，代表农民"草根"利益的全国格兰奇运动（The National Grange）更是对赠地院校大加挞伐，认为学院没有能力吸引农业学生，也没有能力为农业社区作贡献，指责学院为"糟糕透顶的失败者"。①

格兰奇的敌意，来自对赠地院校在 1873 年大恐慌中未能发挥作用的不满。东部的土壤不肥沃，西部又干旱且病虫害频发，再加上整体的过度生产（overproduction）和随后产品价格下降，给农民带来无法预料的经济压力。② 与此同时，农村社区出现令人不安的内部形势恶化：频繁废弃的农场表现出农民家庭明显的不满和沮丧；农场儿童大批奔向城市；社会对农民缺乏好评。杰斐逊式的，高尚、自主的农场主已经沦落为苦干、"乡巴佬"（hayseed）式的漫画形象。③ 没有其他人的帮助，农民已不太可能很好地承担工作，但在多重困境下缓慢前行的赠地院校，并没有表现出令人信服的能力。国会在 1874 年展开对赠地院校的官方调查。格兰奇运动在 1875 年也发动了他们自己类似的调查。④ 格兰奇的报告强烈指责赠地机构，极力主张建立永久性的格兰奇教育委员会，以监督赠地院校，并建议将赠地院校置于全国农民的独家控制之下。⑤

在当时来讲，建立全国性农业试验站网络的最中心问题是管理权应赋予谁？试验站应该联系赠地院校还是农业部？或者它们自治地存在——仅仅向国家农业委员会或国家立法机关负责？再者，谁来决定研究议事单（agenda）？农民和农业组织，学院校长，农业部，还是正在迅速崛起的农业科学家们？

赠地院校建立由他们负责的农业试验站系统的提议，遭到全国格兰奇运动的公开抵制。他们尽管支持建立农业试验站系统，但坚持认为，农业研究应由农业组织或州政府掌管，而不是赠地院校。

大多数在赠地院校工作的农业科学家们发挥了作用。他们争取到农业部明确支持在全国建立由联邦政府（通过农业部）掌控，由赠地院校负责运营的试验站。在来自密苏里的众议员哈奇（William Henry Hatch）和来自密西西比的参议员乔治（James Z. George）支持下，联邦国会于 1887 年 3 月 2 日通过了《关于建立与根据 1862 年 7 月 2 日通过的法律及其补充法令诸条款而设立的学院结合的农业试验站法案》，⑥ 每个满足条件的州每年将获得 15 000 美元用于建立与赠地学院结合的农业试验站，以"更好地获取并向美国公众传播农业实用信息，促进遵守农业科学原理和应用的科学研究与试验"。⑦ 资金用于支付实施调查、实验、出版和分发研究结果所需的花费。法案同时要求州财政提供同样或更多的经费。研究计划由美国农业委员会负责视导，要求各试验站

---

① WILLIAMS R L. The Origins of Federal Support for Higher Education：George W. Atherton and the Land-Grant College Movement ［M］. University Park：The Pennsylvania State University Press，1991：92.

② Ibid..

③ Ibid..

④ Ibid.：3.

⑤ Ibid.：92.

⑥ 董维春，欧百钢，等. 农科研究生教育发展研究［A］. 郑小波，主编."三农"教育发展研究报告［M］. 北京：中国农业出版社，2006：145.

⑦ CAMPBELL J R. Reclaiming a Lost Heritage：Land-Grant and Other Higher Education INitiatives for the Twenty-first Century［M］. Ames：Iowa State University Press，1995：21.

写出年度报告，尤其强调研究成果的传播，以使所有人受益。试验站还要定期出版公报或编发进步情况的报道，供州内各报纸采用，同时还要服务于实际从事农业的个体。①

法案通过后，得到了各州的积极响应，1887—1893 年，基本上达到了每州至少1 个试验站的要求，全国一共建立了 56 个试验站，不久之后又增加到 66 个。试验站的工作人员，十年间翻了一番。到 1897 年，至少有 628 名工作人员。②

4.2.3　哈奇法案的意义

哈奇法案是政治妥协的又一杰作。尽管正在崛起的农业科学家们最终作为主要的受益者涌现出来，但赠地院校的校长们、农业利益相关者们（主要指格兰奇运动的参加者）、国会议员（提议是根据他们自己的信念和他们州的观点）得到了他们想要的和不想要的。即使是农业部，因为法案的通过受到切实削弱的当局正式代表，也很快发现它所得到的远远超过它所失去的。③

证据显示，赠地院校需要试验站的程度高于试验站需要赠地院校的程度。④ 科学家们发现他们自己以牺牲研究为代价，过多地承担了教学和服务的责任。此外，哈奇法案资金有时被用于支持学院那些与农业研究无关的需要。另一方面，学院院长常常视试验站为联邦资助的学术部门。⑤

哈奇法案不仅为农业研究和教学提供了一个重要支柱，同样重要的是，它为"农学院"改善所在地区的福祉作出重大贡献提供了途径。在此前的 25 年里，强势的格兰奇运动和全国农民联合会（National Farmer's Alliance）曾经宣称赠地学院是失败者，应为它们未能吸引农业学生而感到惭愧。哈奇法案的到来，"为农民补牢固了待修的栅栏"。⑥ 另一方面，哈奇法案赋予学院运作新的和迅速扩展的应用学科集体试验室的功能，在得到试验站的同时，学院找到了一种它们急需的、能在高度推崇科学研究的新兴大学运动中获取学术声望的方法。最重要的是，哈奇法案开创了联邦政府可以使用高等教育机构作为国家政策工具的先例。

为争取试验站立法通过的五年，无法摆脱地与美国第一个高等教育组织——美国农学院和试验站联合会（the Association of American Agricultural Colleges and Experiment Stations）的初创紧密联系起来。这个联合会在哈奇法案通过后于 1887 年迅速宣布成立，它源于农业科学家们的聚会，由农学院院长（presidents）和试验站主任（directors）组成，他们经常为关于试验站结构和功能的目标而工作。⑦ 联合会后来更名为美国赠地院校联合会（American Association of Land-Grant Colleges and Universi-

---

①　李素敏. 美国赠地学院发展研究［M］. 保定：河北大学出版社，2004：62.

②　Ibid. .

③　WILLIAMS R L. The Origins of Federal Support for Higher Education：George W. Atherton and the Land-Grant College Movement［M］. University Park：The Pennsylvania State University Press，1991：88.

④　Ibid. .

⑤　Ibid. .

⑥　Ibid. .

⑦　Ibid. ；89.

ties），并在 1963 年与全国州立大学协会（National Association of State Universities）合并为全国州立大学和赠地学院联合会（National Association of State Universities and Land-Grant Colleges，NASULGC）。2009 年 3 月 30 日，NASULGC 正式更名为公立和赠地大学协会（Association of Public and Land-Grant Universities，APLU）。协会总部设在华盛顿，现有 218 名会员单位，其中含 76 所赠地机构。①

综合来看，在 1887—1891 年，赠地院校学院终于开始稳定。借助国会于 1887 年通过的哈奇法案和 1890 年通过的第二莫里尔法案，来自联邦的拨款随之而来。这是联邦政府鼓励州政府开始或更新他们的支持的范例。哈奇法案支持建立农业试验站，为学院提供了通过实践方式服务他们农业环境的途径，不经意地提供了一些基本的财政支柱，也为赠地院校开展科学研究奠定了基础。这一行动，可以看作是对以 1876 年霍普金斯大学成立为标志的、美国大学科研取向的回应，使赠地院校具备了形成"研究型"机构的组织保证和正式制度安排。

1890 年莫里尔法案提供了哈奇法案所要求的年度联邦拨款，用于支持从英语到工程学的基本学术项目。随着财政增加的还有学生数量，至 1900 年，大约有 19 268 名学生在 65 所赠地学院中注册。② 这一变化，使赠地院校开始突破"农业和机械工艺专门学院"的局限，向着真正的"大学"迈进。

如果没有 1887 哈奇法案和 1890 莫里尔法案的推动，赠地学院发展成为后来的研究型大学将会异常困难。

4.3 合作推广系统的建立

尽管康涅狄格农业试验站的模式很快在几乎每个州得到复制，但人们也很快发现，仅仅设立试验站这样一个研究机构只能解决部分问题。当目标是使研究应用到实践时，在一个孤立的机构内开展研究是非常低效的。为了传播那些研究，进一步的创新是使试验站与训练农民子女的学院结合起来。通过科学农业的训练，当他们回去经营农场时，新一代的农民将完成试验结果与实践应用之间的循环。③ 将研究机构与教学的学院结合起来也完成了问题产生和研究间的逆向循环，因为懂技术、有知识的农民更有能力向研究者提出问题。

4.3.1 合作推广的起源

（1）农民学社等早期推广活动

美国农业推广可追溯到国家成立的初期。独立战争后出现了一些农业协会和俱乐

---

① APLU. About A. P. L. U. ［EB/OL］http：//www. aplu. org/NetCommunity/Page. aspx？pid＝203. Retrieved 2010－01－25.

② WILLIAMS R L. The Origins of Federal Support for Higher Education：George W. Atherton and the Land-Grant College Movement［M］. University Park：The Pennsylvania State University Press，1991：3.

③ ETZKOWITZ H. Beyond the Endless Frontier：From the Land Grant to the Entrepreneurial University［A］. In Wolf，Steven and David Zilberman（Eds.）. Knowledge Generation and Technical Change：Institutional Innovation in Agriculture［M］. Boston/Dordrecht/London：Kluwer Academic Publishers，2001：5.

部，1810 年发行了第一本《农场期刊》（*Farm Journal*），但它仅存在了 2 年。1819 年巴尔的摩（Baltimore）的约翰·斯图亚特·斯金纳（John Stuart Skinner）开始出版《美国农民》（*American Farmer*）。农民被鼓励报告他们的成就和解决问题的方法。有价值的和全无用处的思想一起出现在期刊的页面上。①

在早期，那些有专门经验的农民和学院里从事农业相关工作的教授们，经常会受到一些地方农业协会的邀请，在这些协会组织的集会上演讲或展示。一些州一级的协会也会派出演讲者到各地方协会，传播实用的农业信息。农民学社（farmers institutes）由此诞生。②

农民学社首次被 Amherst 学院的院长哈奇库克（Edmund Hitchcock）在 1852 年马萨诸塞州农业委员会（Massachusetts State Board of Agriculture）的会议上提出。哈奇库克提议，具备资格的人员，包括教授和农民，将在冬季进入本州不同区域，用他们各自的才能指导农民。大约 10 年之后，州委员会开始资助这些活动，并取得令人满意的成功。从 1867 年开始，类似的活动也在康涅狄格由康涅狄格农业委员会（Connecticut Board of Agriculture）举办。③

在这种努力开始之后，很快，农民学社的思想在中西部（the Midwest）流行开来，最早的可能是堪萨斯农学院（Kansas Agricultural College）。④ 特别地，董事会在 1868 年指示堪萨斯农学院设立一系列讲座，"以使根据正确的农业原理取得的农业收益能够传播给全州"。这样的机构，通常与当地农业协会联合举办。相似的活动也发生在其他的州，包括伊利诺伊、密苏里和艾奥瓦。至 19 世纪八十年代，许多州拨款给他们的农学院或农业试验站用于资助农民学社。至 1890 年，农民学社已经差不多在 26 个州建立起来。⑤

除农民学社外，独立后的美国还有其他形式的推广活动。农闲时期由赠地院校或农业试验站组织的短期课程，开始得甚至比农民学社还要早。⑥ 这些课程持续一或两周，专注于一或两项主题改善性方法的实践应用，这些主题包括奶制品制作、玉米生产或小麦生长等。古老的马车或刚刚开通的火车也曾充当了培训农民的"移动学校"。

但这些活动影响的农民数量有限，只有那些得知活动举办的消息，并愿意且有能力的农民才能参加活动。匮乏的信息传播渠道，落后的交通和恶劣的天气阻碍了大部分的农民从这些活动中受益。而且，由于活动举办的时间较短，每次只能限于一两个主题，满足不了农民广阔的需求。

（2）肖托夸系统与"大学推广"

除了农民学社，农业推广还有其他的先例可循，肖托夸系统（The Chautauqua

---

① USDA. About Cooperative Extension［EB/OL］. http：//www. csrees. usda. gov/qlinks/extension. html. Last Update：2009 - 06 - 18. Retrieved 2010 - 01 - 25.

② RASMUSSEN W D. Taking the University to the People—Seventy-five Years of Cooperative Extension［M］. Ames：Iowa State University Press，1989：28.

③ Ibid. .

④ Ibid. .

⑤ Ibid. .

⑥ Ibid. ；29.

system）是其中最重要的一个。① 它开始于 1874 年在纽约肖托夸湖（Lake Chautauqua）为周日学校的领导者（Sunday school leader）开设的 10 天项目，包括教学、娱乐和宴请（instruction，recreation，and entertainment）。很快，这一项目被扩展为 4 年课程，包括每年阅读指定的 4 本书和 12 个议题的肖托夸杂志等家庭阅读任务。在 1883 年还增加了函授课程（correspondence courses），并可以延长许多年。不过，这些课程并没有特意与农业相关。

与此同时，一些美国大学和学院开始对起源于 1866 年英国的"大学推广"系统表现出兴趣。② 这一系统被教育机构通过城市图书馆引入到美国。到 1890 年，许多不同的地方已经在提供推广课程，美国大学教育推广协会（The American Society for the Extension of University Teaching）也在这一年成立。1891 年，纽约州拨付 10 000 美元用于这一组织的活动和对大学推广工作的管理。在接下来的时间里，芝加哥大学（University of Chicago）在其组建的原始计划中就已经包含了大学推广。

非常自然地，农学院开始关注大学推广运动。1894 年，Edward B. Voorhees 向美国学院和试验站协会（Association of American Colleges and Experiment Stations）报告说，罗格斯大学（Rutgers University）已经于 1891 年在新泽西开始了农业推广工作的项目。罗格斯的项目包括由 6 个主题不同的演讲组成的课程，分别是土壤与庄稼（soils and crops）、植物栽培（feeding plants）和动物营养（animal nutrition）。③ 在 1897 年协会年会上，康奈尔大学的 I. P. Roberts 宣读了一篇论文，主题是关于由农学院安排的大学推广工作应如何开展。Roberts 介绍了他当前在纽约开展的工作。④ 在十年内，一些州开展了可以被归为农业推广的项目。显然，农民对教育活动的需要已被部分地满足，采用其他更有效措施的时机已经来临。

（3）政府资助和开展的农业推广活动

农民学社和其他形式的农业推广活动在 1889 年引起农业部试验站办公室（Office of Experiment Stations of the Department of Agriculture）的注意。办公室是在 1888 年根据哈奇法案的条款组建的，职能是作为研究项目的信息交换中心，并管理分配国会拨付的年度资金。⑤ 办公室的第一位主任 Wilbur O. Atwater 领导办公室在 1889 年开始收集关于州立法机关、农业协会和农民学社工作的信息，并形成正式报告。农业部长 J. M. Rusk 根据他的报告建议联邦政府"赋予农业部在各州及准州促进和鼓励学社工作的权力"，但未及时得到回应。1902 年，在部长 James Wilson 和主任 Alfred C. True 的领导下，国会为农民学社工作的开展拨付 2 000 美元。1903 年又拨付了 5 000 美元。⑥ 这些分配反映了国家对作用于农民和农村家庭的农业教育潜在重要性的认可。

---

① RASMUSSEN W D. Taking the University to the People—Seventy-five Years of Cooperative Extension [M]. Ames：Iowa State University Press，1989：31.

② Ibid.：32.

③ Ibid..

④ Ibid..

⑤ Ibid.：29.

⑥ Ibid..

联邦农业部推动合作推广系统建设的另一贡献是资助纳普（Seaman A. Knapp）在南部开展农民合作示范工作（farmers cooperative demonstration work）。为控制 20 世纪早期棉铃象鼻虫（boll weevil）对南部各州棉花产业的冲击，农业部制订了一项计划，旨在鼓励农民采用可以促进棉花早熟的方式种植，但农民对此反应冷淡。于是农业部计划采取直接指导棉农的工作，该工作由来自植物产业局（Bureau of Plant Industry）的纳普承担，他的职务为"南部农业促进特设代理人（Special Agent for the Promotion of Agriculture in the South）"。① 纳普当时已经 70 岁了，作为曾经的农民、农学教授和艾奥瓦农学院院长（president of Iowa Agricultural College），他在农业方面有着丰富的经验。② 多年的经验和观察使纳普相信，阅读小册子或在政府经营的示范农场的观察不会改变农民的实践活动，只有在普通的农场条件下，由农民在自己的农场里自己种植，这样的结果才会使他们信服。

纳普用联邦拨款、私人资金和普通教育委员会（General Education Board）的钱雇用区域代理人，设置农民经营的示范农场。区域代理人的工作区域覆盖 10～20 个郡，随后一些郡雇用了全职的代理人，称为"郡代理人（county agent）"。③ 这些代理人指导农民采用科学的种植方法，搜集病虫害信息，开展农业情况统计，帮助农民解决生产过程中遇到的难题，承担着与现代推广代理人差不多的工作。

纳普在南部的努力获得了巨大的成功，使农业部充分认识到了农业推广工作的重要性，也影响到美国农村地区青年工作、家政服务等方面的推广活动，他本人也被喻为"推广服务之父（The 'Father' of Extension Service）"。④

由赠地院校积极参与的农场管理推广工作（farm management extension work）是 20 世纪初期在美国北部各州开展的推广实践。与南部大规模单一作物的种植方式不同，北部农场的需求更加多样化。1905 年，植物产业局成立农场管理办公室（Office of Farm Management），目的是"研究和鼓励改善农场管理及实践的方法的采用"。⑤ 在办公室主任 W. J. Spillman 领导下，与农业相关的经济问题开始纳入农业推广的工作议程。

办公室发行各种出版物指导农民，也设置地区代理人。这些代理人通常要负责两个或更多的郡，通过农民学社、田间集会或成功的农民示范开展工作。由于农民的需求过于多样，专业要求也比较高，Spillman 和他的同事就与农学院和农业试验站保持了密切的联系，常常将雇用的代理人送到农学院培训，一些州的推广活动就在农场管理办公室的支持下由农学院负责。⑥

在农场管理办公室请求下，1907 年，宾夕法尼亚州立学院（Pennsylvania State College）任命了一位农业推广总监（superintendent of agricultural extension），主要负

---

① RASMUSSEN W D. Taking the University to the People—Seventy-five Years of Cooperative Extension [M]. Ames：Iowa State University Press，1989：35.

② Ibid. .

③ Ibid. .

④ Ibid. ：34.

⑤ Ibid. ：36.

⑥ Ibid. ：37.

责农民学社、代理人培训、农业集会和函授课程。1912 年，学院同意任命一位郡代理人主管，指导各郡代理人的工作。同年，农场管理办公室为宾夕法尼亚新增加的五位郡代理人提供资金。在这五人中，有四位是宾夕法尼亚州立学院的毕业生，第五位是康奈尔大学的毕业生。[1]

在地方、郡和州建立更加系统的推广组织，先是通过州立农学院（也即各州的赠地院校），然后又结合了农业部，持续升温。后来成为乡村生活委员会（Country Life Commission）成员的罗得岛州立学院院长（president of Rhode Island State College），巴特菲尔（Kenyon L. Butterfield）是这项活动中最具影响力的一位。1895—1900 年，他在密歇根指导农民学社，并于 1898 年建议密歇根农学院成立推广部。1904 年，巴特菲尔在美国农学院和试验站联合会（Association of American Agricultural Colleges and Experiment Stations）发表演讲，呼吁在农民中间开展宏大的推广工作。1905 年，在巴特菲尔的努力下，联合会设置推广委员会（Committee on Extension），并向农业部试验站办公室（Office of Experiment Stations）申请资金，用于调查农业推广教学，协助学院组织工作，通报这种农业教育形式的新进展。

(4) 进步主义运动与乡村生活委员会

将信息和知识传播给农民的推广工作并不是孤立地发生在农业领域和农村地区，联邦、州和地方政府的合作也不仅限于农业事务。这些活动是在更广阔的社会背景下发生的。发生在从 1898 年西班牙-美国战争结束到 1914 年第一次世界大战爆发之间的进步主义运动（Progressive Movement）及在其影响下成立的乡村生活委员会，就是广阔背景中具有重要影响的力量。进步主义运动兴盛的时代也被誉为"美国农业的黄金年代（The Golden Age of American Agriculture）"。[2]

在 20 世纪初期许多致力于培训农民的教育项目，都是进步主义运动影响美国人生活的一个方面。罗斯福（Theodore Roosevelt）总统、政治家拉弗雷特（Robert M. La Follette）、经济学家伊利（Richard Ely）、哲学家杜威（John Dewey）和教育家巴特菲尔（Kenyon L. Butterfield）都是进步主义运动中的代表性人物。这项运动从来不是一个单独的团体追求一个单独的目标，在政治、经济、教育、自然资源等方面，进步主义都提出了他们的要求。

进步主义者攻击腐败和低效的政府，主张用经过训练的专家进行决策，要求给予妇女投票权、参议员普选和进步性质的收入税，保护童工和劳动人民的权益，保护自然环境。他们相信教育在改变美国人民生活中的价值，主张实用性的知识应成为教育的主要内容。此外，进步主义者还鼓励地方政府、社区和民众积极参与政治生活，这一理念成为由联邦、州、地方政府和农业社区的代理人联合赠地院校开展"合作推广"思想的重要基础。

尽管农业问题不是那个时代的中心议题，但罗斯福还是在 1908 年成立了乡村生活

---

① RASMUSSEN W D. Taking the University to the People—Seventy-five Years of Cooperative Extension [M]. Ames：Iowa State University Press，1989：41.

② Ibid．：37.

委员会（Country Life Commission），负责报告"当前乡村生活条件；能够弥补现存不足的可获得的方法；组织调查和实际工作的永久努力的最佳途径"，以改善乡村生活环境。[1]

委员会的第一位主任是来自赠地学院当时的领头羊——纽约州立农学院（New York State College of Agriculture）的 Liberty Hyde Bailey 教授。Bailey 先后在密歇根农学院（Michigan Agricultural College）和哈佛大学学习，并在密歇根农学院和康奈尔大学农学院任教多年。在园艺和植物学方面，Bailey 具有相当高的声望。更重要的是，他因为坚持研究成果必须及时传递给农民而为全国人民所熟知。[2] 在 Bailey 领导下，乡村生活委员会通过演示项目和推广学校（extension schools）不仅为乡村的年轻人，而且为成年人学习知识、改善生活质量提供了帮助。在此过程中，委员会充分意识到由农学院负责推广工作是非常有用的。据此，委员会向总统提供了工作报告，并特别提议：[3]

> 全国性的推广工作——每个州的农学院应该被授权根据实际情况尽快组织一个完整的学院推广部门（department of college extension），负责使信息和鼓舞人心的事能够传达给这个州的每一个人。他们的工作应包括下列推广教育形式：演讲、公告、阅读课程、函授课程、演示及其他能使民众在家里和他们的农场接受知识的途径。工作内容不仅包括农业产业，还应包括卫生保健、教育、家庭制作和有益于乡村生活的所有方面。

无疑，正像赠地院校的其他活动，推广工作并不是在史密斯-利弗法案通过之后才有的。联邦农业部、赠地院校及农业试验站、农民学社等农民社团都曾开展过各种形式的推广工作。对美国人民生活和政治生态具有深刻影响的进步主义运动使合作推广具有了非正式制度上的合法性，为正式制度的形成创造了条件。

4.3.2 史密斯-利弗法案的通过

1909 年 12 月 15 日，在美国农学院和试验站联合会推广委员会（Committee on Extension，Association of American Agricultural Colleges and Experiment Stations）建议报告的基础上，来自密歇根的众议员 J. C. McLaughlin 首次向众议院（House of Representatives）农业委员会（Committee on Agriculture）提交了建议由联邦拨款，州政府提供配套资金用于资助赠地院校开展推广工作的议案。[4]

自 1909 年 12 月到 1913 年底，每年均有相关议案提交给农业委员会，但都没有获

---

① RASMUSSEN W D. Taking the University to the People—Seventy-five Years of Cooperative Extension [M]. Ames：Iowa State University Press，1989：41.

② Ibid.：43.

③ Ibid.：44.

④ Ibid.：46.

得通过。引起争论的议题包括：① 议案建议合并职业教育（vocational education）和推广工作，引起了开展职业教育的学校的不满。资金是应交由赠地院校还是农业部？或者是二者联合？州农业局要不要参与？要不要专门规定对黑人的推广资金？对于有多所赠地院校的州，具体哪一所可以接受推广资金？

修改后的议案，在 1913 年 12 月 6 日分别由来自南卡罗来纳的众议员 Asbury F. Lever 和来自佐治亚的参议员 Hoke Smith 介绍给众议院和参议院。经过修改的议案"提供了州农学院与联邦农业部之间合作的农业推广工作"。② 国会表决通过后，1914 年 5 月 8 日，威尔逊（Woodrow Wilson）总统签署了史密斯-利弗法案。威尔逊总统称该法案为"政府制订的对成人教育最有意义，影响最为深远的政策之一"，"将确保农村地区拥有高效和令人满意的人力资源"。③

史密斯-利弗法案的目的在于"帮助在美国民众中间传播有关农业和家政的实用信息，并鼓励这些信息的应用"。农业推广站的工作包括："在社区向那些未进入学院的个人和家庭提供农业和家政科目的教学及实践演示；通过田间示范、出版物及其他方式向这些人提供农业和家政信息"。④

根据法案，每个州将接收到 10 000 美元的联邦年度资金（总共 48 万美元）；第二年拨付 60 万美元，以后 7 年，每年增加 50 万美元；直到年度总拨款额达到 410 万美元。从第二年开始的联邦资金，将按照每个州农村人口占全国农村总人口的比例分配。而从第二年开始拨付的资金，需要由州立法机关或"州、郡、学院、地方当局或州内私人捐资"予以补偿（offset）或配套（match）。在联邦资金拨付给各学院之前，推广工作每年的执行计划须提交并经农业部长同意。⑤

4.3.3　史密斯-利弗法案的意义

史密斯-利弗法案，部分是为了避免赠地院校农学院、农业部及其他政府机构推广工作的重复，⑥ 在项目的管理和执行过程中有许多不同于联邦其他法案的规定。从某种意义上讲，史密斯-利弗法案在立法上比在教育上更具重要性，⑦ 因为它是美国第一个要求州提供与联邦拨款同等数量经费补助的法案。而由于立法规定的独特性，许多管理上的问题需要在法案正式开始执行之前得到解决。

为此，美国农学院和试验站联合会执行委员会（the executive committee of the Association of American Agricultural Colleges and Experiment Stations）起草并与农业部经过多轮协商，决定与每个州负责合作推广的赠地院校签署备忘录。在 1914 年，除亚

---

① RASMUSSEN W D. Taking the University to the People—Seventy-five Years of Cooperative Extension [M]. Ames：Iowa State University Press，1989：46－48.

② Ibid.：47.

③ Ibid.：48.

④ Ibid.：49.

⑤ Ibid..

⑥ 李素敏. 美国赠地学院发展研究［M］. 保定：河北大学出版社，2004：97.

⑦ Ibid..

利桑那（Arizona）和加利福尼亚（California）外，其余各州均接受了备忘录。后来亚利桑那大学（University of Arizona）也接受了备忘录，但伊利诺伊大学（University of Illinois）退出了。[①]

1914 年的协议为合作推广服务系统的发展奠定了重要的组织和财政基础。尽管后来多次对这一协议进行补充和修订，但其中的一些基本思想近 100 年来一直没有改变。协议规定农业部在各州开展的所有推广工作须由各州农学院承担；由史密斯-利弗资金资助的代理人，属农业部和农学院联合雇用，但他们无须农业部任命，由各州农学院和地方政府自主任命即可；农业部同意设立推广工作办公室（Office of Extension Work）负责推广工作和与学院的联系；学院则同意设置单独的推广部（separate Extension division），由农业部长满意的人负责，管理州和联邦推广资金；学院开展的农业和家政等方面的推广工作与农业部全面合作。[②]

这些基本原则加强了赠地院校与农业部的联系，使推广工作更加体现了国家意志。农业改善的两股巨大的国家力量，现在并入一种制度。[③]

在法案通过后的三年时间里，合作推广组织在全美每一个州均已建立，[④] 赠地院校与联邦农业部、州与郡之间在推广工作上的督导、人事聘用和财务关系也都得到理顺。

史密斯-利弗法案规定了州及地方政府应负的财政责任，也赋予了他们应有的权利；法案虽由国会农业委员会提议，但幕后是赠地院校和联邦农业部的努力。

将知识传播给劳动阶层的梦想，在经过 50 余年（1862—1914）之后终于得到实现，教育、科研和推广合在一起的独特的农业服务体系在美国建立，成为美国众多特立于世界的制度之一，为美国的教育民主化、农业的强盛和平安度过历次危机提供了组织保障和坚实的制度基础。

4.4　体系建立与完善的制度逻辑

正如第 3 章和本章前三节所展示的，美国赠地院校及其农业服务体系的兴起并不是一个单独的教育现象或经济现象，如果把它们放入更广阔的经济、政治、文化背景之中，用制度的透镜观察，一些长久以来未曾引起注意的线条将描绘出另一幅图景。

不妨将"赠地院校"视为高等教育组织中的一类，该类组织的目标在于通过教育将知识传递给所有人民，并借助正式的机构网络创新知识、应用知识。由此可以将"农业服务体系"视为一组正式制度与非正式制度的集合，该集合包括正式制度，譬如 1862 及 1890 莫里尔法案、1887 哈奇法案和 1914 史密斯-利弗法案，及此后国会通过的这些法案的修正案，与农业教育、科研和推广相关的其他法案（参见附录 1）；也包括非正

① RASMUSSEN W D. Taking the University to the People—Seventy-five Years of Cooperative Extension [M]. Ames：Iowa State University Press，1989：50.

② Ibid. .

③ 李素敏. 美国赠地学院发展研究 [M]. 保定：河北大学出版社，2004：98.

④ RASMUSSEN W D. Taking the University to the People—Seventy-five Years of Cooperative Extension [M]. Ames：Iowa State University Press，1989：69.

式制度，譬如英国传统学院的影响、殖民地学院的管理模式、德国"洪堡原则"、进步主义运动、农业社团的活动；另外，还有一些非控制性因素，譬如独立战争、美西战争、1873 大恐慌、第一次世界大战，等等。

制度理论的一个核心要素是，承认组织可能采取其自身的一种逻辑，并追求它们自己的独特利益。这些利益，正如大多的多元主义者和马克思主义者对政治的解释，不能还原为公民社会中的竞争性群体之间的利益，① 因为这些利益只有合在一起才能实现。制度理论另一个核心要素是，无论是教育场域中的还是其他场域中的组织政策与结构，都不会像镜子一样反映更大社会中的权力配置情况。相反，在某种情况下，组织的政策和结构可能较少体现外群体的利益，而更多地体现组织自身的逻辑。②

赠地院校的创设，即这类组织的形成，是 1862 和 1890 莫里尔法案的结果，其创设过程即充满了各种冲突。譬如联邦与州之间权力分配的权力冲突，公共土地财政目标与发展目标的经济冲突，东部、西部和南部之间的政治冲突，旧式学院宗教和"自由教育"与以世俗化、实用化为方向新教育之间的理念冲突，通过赠地院校的创设，这些冲突部分地得到解决，但新的冲突也不断涌现。

自赠地院校这类组织形成之后，它的发展变化就是在不断解决冲突的过程中完成的。这个过程的发展以正式制度的公布为显性标志，集合了众多关键因素的非正式制度也是这一过程的主导力量。在这个过程中，正式制度的建设速度和成功率依赖于它与非正式制度的匹配程度。组织的逻辑和制度性利益便通过冲突过程和匹配过程得以实现。

有些制度性利益是预先就由法律或市场过程给定的；③ 但在更多的情况下，如赠地院校和农业服务体系的案例中，这些制度性利益是在特定结构和空间背景中历史地形成的。在这些环境中，存在显著的权力结构和机会空间，进而约束着决定组织逻辑和制度性利益的因素。

4.4.1 权力的结构与制约

美国赠地院校和农业服务体系的形成，是在一个更大的权力和社会结构场域中发生的。制度分析的一个关键任务是确定和描述这些场域，并揭示它们如何影响和制约运行于其中的组织。由于组织形式是历史地形成的，这种分析在特征上似乎必然是历史的分析。④

权力是一个一般性的、综合性的术语。它包括完全强制性的控制，以及以非威胁性的说服和建议为基础的控制。⑤ 在美国赠地院校和农业服务体系的构建中，有三个权力中心影响着组织的发展路径和制度性利益的形成及实现。

政府机构是影响赠地院校及农业服务体系的第一重要的权力中心，可以称之为政府

---

① 布林特，卡拉贝尔．制度的起源与转型：以美国社区学院为例［A］．沃尔特·W. 鲍威尔，保罗·J. 迪马吉奥，主编．姚伟，译．组织分析的新制度主义［M］．上海：上海人民出版社，2008：369.

② Ibid..

③ Ibid..

④ Ibid.：370.

⑤ 霍伊，米斯克尔．教育管理学：理论 研究 实践［M］. 7th ed. 范国睿，主译．北京：教育科学出版社，2007：197.

权力中心。毋庸讳言，"赠地"即来自国会对公共土地的处置，直接导致了赠地院校的诞生。而此后，联邦议会通过，并经总统签署的法案为赠地院校及农业服务体系提供了最基本的财政支持，型塑了最基本的组织结构框架。而且，在制度稳定后，农业服务体系所依赖的资金全部由联邦政府（通过农业部）掌管。联邦及州的议会和政府几乎为赠地院校及农业服务体系提供了运行所需要的所有资源。

政府机构的热情很容易理解，因为在组织形成和制度构建过程中，他们获得了许多直接和间接的利益，也解决了许多显性和隐性的冲突。譬如，借助 1862 莫里尔法案的通过，联邦政府实现了鼓励定居者向西部流动的发展性目标，联邦政府的权力也在州政府的势力范围内得到扩大，并且平息了东部对联邦在公共土地处置方式上的不满，联合了北部和西部各州，有力地遏制了南部分裂行为所导致的国内形势恶化，同时达到发展西部和抚慰东部的目的。

但是，我们也不能因此认为，政府会简单地把其意志强加给高等教育组织。在赠地院校的案例中，利用公共土地以实现联邦政府的经济和政治目的，是 1862 年莫里尔法案得以在国会通过并被签署为法案的重要动机，但法案并未无视社会文化条件而支持一般的或传统的"自由教育"。同时，尽管 1862 莫里尔法案要求开展"农业、机械工艺科目的教学和军事训练"，但并没有禁止赠地院校开设传统课程，这样做既伸张了政府的意志，又缓解了传统学院对创办赠地院校的敌意。

而反过来，当赠地院校这类组织诞生之后，肯定存在政府要求扩张农业等实用学科，培养国家急需人才的情况，也肯定存在政府对赠地院校主张的政策提供财政支持的情况（尽管不是很常见，但却通过 1887 哈奇法案和 1914 史密斯-利弗法案成为现实）。但是，更常见的，则是赠地院校通过实施它们认为会获得政府赞同的政策，而努力奉迎政府的偏好。当一个组织向另一个更有权力的组织主动表现出这样的行为时，人们往往称之为预期从属或依附（anticipatory subordination）。[①] 在这种意义上看，赠地院校对政府和农业社团等产业组织的反应是相似的。为迎合政府关键部门官员的偏好，以获得其认可，赠地院校和它的竞争者们通过积极表现，使政府相信自己能够满足他们的需要，从而得到政府官员和产业组织的积极回应。

然而，赠地院校与政府机构之间的关系，并不像资源依赖模型所表述的那样简单和直接，而是复杂和间接的。立法者在高等教育中的利益，超过了他们为产业提供受过培训的从业者的利益，甚至有时候与后者相冲突。[②] 因为专门的职业培训会挤占高等教育的市场，需要政府对高等教育更多的补贴。立法者希望给更多的人提供教育机会，开展农业和食品专业的科学研究，为社会服务活动提供人力、设施和手段。美国赠地院校及其农业服务体系具有很多非职业教育功能，对于立法者是很有吸引力的。因此，赠地院校培训农民的潜在贡献，仅仅是它的一个"卖点"，即只是吸引政府财政支持的众多原因中的一个。

---

① 布林特，卡拉贝尔. 制度的起源与转型：以美国社区学院为例［A］. 沃尔特·W. 鲍威尔，保罗·J. 迪马吉奥，主编. 姚伟，译. 组织分析的新制度主义［M］. 上海：上海人民出版社，2008：372.

② Ibid..

另外，还需考虑政府的惰性趋势。一旦赠地院校在高等教育、农业科学研究、农业产业促进和农村社区发展中的作用得到认同，政府对于它们的活动进行密切审查的情况就会大大减少。对于赠地院校，关键的是要在一种彼此之间存在特定关系的制度所组成的制度链条中，创造一种立法者肯定会支持和接受的意义与位置。① "在经济繁荣和政府对大学的财政开支大量增加时，大学所享有的自治性往往会最大限度地提高。而在经济衰退和财政紧缩时期，各级政府往往会以促进经济繁荣为方向，推动高等教育改革，促进高等教育直接为经济服务，从而有利于职业教育的发展。"②

农业社团等行业组织是第二个权力中心，可以称之为市场权力中心。就像大多数的国会活动，1862莫里尔法案等立法活动也被社会力量影响。当然，并不是所有的人对法案的通过有特殊或完全的兴趣。显然，农业社团等行业组织是对农业服务体系的建设最感兴趣的群体，也是最愿意发挥影响的群体。行业组织并没有直接插手赠地院校开展的高等教育活动，也没有作为独立的力量成为农业试验站和合作推广的主体之一，但它们在结构上对赠地院校及农业服务体系影响是显而易见的。教育组织把他们的学生直接输送到由农业社团等行业组织成员提供的工作结构或工作单位中；行业组织的成员肯定愿意使用经过培训和具有专业技能的员工，以保证自己长久的利益。在社会生产中占据重要位置的产业，很容易影响毕业生的就业市场，也影响到教育组织，特别是高等教育组织的内部机构和运行制度安排。因此，即使没有任何积极的直接利益，赠地院校也必须把行业组织的态度考虑进来。行业组织这种在不进行直接干预的情况下影响其他组织活动的能力，被称为结构性权力。③ 从这种观点看来，正是由于在社会生产中占重要地位的产业及其行业组织成员对教育组织"产品"的关键影响，使其根本不需要进行任何积极行动的情况下，对其他组织（包括高等教育组织）的行为产生实质而深刻的影响。④

当然，尽管行业组织成员的结构性权力值得重视，但并不意味着他们从不会试图把他们的意志积极地强加给赠地院校，他们也不缺少把自己组织起来进行集体活动的能力。农业社团等行业组织对高等教育制度的控制权力，比起直接影响来要微妙和深刻得多。赠地院校的领导们，尽管很少公开表达，但从来不会忽视农业社团等行业组织的声音。

旧式学院和其他高等教育机构是影响赠地院校发展路径和农业服务体系制度性利益实现的第三个权力中心，可以称之为学术权力中心。赠地院校的形成和发展，并不是由教育界人士和大学行政管理人员设计，它们一开始就面临着一种由传统私立大学所支配的环境。在赠地院校出现之前，美国大部分的高等教育机构通常属于私立，尽管有时也得到公共财政的资助，但并不承担过多的社会义务，主要职能是传承知识和培养人才，而且也仅限于牧师、律师、医生、公务人员等。虽然旧式学院只是为美国社会中的少数人培养人才，但这些少数人却居于社会上层，把持着社会声望最高的几个职业。赠地院校在一开始所面临的基本问题是：已经占据有利地位的私立高等教育机构对公共投资的

　① 布林特，卡拉贝尔．制度的起源与转型：以美国社区学院为例 [A]．沃尔特·W．鲍威尔，保罗·J．迪马吉奥，主编．姚伟，译．组织分析的新制度主义 [M]．上海：上海人民出版社，2008：372.

　② Ibid..

　③ Ibid.；371.

　④ Ibid..

争夺和对大多数有较高社会地位职位的垄断。美国赠地院校及其农业服务体系的发展，就是不断寻求同盟者扩大自身获取公共财政资助的合法性，不断寻求社会需求与旧式学院的供给之间空隙的渐进性过程。譬如，通过 1890 莫里尔法案，赠地院校获得了扩大课程范围的动力。

4.4.2　机会场域与组织优点

对组织制度性利益的分析，不可避免地要对制约其活动的权力结构进行研判，更重要的是，还应对仍然是开放性的、可以进入的机会场域进行评估。机会场域包括环境中适合组织生存和发展的潜在微观生存环境，同时涉及这些机会空间中组织竞争的相对激烈程度。[①]

这种分析，与"组织（类似于生物种群的组织）会'适应'其环境"的思想一致，也与我们对影响开放性"空间"的权力中心的分析发现一致，还与阿什比"任何大学都是遗传与环境的产物"[②] 的观点相一致。环境适应理论认为，如果组织能够适应现有组织生态中的生存环境，那么它就能够存活下来（尽管还不能由此判断出它是否能保持长久存在或茁壮发展）。因此，我们可以把组织的发展视为对环境中自由和开放性空间的搜寻和利用过程。[③]

赠地院校的机会场域中最大的机会当然是美国在成立初期时拥有的大片未开发的公共土地。正是由于丰沛的土地所转化成的办学资源才使"赠地"院校得以成立。而土地的"公共"性质直接导致赠地院校的开办必须是面向"公众"的，这与美洲大陆早期贵族化的高等教育机构形成了鲜明的对比。由此形成了赠地院校第一项组织优点，或者说组织的专属能力——关注教育民主。

凭借关注教育民主的组织优点，赠地院校在高等教育历史中的三个方面体现出了其革命性[④]：（a）使劳动阶级有机会进入大学获得学位；（b）使所有的课程都被涵盖在学术议程中；（c）使那些不具有资格或永远不可能进入大学学习的人有机会获得新知识。从而，农业社团等产业组织的成员及其子弟可以享有与法官、医生等传统上层社会人士同样的受教育权利。

赠地院校先是为女性，后又通过 1890 莫里尔法案为黑人提供了高等教育。后来又通过 1994 年的教育赠地身份公平法案（Equity in Educational Land Grant Status Act）给予印第安人部落学院"赠地学院"身份，开展面向印第安人的高等教育项目；2008 年的粮食、自然保护区和能源法案第七条（农场法）[Title Ⅶ of Food，Conservation

---

① 布林特，卡拉贝尔．制度的起源与转型：以美国社区学院为例［A］．沃尔特·W. 鲍威尔，保罗·J. 迪马吉奥，主编．姚伟，译．组织分析的新制度主义［M］．上海：上海人民出版社，2008：372.

② ASHBY E. Adapting Universities to a Technological Society［M］．San Francisco：Jossey-Bass Publishers，1974.

③ 布林特，卡拉贝尔．制度的起源与转型：以美国社区学院为例［A］．沃尔特·W. 鲍威尔，保罗·J. 迪马吉奥，主编．姚伟，译．组织分析的新制度主义［M］．上海：上海人民出版社，2008.：373.

④ MCDOWELL G R. Engaged Universities：Lessons from the Land-Grant Universities and Extension［R］．Sage Publications，Inc. in assocation with American Academy of Political and Social Science，2003.

and Energy Act of 2008（Farm Bill）] 为"西班牙语服务农业院校"提供高等教育资助，促进了西班牙裔高等教育项目的开展。

除了对接受教育的学生表现出民主化的特性外，赠地院校在高等教育的内容上也表现出非同寻常的"民主"，即赋予农业、机械工艺等实践性学科与数学、英语、哲学等理论性学科同样的地位。赠地院校使所有人类学术和科学探索的所有努力合法化。在他们成立之前，学术努力很大程度上定义在历史、神学、艺术与文学、法律和医学。这种学术性质的重大范式转变即深刻的民主。① 由此诱发了赠地院校对科学研究的特殊兴趣。因为唯有通过准确、精深的研究才能证明实践性学科的学术价值。这意味着，研究能够提供科学的洞察并回答人们日常生活的问题。许多赠地院校未等 1887 哈奇法案通过，就已在开办之初设有试验农场，这就是明证。而且，随着 1887 哈奇法案和 1914 史密斯-利弗法案的通过，联邦资金不仅被用于支持组织农业和工程领域的研究，而且通过合作推广服务支持将新知识直接传播给公众。

在教育内容和形式上突出实践的特点，形成了赠地院校的第二项组织优点——注重实践。而从机会场域的视角来看，这项组织优点利用了既存高等教育组织偏爱贵族化"自由教育"而忽视世俗化人才培养、实践性学科发展的机会空间，也利用了社会生产迅速繁荣、经济快速发展形成的实用学科人才不足的人才市场契机。这一举措彻底改变了传统高等教育"象牙塔"的形象，也为后来开展合作推广服务奠定了基础。

赠地院校在机会场域中得到的第三个机会空间是政府，特别是联邦政府，控制高等教育的企图和行动。美国独立之前和独立初期的高等教育机构几乎全部属于私立，尽管它们没少获得政府的资助，但政府意志很难在这些机构中得到贯彻和执行。受宪法所限，联邦政府对各州高等教育的干涉不仅无效而且常常招致猛烈的批评。南北战争后，国家主义的思想观念在全国得到认同，因此，通过赠地院校的设立，政府（包括联邦政府和州政府）自然而然地获得了对高等教育市场的一定的控制力，而在这样的机会空间中，赠地院校获得了自身的第三项组织专属能力——与政府的紧密联系。当然，农业的特殊重要地位使这一专属能力得到进一步强化。

赠地院校的第四项组织优点是——全国性的网络。1862 年莫里尔法案规定，各院校须向其他赠地机构和农业部主管提交关于各自发展和费用的年度报告；1887 年哈奇法案要求各试验站提供年度报告，并广为传播；1914 年史密斯-利弗法案要求在联邦资金拨付给各赠地机构之前，推广工作每年的执行计划须提交并经农业部长同意。在立法支持下，赠地院校结成了一个全国性的网络，② 不仅包括所有的赠地院校及其附属机构，还包括联邦农业部。这样，原本各个弱小的赠地院校在国会中就有了发言的机会。这项组织优点并不是因为利用某种机会空间而形成，而是为了保护其他的机会空间而形成。这种保护机制是通过构建组织的"合法性"完成的。

---

① CAMPBELL J R. Reclaiming a Lost Heritage：Land-Grant and Other Higher Education INitiatives for the Twenty-first Century [M]. Ames：Iowa State University Press，1995：26.

② JOHNSON E L. Misconceptions About the Early Land-Grant Colleges [J]. The Journal of Higher Education，1981，52（Jul.-Aug.）：333-351.

任何组织都希望得到社会的认可，即寻求"合法性"，合法性约束了组织的行为，但可以帮助组织提高社会地位，得到社会承认，从而促进组织内外资源的交换。赠地院校通过组建全国性的网络，扩大了组织在社会中的话语权，争取到了较高的社会影响力，赢得社会认可，而赠地院校其他的机会空间也因此受到保护。

赠地院校在机会场域中寻找到的空间和形成的组织优点（或称之为组织专属能力），均与权力中心的要求密切相关，是其自身及农业服务体系赖以存在和发展的基础，表现出组织对合法性的追求，构成实现它们制度性利益的基本保障。

需要指出的是，美国赠地院校及其农业服务体系面临的机会场域和形成的组织优点，均可能受到来自传统的私立大学和新成立的州立大学的竞争，但通过与前者的竞争和与后者的联合，赠地院校获得了更大的发展。

4.5　本章小结

1862 年，联邦存亡尚且未知，非同寻常地，战争时期美国联邦国会和政府的目光转向了教育议题。法案既没有由农业委员会提交，也没有专业的教育机构参与，印证了第 3 章所描述的，赠地院校的创设承载了多重冲突。而法案的通过过程，则展现了共和党与民主党之间党派冲突的影响力。值得注意的是，1862 莫里尔法案，第一次，联邦的土地赠予被用于支持所有的州的高等教育，并且国会规定了专门的限制和条件，实现了联邦权力对州权力的渗透。

赠地院校在初期遇到了相当大的困难。资金、师资和学生数量匮乏，课程体系混乱。敌意的旧式学院与不满的农民组织，给新成立的赠地院校造成了很大的压力。在农业科学家的支持下，赠地院校的领导们争取到了联邦政府的支持，1887 哈奇法案得以通过，开创了联邦政府可以使用高等教育机构作为国家政策工具的先例，也使赠地院校具备了形成"研究型"机构的组织和制度保证。随后的 1890 莫里尔法案又为赠地院校提供了更多的联邦拨款，支持了黑人高等教育，更重要的是，为赠地院校除农业和机械工艺以外的学科提供了资助，使赠地院校开始突破"农业和机械工艺专门学院"的局限，向着真正的"大学"迈进。

合作推广系统有着多个源头，受到多种因素的影响，赠地院校和联邦农业部是推动建立这一系统的主要力量。1914 史密斯-利弗法案在建立了全国性合作推广系统的同时，实现了美国立法历史上的又一突破，第一次，各州须提供相应的配套资金。至此，美国农业服务体系得以形成，将知识传播给劳动阶层的梦想，经过五十余年（1862—1914）后终得实现，为美国的教育民主化、农业的强盛和平安度过历次危机提供了组织保障和坚实的制度基础。

在美国赠地院校及其农业服务体系形成的过程中，政府权力中心、市场权力中心和学术权力中心都发挥了它们独特的作用，为体系的建立提供了广阔的机会空间，并形成了赠地院校关注教育民主、注重实践、与政府紧密联系和全国性网络等四项组织优点。美国赠地院校及其农业服务体系在更宏大背景下的合法性也因此建立起来。

5 | 制度的调适：合法性与效率的博弈

经过五十余年（1862—1914）的斗争和协调，各种冲突在赠地院校及农业服务体系的制度框架下得到妥协，达成了制度的均衡，完成了制度合法性的构建。制度的稳定需要通过实现一定的效率来保证，随着制度环境的变化，合法性的内容与组织对效率的追求能否保持一致？制度是如何调整和适应合法性与效率之间张力的？

5.1 美国农业服务体系的组织架构

教学、科研和推广并不是新的概念，但将这些职能整合在一个机构里面却是高等教育中鲜有的方式，这种方式对美国和世界产生了长久的正效益。赠地院校、农业试验站和合作推广站构成美国农业服务体系的基本架构，这一体系有着不同寻常的持久活力。这种三项职能的并列和管理责任创立的不仅仅是一种研究系统，而且是一种研究和开发系统。[①]

相关法案为美国赠地院校及其农业服务体系的建立和完善奠定了基础，也确立了相应的管理架构。围绕教育、科研和推广三项任务，联邦政府、州政府、郡政府及各郡（或区域）推广办公室与赠地院校农学院及其试验站在立法支持下，围绕任务目标协同合作，实现着制度所赋予的意义。

5.1.1 联邦、州与地方层面

以赠地院校为依托的美国农业服务体系的管理现状，可以通过建立三横三纵的文字坐标来描述。

这个体系在横向上分三个职能：教学、研究和推广。教学工作主要由农学院及兽医院、林学院等机构承担，农业试验站承担部分研究生的培养任务，合作推广站承担大部分的成人教育项目。研究工作主要由农业试验站和农学院承担，合作推广站协作进行。推广工作是合作推广站的主要职责，农学院给予项目指导和人力支持，州和郡政府协助。

在纵向上分三个层次：联邦政府（通过农业部）、州政府（通过赠地院校农学院和

---

① HOLT D A. Agricultural Research Management in U. S. Land-Grant Universities：The State Agricultural Experiment Station System［A］. In Loebenstein，G. and G. Thottappilly.（Eds.）Agricultural Research Management［M］. Dordrecht，（Netherlands）：Springer. Inc.，2007：232.

农业实验站）、区域或郡合作推广办公室。联邦政府注重研究和各系统间的协调与配合；赠地院校和农业实验站注重研究和学历教育；区域或郡合作推广办公室注重推广和非学历教育。

在联邦政府层面，农业部内部有专门主管研究、教育和经济（research，education and economics，REE）副部长。REE 的使命是努力打造一个安全、可持续、有竞争力的美国食品和纤维系统，通过整合研究、分析和教育使社区、家庭和青少年变得强壮和健康。[1] REE 有四个分支机构：农业研究服务局（包括国家农业图书馆）（Agricultural Research Service，ARS，including the National Agriculture Library）、经济研究服务局（Economic Research Service，ERS）、国家农业统计服务局（National Agricultural Statistics Service，NASS）和合作的州研究、教育与推广服务局（Cooperative State Research，Education，and Extension Service，CSREES）。其中前三个机构与林业服务局（Forest Service，FS）一起组成了美国农业部内部的研究分支；CSREES 负责资助外部的研究、合作推广、教学支持和培训的伙伴资金项目。[2] 根据 2008 年食品、保护区和能源法案（农场法）［The Food，Conservation，and Energy Act of 2008（the Farm Bill）］，CSREES 从 2009 年 10 月 1 日起更名为国家食品和农业研究院（National Institute of Food and Agriculture，NIFA）。[3]

在州层面，每个州都至少有一所负责综合性的农业研究、教育和推广项目的赠地院校，在各赠地院校，研究、教育和推广这三项职能直接由同一位院长，通常是农学院院长掌管。大多数情况下，农学院院长也是研究、教育和推广的负责人。[4] 但是，一般情况下，联邦农业部并不直接与各州赠地院校农学院的院长打交道，而是通过美国公立与赠地大学联合会（APLU）协调农业部与赠地院校及其农学院之间的关系。

另外，联邦农业部把全国 50 个州，按照地理位置分为东北部、中北部、南部和西部四个区域，每个区域也都有相应的召集人分别负责各自区域的资料统计、项目评估、工作协调和指导等。[5] 一些全国性的信息也按照区域采集。

在地方层面，通常存在研究和推广系统基层机构，特别是推广系统。农业试验站一般建在赠地院校所在的地区，但在赠地院校所在州的其他郡也可能会有农业试验站；绝

① USDA. USDA Mission Areas [EB/OL]. http：//www. usda. gov/wps/portal/! ut/p/_ s. 7 _ 0 _ A/7 _ 0 _ 1OB? navid＝USDA _ MISSION _ AREAS&parentnav＝AGENCIES _ OFFICES&navtype＝RT. Last Update 2009 - 10 - 14. Retrieved 2010 - 02 - 03.

② COMMITTEE ON THE FUTURE OF THE COLLEGES OF AGRICULTURE IN THE LAND GRANT U-NIVERSITY SYSTEM，BOARD OF AGRICULTURE，NATIONAL RESEARCH COUNCIL. Colleges of Agriculture at the Land Grant Universities：A Profile [M]. Washington，D. C. ：National Academy Press，1995：58.

③ CSREES. About CSREES [EB/OL]. http：//www. csrees. usda. gov/about/about. html. Last Update 2009 - 03 - 18. Retrieved 2009 - 07 - 03

④ HOLT D A. Agricultural Research Management in U. S. Land-Grant Universities：The State Agricultural Experiment Station System [A]. In Loebenstein，G. and G. Thottappilly. （Eds. ）Agricultural Research Management [M]. Dordrecht，（Netherlands）：Springer. Inc. ，2007：232.

⑤ COMMITTEE ON THE FUTURE OF THE COLLEGES OF AGRICULTURE IN THE LAND GRANT U-NIVERSITY SYSTEM，BOARD OF AGRICULTURE，NATIONAL RESEARCH COUNCIL. Colleges of Agriculture at the Land Grant Universities：A Profile [M]. Washington，D. C. ：National Academy Press，1995：40.

大多数郡都有合作推广办公室，多个人口较少的郡可能由区域性的合作推广办公室负责。近年来，在美国农业部的主导下，全美范围内区域性的合作研究与推广工作得到加强。

5.1.2 赠地院校及农学院层面

农业服务体系在赠地院校内部的组织结构要稍微复杂些。各州及其赠地机构根据本州高等教育的管理实际和历史传统，在内部管理结构上不尽相同，有的即使是在同一州内，各院校之间也存在差异，但大致也是分为教育、科研和推广三个领域。

一般来讲，赠地院校与州立大学相似（大部分的赠地院校即本州的州立院校），在州议会的授权和批准下，各州会组成由州行政负责人、议会负责人、地方人士、院校校长、校友和学生等组成的董事会或理事会（Broad of Regents，或其他类似的称呼）管理本州公立大学的事务，如审核和批准预算、任命校长、成立或撤销学术机构等。

兽医、林业和家庭经济项目有时归在农学院，有时是单独的行政管理机构。实际上，农业与生命科学学院（College of Agriculture and Life Sciences）、人力资源与教育学院（College of Human Resources and Education）、林业与野生生物资源学院（College of Forestry and Wildlife Resources）和兽医学院（College of Veterinary Medicine）通常被称为"核心赠地学院"（"Core Land-Grant Colleges"），[①] 尽管在各赠地院校的名称可能有所差异，但任何一所赠地院校都会有这四所中的全部或部分。这些"核心赠地学院"也反映了赠地院校农业服务中教育项目的主要领域，它们可以共同接受由农业部负责的联邦政府常规拨款（如哈奇法案和史密斯-利弗法案资金），也可以共同接受州政府的相关配套资金。

随着农业技术的发展和学科的演化，越来越多的"核心赠地学院"所在大学对这些学院做出了调整，一个明显的变化是学院名称。在 1862 赠地机构成立 100 年后，所有的农学院仍然保持着它们成立时的称呼，要么是农学院，要么是农业与家庭经济学院。但在今天，仅有不到 1/5 的学院还保持着这些名字（表 5-1）。

表 5-1　1862 赠地院校相关学院名称的变化（百分比）

学院名称	年份				
	1962	1974	1988	1993	2007
农业（Agriculture）[1]	86	64	58	45	15
与家庭经济（and Home Economics）	14	8	8	7	1
与自然资源（and Natural Resources）	0	6	8	13	15
与生命科学（and Life Sciences）	0	14	14	15	13
与环境（and Environment）	0	4	2	4	4

① MCDOWELL G R. Land-Grant Universities and Extension into the 21st Century：Renegotiating or Abandoning a Social Contract［M］．Ames：Iowa State University Press，2001：48.

（续）

学院名称	年份				
	1962	1974	1988	1993	2007
院名中没有"农业"	0	2	6	9	49
其他[2]	0	2	4	7	3

注：1. 包括农业（Agriculture）和农业科学（Agriculture Sciences）；2. 指农业与生物科学（Agriculture and Biological Sciences）等含"农业"但不含表中所列学科的学院名称。

数据来源：1962、1974、1988 年数据来自 Myers, J. H. . Rethinking the Outlook of Colleges Whose Roots Have Been in Agriculture［M］. Davis：University of California, 1991：4 - 5. 1993 年数据来自 USDA Food and Agricultural Education Information System（FAEIS）；2007 年数据来自 FAEIS 2007 College Enrollment Survey - 1862Land Grant Institutions and Colleges. http：//faeis. ahnrit. vt. edu/reports/Fall _ 2007 _ Enrollment _ Survey/documents/Fall2007Enrollment - 1862 Colleges. pdf Report Date：20 - Oct - 08.

在一些院校，家庭经济和自然资源等学科已经发展成为独立的学院，如康奈尔大学的人类生态学院（College of Human Ecology）、亚利桑那大学的家庭与消费者科学学院（School of Family and Consumer Sciences）、伯克利加州大学的自然资源学院（College of Natural Resources）等，从而使接受赠地拨款的 1862 机构中不含"农业"的学院名称大幅增加。

在"农学院"和"农业科学学院"之后，最流行的是"农业与生命科学"，反映了对基础科学的关注。但自 20 世纪 80 年代末，随着自然资源和环境问题的凸显，"农业与自然资源"成为新的流行的学院名称。这种赠地院校农学院名称上不断增强的多样化，是赠地院校系统多样化的一个信号。[①] 这种多样化在今天更为普遍。

尽管在学院组织机构和管理方面存在差异，从系科的名称看，大多数 1862 机构农学院的绝大部分教职员工工作于主要影响农业生产的学术领域。譬如，农业工程、农学与土壤科学、动物科学、昆虫学、植物病理和其他具体的植物科学。

一些学院已经有了跨学科中心，其他学院正朝着多学科集聚的方向发展。[②] 合作推广职能有时由农学院院长负责（该院长通常也负责农业试验站），有时由大学的其他管理者负责。在一些农学院，学术事务办公室归于大学层面的管理之下，农学院院长由副校长兼任。亚利桑那大学农业与生命科学学院拥有典型的美国赠地院校及其农业服务体系的组织结构（图 5 - 1）。

综上所述，在组织结构上，美国农业服务体系比制度当初设计时有所变化。首先，尽管相关法案未对州、郡等地方政府的职责有太多规定，但它们明显受到鼓励而积极参与进来。这种鼓励，来自赠地院校和农业服务体系在本地经济社会发展中的效用和影响，即赠地院校和农业服务体系在效率上的追求；也来自赠地院校和农业服务体系对地方政府资助的渴望，即赠地院校和农业服务体系对地方政府在合法性上的依附。而基层

---

① COMMITTEE ON THE FUTURE OF THE COLLEGES OF AGRICULTURE IN THE LAND GRANT UNIVERSITY SYSTEM, BOARD OF AGRICULTURE, NATIONAL RESEARCH COUNCIL. Colleges of Agriculture at the Land Grant Universities：A Profile［M］. Washington, D. C. ：National Academy Press，1995：83.

② Ibid. ：84.

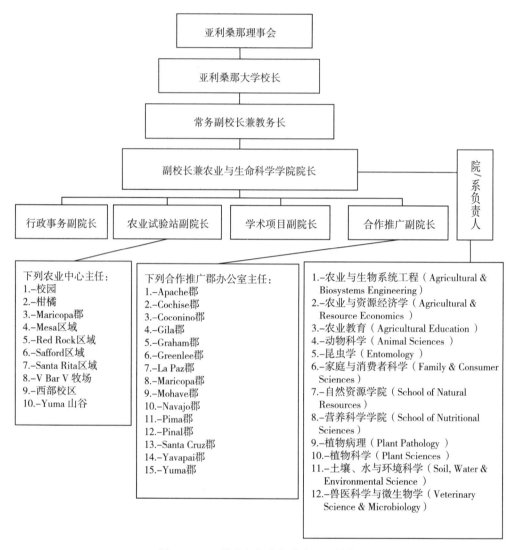

图 5-1　亚利桑那大学农学院组织结构

选民为获得赠地院校和农业服务体系提供的更好服务，也希望政府对其有所扶持。赠地院校和农业服务体系组织结构上的变化符合政府权力中心的要求，在对效率的追求中获得了一定意义上的合法性。

其次，在联邦政府和赠地院校之间，增加了以美国公立和赠地大学联合会（APLU）为代表的中间阶层。这种情况体现了权力中心的某种惰性。即一旦赠地院校和农业服务体系取得了权力中心的认可，它们的活动就会获得更少的严密审查，得到更多的自主。同时也应该注意到，在代替政府权力中心的 APLU 的作用下，尽管各州农业服务体系中部门的名称有所差异，但基本职能和结构却是相似的。即在结构上，制度朝着政府权力中心要求的方向发生变化。

5.2　美国农业服务体系内的资金分配机制

5.2.1　农业服务体系内资金分配整体情况

对应于管理架构，赠地院校支撑的农业服务体系资金主要来自联邦和州郡政府、部门，也享受地方社区和私人捐赠等用于高等教育或合作推广的资助。

美国公众有数十亿美元的利害关系来自赠地院校农学院的研究、推广活动及与其有密切联系的林学院和兽医院。1992 年，州预算资助了这些机构科研和推广所有花销的略少于一半的份额，联邦政府资助了大约 1/3 的科研费用和 1/4 至 1/3 的合作推广费用。[①]

而且，私人资金对农学院的财政状况和支持他们的研究项目的重要性在不断增加。在过去的最近 20 年内，私人资金对州农业试验站系统的资助比联邦和州提供的财政资助增加得迅速。私人资金包括来自企业和非营利组织、经销产品（譬如学院拥有的牲畜和牲畜产品）及许可证（审批）的收入，这些非公共来源的资金现在占到国家农业试验站和农学院研究经费的 19%。来自企业的资金，通常是商业团体（譬如那些牛肉、猪肉、大豆和小麦协会）通过售卖验证性试验项目的产品获得的收益，构成了非公共资金的大约 40%。[②] 尽管私人和地方伙伴资金的重要性在增加，但州和联邦资金仍然是美国农业服务体系的主要财政来源。

农业服务体系中教育方面的资金来源相对稳定，主要是学生学费和赠地基金。科研方面的联邦政府资助的结构正在从固定的常规拨款形式向基于科学价值的竞争性资助和国会专项资助形式转变。同时，对合作推广活动的支持自 1972 年开始也从联邦政府转至州和地方政府。在最近 20 年里，联邦政府对学院的研究项目的支持力度要强于对他们的推广活动的支持。[③]

联邦政府对农业服务体系的资助，主要通过联邦农业部国家食品和农业研究所（National Institute of Food and Agriculture，NIFA）管理和分配。根据 NIFA 的前身，合作的州研究、教育与推广服务局（Cooperative State Research，Education，and Extension Service，CSREES）的统计和 NIFA 的预算执行报表，从 1998 年至 2010 年，NIFA 掌管的资金总额稳步增加，2008 年后增幅提高（参见附录 3 和附录 4）。2010 财政年度[④]（以下简称财年，图表中简记为 FY）实际使用经费总额近 15 亿美元（图 5-2）。

---

① COMMITTEE ON THE FUTURE OF THE COLLEGES OF AGRICULTURE IN THE LAND GRANT U-NIVERSITY SYSTEM，BOARD OF AGRICULTURE，NATIONAL RESEARCH COUNCIL. Colleges of Agriculture at the Land Grant Universities：A Profile [M]. Washington，D. C.：National Academy Press，1995：75.

② Ibid. .

③ Ibid.：76.

④ "财政年度"比实际年份提前.

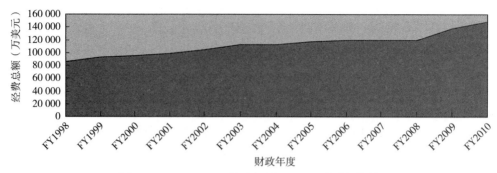

图 5 - 2 1998—2010 财政年度 NIFA 经费总额统计

注：2009 与 2010 财年数据分别根据 2010 和 2011 财年预算列出的 2009 与 2010 财年实际拨款项目和总数进行了调整。

数据来源：http：//www. csrees. usda. gov/about/offices/budget/hist _ funds-totals. pdf 3/5/2010；http：//www. csrees. usda. gov/about/offices/budget/fy10 _ budget _ table. pdf 3/5/2010；http：//www. csrees. usda. gov/a-bout/offices/budget/fy2011 _ budget. pdf 3/5/2010

5.2.2 农学院与农业教育

联邦资金通过四种资助机制用于在赠地院校农学院开展的各种项目：①由农业部管理的常规拨款；②国会交由农业部管理的给予指定机构或指定用途的专项资金；③由美国农业部拨付和管理的竞争性资金；④联邦其他部门和机构（也包括农业部内部不负责前三种资金的部门）提供的其他研究资金（或合作协议）。

农业、食品和自然资源科学领域的高等教育由美国农业部资助。主要的教育资金由农业部国家食品和农业研究所管理。这些资助主要包括：① 高等教育挑战性资助项目（Higher Education Challenge Grants Program）、高等教育多文化学者项目（Higher Education Multicultural Scholars Program）、1890 机构教学与科研能力建设资助项目、1890 机构设施资助项目（1890 Facilities Grants Program）、食品和农业科学国家需求研究生及本科生奖学金资助项目（Food and Agricultural Sciences National Needs Graduate and Postgraduate Fellowship Grants Program）。联邦农业部还特别设立"中学及二年制中学后农业教育（Secondary and Two-Year Postsecondary Agriculture Education）"和"农业教育在 12 级课堂（Agriculture in the K-12 Classroom）"项目，开展面向中小学生的农业教育。

通常，联邦农业部将用于教育活动的资金与用于科学研究的资金列在一起，按照项目内容予以分类。有些项目是永久性的，如哈奇法案资金；有些则是中短期的，如禽流感研究。根据需要，新的项目可以加入，旧的项目可以退出。1998 年 NIFA 拨付的科研与教育经费有 4 亿多美元，至 2010 年达到近 8 亿美元。附录 3 显示了 1998—2010 财政年度 NIFA 掌管的科研和教育经费按项目内容分类的情况。

---

① CSREES. About CSREES ［EB/OL］. http：//www. csrees. usda. gov/about/about. html. Last Update 2009 - 03 - 18. Retrieved 2009 - 07 - 03.

5.2.3 农业试验站系统

全部的州农业试验站系统都接受常规性的州财政拨款再分配。州农业试验站系统的预算可以编列在农学院的预算内，也可以编列在大学预算内、高等教育预算内或州预算内。因此，在一些机构，州用于支持农业研究的资金必须通过多个管理层次。[①]

一些农业试验站系统会或多或少地得到州预算的直接资金。农业试验站的预算完全列于州或学院代表了两种极端情况，大多数机构位于两者之间。

1890 莫里尔法案为黑人学院提供赠地资助。然而，直到 1967 年，这些学院才开始收到支持农业研究的直接的联邦政府资金。起初是通过"合作的州研究服务（Cooperative States Research Service，CSRS）"专项资金，后来是凭借埃文斯-艾伦项目（Evans-Allen Program），1890 赠地机构被整合进联邦资助的农业研究系统。埃文斯-艾伦项目提供了相当于哈奇法案拨款 15% 的资金给 16 所 1890 赠地机构，这些机构的科研管理被纳入州农业试验站系统。[②]

除了来自州里的资金，农业试验站系统也接受哈奇法案授权的联邦常规资助。常规资金的分配由各州农村地区人口和农场人口在全国相应人口中的比例确定。但这种常规分配方式很难称得上完美。2005 年，常规资金分配给罗德岛（Rhode Island）和阿拉斯加（Alaska）（面积最小和最大的州）的农业试验站系统大约 94 万美元，给北卡罗来纳（North Carolina）的农业试验站系统 590 万美元。加利福尼亚（California），这个拥有最大的农业产业的州，没有得到最高的常规拨款。[③]

作为赠地机构的内部分支，农业试验站需要分配试验站资金给大学里其他不同的管理单位。除了分给兽医学院和家庭经济学院，最常见的是农业试验站将资金分配给工程学院和生物科学学院，因为他们从事的工作与农业相关。

哈奇法案规定向农业试验站拨付的常规资金，根据哈奇法案修正案（1955）规定，通常是按照如下的机制分配：[④]

资金被授权给 50 个州和哥伦比亚特区（District of Columbia）、波多黎各岛（Puerto Rico）、关岛（Guam）、美属维尔京群岛（the Virgin Islands）、密克罗尼西亚群岛（Micronesia）、美属萨摩亚群岛（American Samoa）、北马里亚纳群岛（Northern Marianas Islands）州农业试验站系统用于推动健全和繁荣的农业和农村生活。1955 财政年度分配给各州的联邦支出应视为固定的基

① HOLT D A. Agricultural Research Management in U. S. Land-Grant Universities：The State Agricultural Experiment Station System [A]. In Loebenstein, G. and G. Thottappilly. (Eds.) Agricultural Research Management [M]. Dordrecht, (Netherlands)：Springer. Inc., 2007：241.

② Ibid.：234.

③ Ibid.：242.

④ COMMITTEE ON THE FUTURE OF THE COLLEGES OF AGRICULTURE IN THE LAND GRANT UNIVERSITY SYSTEM, BOARD OF AGRICULTURE, NATIONAL RESEARCH COUNCIL. Colleges of Agriculture at the Land Grant Universities：A Profile [M]. Washington, D. C.：National Academy Press, 1995：78.

数，任何总额超过 1955 年的拨款应以下列方式分配：

20％等分给各州；不少于 52％的经费通过下述方式分配：一半依据各州农村人口占全美农村人口的比例；一半依据各州农民数量占全美农民数量的比例；不超过 25％的经费分配给开展地区合作研究的州，他们由两个或更多的州农业试验站系统合作解决超过一个州的农业问题；3％的经费供农业部部长管理法案的支出。

哈奇法案还规定，除区域性研究资金外，每个州均应在本州自己的研究资金、建立和维持开展研究所需设施等投入之外配套至少 9 万美元的资金。根据法律，对于少于 20 万的联邦常规资助，关岛、维尔京群岛、密克罗尼西亚群岛、萨摩亚群岛和北马里亚纳群岛被宣布免予提供任何本地配套资金。

哈奇法案中有 3％的资金设计用于联邦行政管理，具体包括：资金的支付和对那些全部或部分用哈奇法案资金资助的研究项目进行连续的检查和评估。美国农业部的合作州研究、教育和推广服务局鼓励和协助各州之间及各州内部机构建立研究联系和伙伴关系，并积极参与规划并协调区域和全国层面的州与美国农业部之间的合作研究项目。

由农业部管理的哈奇法案常规资金曾经一直是农业试验站的主要资金来源，但在 1987—1992 年，来自"其他联邦资助"的总额超过了常规（或哈奇）资助。[①] 整个系统（特别是 1862 机构中的州农业试验站系统）已经减少了对传统的常规资助的依赖，而通过参与联邦其他部门提供的资助项目（特别是竞争性资助项目）使自身的资金组合变得多样化。但 1890 机构的研究者仍完全依靠美国农业部管理的常规资助。

除了美国农业部，其他的联邦机构也为农业研究提供了巨大支持。这些机构包括国家主要的科学资助单位——国家健康研究院（National Institutes of Health，NIH）与国家科学基金（National Science Foundation，NSF），还有美国国际开发署（U. S. Agency of International Development，AID）。国际开发署的资金直接针对国际农业研究，特别是支持有国际开发署、美国的大学和发展中国家的东道国机构共同参与的合作研究项目。[②]

近年来，另有两个联邦机构，美国卫生和公共服务部（U. S. Department of Health and Human Services）与美国能源部（U. S. Department of Energy，DOE）在农业研究资助中的作用也已经相当突出。能源部还与农业部和国家科学基金联合为植物生理研究提供资助。[③]

5.2.4　合作推广系统

合作推广系统的首要资金来源是联邦、州和地方税，但也有来自个人和私立机构的

---

①　COMMITTEE ON THE FUTURE OF THE COLLEGES OF AGRICULTURE IN THE LAND GRANT U-NIVERSITY SYSTEM，BOARD OF AGRICULTURE，NATIONAL RESEARCH COUNCIL. Colleges of Agriculture at the Land Grant Universities：A Profile ［M］. Washington，D. C. ：National Academy Press，1995：79.

②　Ibid. ：80.

③　Ibid. .

总数相当可观的资金用于推广（主要是 4 - H）。志愿者的服务对推广项目的高效运转贡献很大。[1] 此外，由赠地机构执行的研究项目和美国农业部也为推广的教育工作提供资助。1986 年，这些资金的 32％ 来自联邦资源，47％ 来自州的资金，18％ 来自地方政府，还有 3％ 来自私人。此外，大致估计，"实物"（"in kind"）和志愿者服务的整个价值相当于超过 40 亿美元。[2] 1993 年郡推广项目资金超过三成（47.5％）来自州，两成不到（17.4％）来自当地资源，另有三成（30.4％）来自联邦和其他（4.7％）资源。[3] 1997 年，全国推广系统的资金约有 24％ 来自联邦资源，49％ 来自州，21％ 来自地方，另有 6％ 来自其他资源。[4] 整体来看，联邦政府在合作推广系统资金中的份额呈下降趋势，州和郡政府的份额逐渐上升，来自农业等产业团体的资助也在增多。图 5 - 3 显示了自 1915 财年合作推广系统首次接受资助至 1988 财年资助结构的变化。

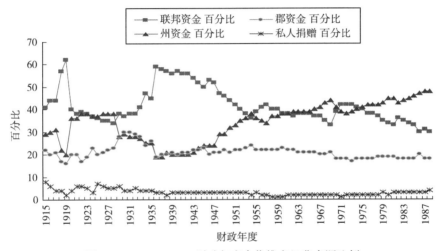

图 5 - 3　1914—1988 财政年度合作推广经费来源比例

数据来源：Rasmussen，Wayne David. Appendix C：Amount and Percent of Cooperative Extension Funds Available，by Source，from Fiscal Year Beginning July 1，1914. Taking the University to the People—Seventy-five Years of Cooperative Extension [M]. Ames：Iowa State University Press，1989：252 - 253.

在地方层面，由被选中的公务员、郡议会议员、监督委员会或郡理事会监督合作推广资金的使用。[5] 州资金由州立法机构拨付，联邦资金由国会拨付。州资金可能归入对

---

①　RASMUSSEN W D. Taking the University to the People—Seventy-five Years of Cooperative Extension [M]. Ames：Iowa State University Press，1989：9.

②　Ibid..

③　SEEVERS B，GRAHAM D，et al. Education Though Cooperative Extension [M]. Albany，Bonn，Boston，Cincinnati，Detroit，London，Madrid，Melbourne，Mexico City，New York，Pacific Grove，Paris，San Francisco，Singapore，Tokyo，Toronto，Washington：Delmar Publishers，1997：47.

④　MCDOWELL G R. Land-Grant Universities and Extension into the 21st Century：Renegotiating or Abandoning a Social Contract [M]. Ames：Iowa State University Press，2001：70.

⑤　SEEVERS B，GRAHAM D，et al. Education Though Cooperative Extension [M]. Albany，Bonn，Boston，Cincinnati，Detroit，London，Madrid，Melbourne，Mexico City，New York，Pacific Grove，Paris，San Francisco，Singapore，Tokyo，Toronto，Washington：Delmar Publishers，1997：47.

赠地机构的拨款，也可能在州预算中单列出来。由于政府对推广项目的资金持续增加，许多州正寻求扩大资金来源渠道，譬如外部捐赠、压缩具体工作（如 4 - H 活动协调员）、对一些项目和服务收费等。

NIFA 掌管的合作推广系统资金在 1998 年是 4 亿多，至 2010 年增加至将近 5 亿，涨幅比较平缓，但从项目内容上看，大都持续了很长时间，比较稳定。与研究和教育资金相比，合作推广系统的资金具有较强的连贯性。附录 4 显示了 1998—2010 财政年度 NIFA 掌管的合作推广资金按项目分类的情况。

从总体上看，赠地院校和农业服务体系所得到的资金是不断增长的，但从结构上分析，对于农业科研的投入要远大于农业教育和农业推广。在资金来源上，联邦政府的资助呈下降趋势，州政府、产业团体在资金来源中的比重持续增加。而且，联邦和州政府及职能部门指定用途的专项资金项目的增长，无论是农业教育、农业科研还是农业推广，都远超过常规资助。

在制度设计中，赠地院校和农业服务体系的资金构成原本以联邦政府为主，且以常规性的拨款为主，而在发展过程中，上述两项内容均呈下降趋势。州政府和产业团体对农业服务体系的资助持续扩大，专项资金项目在全部经费投入的比例逐渐上升。也就是说，实际的制度执行中，在资金方面，无论是权力中心还是赠地院校和农业服务体系中的个体，都将效率摆在第一位。为满足效率的要求，制度在一定范围内进行了调整，譬如向美国能源部等部门开放农业试验站、将常规资金的分配扩大至农学院之外的合作伙伴等。

5.3 美国农业服务体系内的人员配备

赠地院校农业服务体系内的工作主要由农学院的人员承担。农学院的教学和研究主要由各系/专业的教师及学生承担；各农业试验站的农业专家大多由农学院的教师担任，也会有一些专门的辅助人员；合作推广的雇员有些属政府雇用，有些属赠地院校雇用，主要根据资金来源和项目要求来确定。另外，各地方社区热情服务的志愿者也是农业服务体系内不可缺少的人力资源。

5.3.1 农学院和农业试验站

在赠地院校成立之初，确实没有人在农业或农业科学相关领域接受过专门训练，因此赠地院校不得不自己培养他们的教师，有时也雇用经验丰富的农民。尽管这些农民在动物或作物生产方面可能称得上是专家，但他们通常不会在两个方面同时精通。虽然赠地院校的基本目标是培养农业专门人才，而到赠地院校学习的学生们却需要了解关于农业的综合性知识。随着农业学科和赠地院校在规模、结构上的发展，需要越来越多的人参与进来。

应当指出的是，许多州在赠地院校之外还有一些大学或学院开设农业高等教育项目，提供农业学位，进行农业研究。譬如，在伊利诺伊有 25 所机构进行各种农业教学活动，一些机构还开设本科生和硕士研究生项目，一所机构开设农业博士研究生项目。其中三所与伊利诺伊农业试验站开展合作科研并分享部分研究资金。当然，与赠地院校相比，这些机构的项目规模较小。[①]

农业试验站的工作大多数由赠地院校农学院的系来承担。通常在一般性的工作岗位描述中，农学院各系教师均须承担部分农业试验站的项目。有些教师会被委派到农业试验站专门从事一定时间的工作。当然，在农业试验站工作的科学家并不仅限于农学院，与研究项目相关的其他学院，譬如生命科学学院或动物医学学院等也会有提供相应的人员。农业试验站的负责人通常由农学院院长或副院长兼任。事实上，各州的农业试验站被美国国家研究基金会视为美国公立农业研究系统的骨干力量，而不仅仅是赠地院校的一个分支。[②]

此外，有些州，譬如亚利桑那，已将农业试验站更名为农业中心（Agriculture Center），以更好地概括自身的职能，承担更多来自政府、行业社团等方面的任务和项目。图 5－4 显示了亚利桑那大学所属农业中心的组织结构。

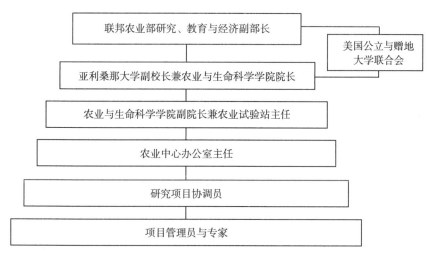

图 5－4　亚利桑那大学农业中心组织结构图

5.3.2　合作推广系统

1914 年史密斯-利弗法案使农学院承担了第三项职能：推广。这项职能被设计用于将农学院创造的知识传播到校园之外的农民和消费者。推广将是一项联邦政府（通过美国农业部）与州（通过赠地学院）的合作行为。地区政府通过地区推广代理人系统，很快也变成了合作推广的成员。

传统的合作推广项目包括：①指导农场生产活动的农业项目；②4－H 青年项目；

---

①　HOLT D A. Agricultural Research Management in U. S. Land-Grant Universities：The State Agricultural Experiment Station System ［A］. In Loebenstein，G. and G. Thottappilly. （Eds. ） Agricultural Research Management ［M］. Dordrecht，（Netherlands）：Springer. Inc. ，2007：232.

②　COMMITTEE ON THE FUTURE OF THE COLLEGES OF AGRICULTURE IN THE LAND GRANT UNIVERSITY SYSTEM，BOARD OF AGRICULTURE，NATIONAL RESEARCH COUNCIL. Colleges of Agriculture at the Land Grant Universities：A Profile ［M］. Washington，D. C. ：National Academy Press，1995：58.

③家政项目。如今，农业推广专家一般来自农学院。他们通常承担研究任务，有时也要承担教学或教学与科研任务。基于大学的推广专家必须与研究专家相互合作，将科学知识和其他知识传播给农民和其他使用者。他们是地区推广代理人与美国农业部推广服务局之间的桥梁。

三重使命——教育、研究和推广——已经成为赠地院校农学院系统的标志。然而，多年来，这三项使命中引发分歧的因素已经出现。教师、研究人员和推广专家通常向不同的管理人员负责，向代表不同利益的不同选民负责，向不同动机和收益负责。①

推广雇员将他们的时间分配在农场服务、社区发展和消费者教育项目；研究科学家则注重粮食和动物生产。② 各州的推广项目及由此进行的人员配备大都根据本州的实际情况而有所调整。图5-5显示了亚利桑那州合作推广系统的组织结构。

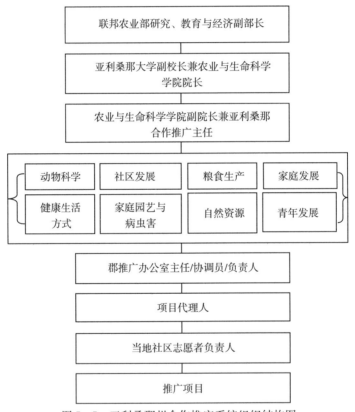

图5-5　亚利桑那州合作推广系统组织结构图

聘任郡专业职员的方式各州不尽相同。有些州通常根据郡政府的推荐，选聘和分派专业职员；另些州则将具备任职条件的人全部列出，由需要职员的郡决定最终人选。还

---

　　① COMMITTEE ON THE FUTURE OF THE COLLEGES OF AGRICULTURE IN THE LAND GRANT U-NIVERSITY SYSTEM, BOARD OF AGRICULTURE, NATIONAL RESEARCH COUNCIL. Colleges of Agriculture at the Land Grant Universities：A Profile［M］. Washington，D. C.：National Academy Press，1995：15.

　　② Ibid.：69.

有些州根据州（合作推广服务）主任的推荐，由郡委员会聘任人员。[①]

州（合作推广服务）主任负责郡代理人的技术指导；当地社区，一般是通过咨询委员会，通常根据代理人从事的工作给予建议和指导。他们的薪水有时由州政府负责，有时由当地政府负责。当地政府通常要为职员提供办公场地。郡代理人与美国农业部之间关系的性质随着时间变化已变动多次，但总的来讲，两者之间的交流通过州主任办公室来进行。

在过去的近100年里，郡代理人面临的环境发生了很大的变化，越来越多的郡代理办公室开始用现代化的通信工具与大学里的专家、客户沟通和交流。尽管网络等现代通信工具影响了代理人与服务对象之间的沟通方式，但代理人群体仍然相信他们提供的科学、直接、深具针对性和可操作性的服务是任何人都无法替代的。[②]

需要强调的是，各级推广代理人都接受过系统的正规训练，大多具有农业、动物、食品等学科的高等教育背景，有些具有硕士甚至博士学位。而且，在他们自己看来，合作推广是一项教育活动而不仅仅是帮助农村地区的居民解决农业问题，成功的代理人仍然致力于满足人民的教育需要。艾奥瓦合作推广服务前主任 Marvin Anderson 写道："代理人并不是对所有的问题都精通，但是现在需要更多地了解人们的需求，对人们提出的问题，不是提供答案，而是动员人力和资源来满足（解决问题所需的条件）。"[③]

整体来看，农业服务体系内的工作人员以赠地院校的师生为主体（合作推广系统中的情况稍微复杂些），赠地院校在人员选聘方面掌握着比政府更大的权力。这种情形符合制度设计，也满足合法性的要求，而来自基层人员越来越多的抱怨显示，满足合法性并不总是能得到很高的效率。总之，在人事安排方面，效率机制在农业服务体系中发挥了主要作用，效率与合法性的张力形成了新的冲突，合作推广系统内郡代理人与美国农业部之间关系的多次变动就是明证。

5.4　美国农业服务体系的服务内容

5.4.1　农业教育

教育项目是美国农业服务体系中赠地院校最早的农业服务，赠地院校农学院的历史与美国普通民众的高等教育史交织在一起。[④]

19世纪末，大多数农学院在他们的行政机构中已经拥有数个系科。20世纪，由于知识基础的扩大，专门化的学位和专家们的数量迅速增加。[⑤] 这很大程度上是哈奇法案

---

① RASMUSSEN W D. Taking the University to the People—Seventy-five Years of Cooperative Extension [M]. Ames：Iowa State University Press，1989：8.

② 来自艾奥瓦州推广代理人 Campbell Jonathan 的个人访谈。

③ RASMUSSEN W D. Taking the University to the People—Seventy-five Years of Cooperative Extension [M]. Ames：Iowa State University Press，1989：8.

④ COMMITTEE ON THE FUTURE OF THE COLLEGES OF AGRICULTURE IN THE LAND GRANT U-NIVERSITY SYSTEM，BOARD OF AGRICULTURE，NATIONAL RESEARCH COUNCIL. Colleges of Agriculture at the Land Grant Universities：A Profile [M]. Washington，D. C.：National Academy Press，1995：1.

⑤ Ibid.：35.

的成效,该法案在农业试验站创建了研究职能。教授持续增加的专门化课程变得非常必要。这种必要性不仅是对于本科生而言的,很大程度上,更是针对研究生。因为研究生们很快就要将教师和研究者们在课堂和田间地头共同创造的新知识应用于实践。所以,具有高学位层次的专门课程、专业、选修课迅速增加。

朝向更加专门化的趋势,连同与之相应的课程、专业和配套机构等组织结构的变化一直持续到现在。如今,人们意识到社会面临的问题越来越复杂,越来越需要跨学科的团队工作才能解决。这一现实促使农学院内部产生重组,跨学科的项目、中心、院所得以创建。这方面的例子是环境科学(environmental sciences)、可持续农业中心(centers for sustainable agriculture)和生物中心(centers for biotechnology)等机构的学位项目。这些中心以"有形墙壁"(hard-wall)实体存在(教工在同一建筑物内上班),但许多人属于"无形墙壁"(soft-wall)机构(教工来自不同学术系科为完成科研项目需要而聚在一起工作)。[①]此外,诸如动物科学、畜牧、农学、植物病理、昆虫学、自然资源、农业经济和农村社会学等系科的整合将在美国农业和赠地系统的未来中发挥重大作用。

赠地院校同时向社会提供学历和非学历教育。就学历教育而言,主要是通过农学院颁发学位,农业试验站与合作推广站承担部分教学任务。其中,农业试验站主要负责支持各学历阶层的研究工作,合作推广站(及其设于各郡的推广办公室)主要负责成人教育,并协调本科和研究生参与推广和成果应用的项目。[②]

在赠地院校农学院注册的学生数大约占全美公立高等教育机构全部注册学生数的1%,但却占到赠地院校注册学生数的很大比例。[①]譬如,在戴维斯加利福尼亚大学(University of California-Davis)20世纪90年代早期大约25%的学生是在农学院注册的。尽管一些非赠地院校也有农学院,全国范围内在农学、可持续自然资源和林业等相关学院于1993秋学期注册的学生超过137 000人,其中80%在赠地院校的农学院注册。全美农业、食品和自然资源领域超过80%的研究生从赠地院校拿到学位。[③]

5.4.2 农业研发

公立农业研究系统可能是美国科学机构中较为独特的。利用公共资金资助开展的农业研究有的是由美国农业部雇用的科学家承担,有的是由各州农业试验站和大学其他部门雇用的科学家承担。美国农业部的分支机构接收了大部分的公共农业研究资金,负责指导科研,并管理研究和推广资金。[④]

哈奇法案规定赠地院校负责"承担原创的和其他研究,学术研究及直接基于并有利于建立和维持美国永久、高效的农业产业的试验。具体包括:解决最广泛领域内的农业问题的基础研究,有益于农村家庭和农村生活发展和改善的学术调查,最大化地利用农

① COMMITTEE ON THE FUTURE OF THE COLLEGES OF AGRICULTURE IN THE LAND GRANT U-NIVERSITY SYSTEM, BOARD OF AGRICULTURE, NATIONAL RESEARCH COUNCIL. Colleges of Agriculture at the Land Grant Universities: A Profile [M]. Washington, D. C.: National Academy Press, 1995: 35.

② 来自亚利桑那大学副校长兼农业与生命科学学院院长 Eugene G. Sander 博士的访谈。

③ Ibid.: 38-47.

④ Ibid.: 58.

业改善消费者福利的科学研究，基于各州不同的条件和现实需要可能会对各州未来发展有益的研究项目"。

农业试验站形式上由赠地院校农学院负责，在美国各州及一些领地内总共有 58 个农业试验站。① 一般地，农业试验站系统的人员从事关于生命的基础研究：粮食、动物和家庭营养；提供食品、纤维和农作物保护。农业试验站系统接受和分配来自多个渠道用于支持农业研究的资金和资源。一些资金被用于创建和维持农业研究的基础设施，也有些资金被用于雇用科学家和工作人员开展农业研究。

农业试验站系统开展能够提高农业经营生产率和效率的研究。他们也联合农业产业部门开展改善产品和生产过程质量的研究。此外，客户对农产品和农业服务的使用也是他们研究的主题。

早期的农业试验站系统开展的研究主要是支持农民。随后，将农业视为整体来讲，农业试验站项目变得非常专业化，为许多新涌现的农业领域提供服务。在大多数赠地院校，农业项目起先是在一个农业系内开展，随后，一些项目分成多个农业学科，包括农学、动物养殖、农业工程和农业经济等。传统的农业学科继续被细分为新的专业。

2001 年 11 月，全国州立大学与赠地学院协会（National Association of State Universities and Land Grant Colleges，NASULGC）试验站分会（Experiment Station Section of NASULGC）公布了"农业的科学路线图"（A Science Roadmap for Agriculture），提出了 7 项挑战性课题方向，为美国未来 10～20 年内农业试验站的科学家们提供了研究方向上的指导。2006 年，全国州立大学与赠地学院协会（National Association of State Universities and Land Grant Colleges，NASULGC）和试验站理事会组织与政策分会（Experiment Station Committee on Organization and Policy，ESCOP）向 1862 机构及 1890 机构农业试验站的负责人发放调查问卷，更新了 2001 年的路线图，还按照重要程度将农业试验站及农业研究中具有优先意义的挑战领域进行了排列，并给出了具体目标（表 5 - 2）。②

表 5 - 2　美国未来农业科研的挑战领域和目标

1	通过农业和食品系统确保食品安全与健康

- 消除食物传染病（eliminate food borne illnesses）
- 发展改善食物营养价值和创造促进健康的食品（health-promoting foods）的技术
- 了解影响个人和家庭饮食与健康决策（个人、消费和政策）的行为，以减少公共健康问题，例如肥胖
- 制订针对农业安全（agro-security）、生物恐怖主义（bioterrorism）和物种入侵（invasive species）的政策和策略，以保护生产者和消费者

① HOLT D A. Agricultural Research Management in U. S. Land-Grant Universities：The State Agricultural Experiment Station System [A]. In Loebenstein，G. and G. Thottappilly. (Eds.) Agricultural Research Management [M]. Dordrecht，(Netherlands)：Springer. Inc. ，2007：232.

② NASULGC，ESCOP. A Science Roadmap for Agriculture [EB/OL]. http：//www. csrees. usda. gov/business/reporting/stakeholder/pdfs/roadmap. pdf. Retrieved 2009 - 06 - 16.

（续）

2	提供进一步改善环境管理和保护所需的信息和知识

- 通过优化包括农林系统（agroforestry）、植物修复（phytoremediation）和定位管理（site-specific management）等在内的耕作系统（cropping systems）发展保护农场内外环境远离农业不利影响的更好途径
- 寻找农业废弃物的替代用途
- 使用可持续的杂草、昆虫和病菌（pathogen）管理策略，以及有利于保护环境的喂养方法发展对环境更加友好的作物和牲畜生产系统
- 为应对土壤、水、空气和能源保护，生物多样性（biodiversity）、生态服务（ecological services）、循环使用（recycling）和土地利用政策等问题，开发更好的策略、生态和社会经济系统模型（ecological and socioeconomic systems models）及政策分析

3	提高农业生产者的经济回报

- 发展能盈利（profitable）和保护环境的可持续生产系统（sustainable production systems），包括寻找（合适的）路径以优化整合作物和牲畜生产系统
- 制订整合地方、区域、全国及全球食物系统的战略，以使美国及全世界农业生产者和消费者的收益最大化
- 为农场（farms）、牧场（ranches）和林场（forests/woodlots）设计改进的风险管理决策支持系统
- 寻找改善社区支持的食物和衣物生产系统发展策略的路径

4	加强我们的社区和家庭

- 促进农村社区的创业和企业发展活动，推动建立在区域贸易社团（regional trade associations）、农村合作社（rural cooperatives）和当地生产网络（local production networks）基础上的新形式经济活动
- 在环境、劳动力和社区发展社团之间建立联盟，促进民主的社会变革，确保家庭获得食物、保健（health care）、教育和福利服务（welfare services）
- 通过领导发展，提高农村社区解决问题的能力
- 为提高家庭和个人福利（well-being）确定战略

5	培育新的更具竞争力的作物品种，开发不同作物和新植物物种的新用途

- 为新的植物产品和作物的新用途勾画新的市场
- 开发提高粮食生物制品（crop biogroducts）加工效率的技术
- 支持粮食生物制品市场基础结构（marketing infrastructure）的发展
- 提高作物单位面积内（biomass）（产品）的品质、数量和农业生产效率

6	降低地方和全球气候变化对粮食（food）、纤维（fiber）和燃料（fuel）生产影响的风险

- 通过增加土壤、植物及植物产品中碳和氮（carbon and nitrogen）的储存，减缓长期全球气候变化的速度
- 创建基础广泛的（broad-based）、综合性的模型来评估全球气候变化和极端气候事件对农业与自然资源活动的社会经济影响、风险和机会
- 整合长期天气预报、市场基础设施及作物和牲畜管理系统，迅速优化国内粮食、纤维和燃料生产，以应对全球气候变化
- 将长期全球气候变化对作物、牲畜、森林和其他自然资源系统的影响减少到最低限度

7	促进新的和更具竞争力的动物产品生产，开发动物产品的新用途

- 开发创新性技术，以减少动物农业对环境的影响
- 通过采用社会和伦理均可接受的常规（conventional）和新型（newly）先进技术提高食品和其他动物产品对生产者和消费者的价值
- 开发新的和可提高的（new and enhanced）技术，以改善用于食品加工的动物的福利和提高加工效率
- 在开发新技术的同时，改进传统工艺，以提高动物生产效率

资料来源：NASULGC，ESCOP.（2006）."A Science Roadmap for Agriculture." http：//www.csrees.usda.gov/business/reporting/stakeholder/pdfs/roadmap.pdf. Retrieved 2009 - 06 - 16.

5.4.3 合作推广

合作推广系统所蕴含的哲学是通过"将大学带给人民（taking the university to the people）"而"帮助人民自助（help people help themselves）"，[1] 即，借助公共资金进行的教育和研究开发所取得的成果，应该使那些没有进入大学的人终身都能很容易地得到。[2] 推广的教育项目使需要它们的人都可以获得赠地院校、州农业试验站和美国农业部等地的研究成果。反过来，推广服务报告的问题又可使其客户直接面对研究者和管理者。这种双向交流为研究和教育提供了指导，加速了研究成果的应用。

国会在大约 1 个世纪前创建推广系统以专门解决农村、农业问题。当时，超过 50% 的美国人口居住在农村地区，30% 的劳动力从事农业生产。如今，只有不到 2% 的美国人以农场为生，只有 17% 的美国人生活在农村地区。[3] 尽管美国农村地区在人口和经济方面的重要性有所降低，但全国合作推广系统仍然是美国人生活的重要参与者。

除了解决农村问题，合作推广系统还越来越关注城市和郊区问题。而且通过发展现存的国家网络，它还对信息技术对美国的改变作出了回应。全美国大约 3 000 个郡的绝大多数内或其附近均设有推广办公室，借助这些分支机构，推广代理人帮助农民种植粮食，进行房屋规划和宅院维护，帮助培训儿童掌握成为未来领袖的技能。[4]

在成立初期，根据史密斯-利弗法案，农业推广工作的核心是：促进研究知识的实践应用，对农业领域内的实践操作及技术给予指导和现场演示或改进。在第一次世界大战期间，刚刚成立的合作推广系统经历了第一次大的考验，帮助整个国家满足了战时需要：显著增加小麦种植面积，从 1913 年的平均 4 700 万英亩到 1919 年的 7 400 万英亩；帮助美国农业部贯彻执行了其新的授权，鼓励农场生产、营销并通过罐头制造、烘干和腌制保存易腐烂产品；通过组织妇女农田军（Women's Land Army）和男孩劳力储备库（Boys' Working Reserve），帮助解决了战争引起的农忙时节农业劳动力短缺问题。更普遍的，推广在第一次世界大战中凭借其从教育实体到一个同时强调为个人、组织和联邦政府服务的角色转变，扩大了自己的声望。[5]

大萧条（Great Depression）时期，各州的赠地院校农学院和美国农业部强调了单个农民的农场管理。推广代理人教农民市场营销，帮助农场团体组织供销合作。与此同时，推广的家政学家（home economists）教农场主妇们改善营养、将多出来的食物制

---

① RASMUSSEN W D. Taking the University to the People—Seventy-five Years of Cooperative Extension [M]. Ames：Iowa State University Press，1989：28.

② COMMITTEE ON THE FUTURE OF THE COLLEGES OF AGRICULTURE IN THE LAND GRANT U-NIVERSITY SYSTEM，BOARD OF AGRICULTURE，NATIONAL RESEARCH COUNCIL. Colleges of Agriculture at the Land Grant Universities：A Profile [M]. Washington，D. C.：National Academy Press，1995：67.

③ CSREES. About Extension [EB/OL]. http：//www. csrees. usda. gov/qlinks/extension. html. Last Update. 2009 - 03 - 18. Retrieved 2009 - 06 - 18.

④ Ibid..

⑤ Ibid..

成罐头、花园化庭院、驯养家禽、家庭护理、家具翻新和缝纫等技能，[①] 帮助许多农业家庭在经济萧条和饥馑的时期幸存下来。

第二次世界大战期间，推广服务再次与农民及其家庭和 4 - H 俱乐部成员一起，确保了对战事有关键作用的粮食增产。战争中，每一年的粮食总产量都是增加的。1944 年的粮食产量要高于 1935—1939 年平均产量 38％。[②] 胜利园圃项目（Victory Garden Program）是战时最受欢迎的项目之一，推广代理人通过向胜利园丁们（victory gardeners）提供种子、肥料和简单的园艺工具来开展这个项目。1942 年，估计有 1 500 万家庭种植了胜利园圃。1943 年新鲜蔬菜消费量中，超过 40％ 的量来自大约 2 000 万胜利园圃的生产活动。[③]

在 1950—1997 年，美国农民的数量急剧下降——从 540 万下降到 190 万。因为农地总量没有像农场数量下降得那样快，余下的农场都有较高的平均产量。在同一时期，农场产量也增加了，从 1950 年 1 个农民供应 15.5 人的粮食增加到 1990 年的 1 个农民供应 100 个人的粮食。到 1997 年，一个农民几乎能供应 140 个美国公民的粮食需要。[④] 尽管农场数量在下降，但在合作推广系统努力下，机械化、商业肥料、新杂交种子和其他技术在美国农民中间得到广泛传播，农业生产率也越来越高。

如今，推广致力于六个主要领域（参见附录 4）：[⑤]

● 4 - H 青少年发展——培养青少年重要的人生技能，以塑造他们的性格，帮助他们做出适当的人生和职业选择。危机青少年（at-risk youth）参加学校的保值和增值项目（retention and enrichment programs）。通过亲身参与项目和活动，青少年学习科学、数学、社会技能等。

● 农业——研究和教育项目通过可选择的创业、改善营销策略和管理手段，帮助个人学会新的生产收入增加途径；通过资源管理、控制作物虫害、土壤测试、牲畜生产实践和营销，帮助农民和农场主们提高生产率。

● 领导发展——训练推广专家们和志愿者们对下列领域的问题发表意见：园艺、健康与安全、家庭和消费者议题、4 - H 青少年发展和承担社区领导责任。

● 自然资源——教授土地所有者和房屋所有者如何明智地使用自然资源，通过在水质、林木管理、堆肥、草坪废弃物管理和循环利用等领域的教育项目保护环境。

● 家庭和消费者科学——通过教授营养学、食物准备技能、积极的儿童照顾、家庭沟通、财务管理和健康护理策略帮助家庭成员变得达观和健康。

● 社区和经济发展——帮助当地政府开展调查，为经济和社区发展创建切实可行的办法。譬如，提高工作岗位的创建量和保有量，中小型企业发展，有效和协调的应急反应，固体垃圾处理，旅游发展，劳动力培训和土地使用规划。

---

① CSREES. About Extension ［EB/OL］. http：//www. csrees. usda. gov/qlinks/extension. html. Last Update. 2009 - 03 - 18. Retrieved 2009 - 06 - 18.

② Ibid. .

③ Ibid. .

④ Ibid. .

⑤ Ibid. .

除了这些项目，推广专家还在地方层面满足公共需求。虽然地方推广办公室的数量近年来有所下降，有些郡办公室被并入区域推广中心，但全国范围内仍有大约 2 900 个推广办公室。[①] 越来越多地，推广服务正用越来越少的资源服务逐渐增加、越来越多样化的支持者。

推广系统还支持电子推广网页（eXtension Website）。电子推广的目标之一即形成一个协调的、以互联网为基础的信息系统，客户将借此获得宽泛领域内问题的全天候（round-the-clock）有价值、均衡视角的专业信息和教育。电子推广网页的信息被组织成实践社区（Communities of Practice，COP）。各实践社区通常包含论文、新闻、事件和常问问题（frequently asked questions，FAQs）。信息都基于不带偏见的研究和出版前的同行评议，来自赠地院校系统教职员工专家们。当前的实践社区围绕着许多主题组织起来，包括但不限于多样性、创业、农业安全（agrosecurity）、棉花、奶业，等等。

从服务内容上看，今天的农业服务体系均比当初有所扩大。这一方面是外部环境的改变，另一方面也表现出制度主动的调整。赠地院校的农业教育涵盖的学科越来越综合，并逐渐侧重研究生的培养。最初的农业试验站系统和合作推广服务系统有着非常相近的服务领域和目标。在最近 20 年里，合作推广的活动范围扩展到诸如问题青年和家庭、社区发展等方面。农业试验站系统也增加了这些领域内的活动，但仍然集中于具体与农业产业的需要和机会，或更广泛地与农业产品和服务的客户相关的领域内。

总之，服务内容的扩大为农业服务体系开拓了新的合法性来源，当外界向农业服务体系的效率提出异议时，广阔的社会基础将有助于农业服务体系获得权力中心的支持，从而保持制度的延续。

5.5　本章小结

美国赠地院校及其农业服务体系创立了一种研究和开发系统。这一系统在横向上分为教学、研究和推广等三项职能，纵向上分为联邦政府（通过农业部）、州政府（通过赠地院校农学院和农业实验站）、区域或郡合作推广办公室等三个层次。美国农业服务体系的组织架构、资金分配和人员配备都是在上述三横三纵的文字坐标下开展的。

从农业服务体系的现状上来看，无论是组织架构、资金分配、人员配备还是服务内容，尽管仍然在很大程度上保持着原有制度设计的痕迹，但变化也很明显。譬如，州和郡地方政府的参与、非政府机构的介入，等等。

合法性与效率之间的张力在制度的不同结构中有不同的表现，从而得到不同的结果。

在组织结构上，赠地院校和农业服务体系在效率上的追求和对地方政府在合法性上的依附，使州、郡等地方政府参与进来。权力中心的惰性，在联邦政府和赠地院校之间，增加了以美国公立和赠地大学联合会（APLU）为代表的中间阶层。在资金方面，

---

① CSREES. About Extension ［EB/OL］. http：//www. csrees. usda. gov/qlinks/extension. html. Last Update. 2009 - 03 - 18. Retrieved 2009 - 06 - 18.

无论是权力中心还是赠地院校和农业服务体系中的个体，都将效率摆在第一位。为满足效率的要求，在一定范围内对制度进行了调整。人事安排方面，效率机制在农业服务体系中发挥了主要作用，效率与合法性的张力形成了新的冲突，合作推广系统内郡代理人与美国农业部之间关系的多次变动即明证。服务内容的扩大为农业服务体系开拓了新的合法性来源，当外界向农业服务体系的效率提出异议时，广阔的社会基础将有助于农业服务体系获得权力中心的支持，从而保持制度的延续。

对美国农业服务体系制度安排中四项主要内容的制度考察证明，制度调适的方向依赖于合法性与效率之间的张力。如果组织对合法性的要求超过了效率，则制度将沿权力中心规定的方向演进；如果组织对效率的要求超过了合法性，既有的制度就会构成约束，不断涌现新的冲突。

6 | 制度的整合：威斯康星思想

美国赠地院校及农业服务体系所蕴含的社会服务理念和一系列相关制度，在美国独特的文化和物质环境中进一步整合为"一种关于历史演进、社会发展前景和人类终极目标的，总体性的、系统化的、理论化的、纲领化的文化精神"①，为教育理念带来了突破性的变革。

威斯康星大学和威斯康星思想是美国赠地院校及其农业服务体系理论与实践最集中、最具影响力的代表，是制度整合的典型成果。威斯康星思想是怎样形成的？为什么会形成在美国？为什么会是在威斯康星？在不同历史时期威斯康星思想有着怎样的表现？

6.1 威斯康星思想的定义与价值

威斯康星思想（Wisconsin Idea）是大学社会服务职能成型的里程碑，也是美国赠地院校社会服务制度建设的典范。它将赠地院校及其农业服务体系所具有的组织优点发挥到极致，在实践中实现了制度性利益。它彻底改变了传统大学的象牙塔形象，使高等教育与社会现实产生了互动；它将大学的影响从农业领域开始，扩大到整个社会的各个方面，成为美国高等教育实用化、大众化的重要制度基础，推动了高等教育的变革。

6.1.1 威斯康星思想的定义

威斯康星思想开始于 20 世纪早期一项革命性的设想，威斯康星大学②（University of Wisconsin）有责任与校园外的人们分享自己的专家和研究。威斯康星思想很快被理解为"将大学的资源扩展到州的边界"，"将大学的知识应用于为州、国家和全世界的个人和社区的服务中"。

---

① 衣俊卿. 现代性的维度及其当代命运 [J]. 中国社会科学. 2004（4）：13 - 24.

② 1971 年威斯康星州议会通过一项法案，决定将位于麦迪逊（Madison）的威斯康星大学（University of Wisconsin）与散布于多个城市的威斯康星州立大学（Wisconsin State Universities）（原威斯康星州立学院系统 Wisconsin State College System）合并，1974 年两校完成合并进程形成今天的威斯康星大学系统（University of Wisconsin System）。参：University of Wisconsin System 2008 - 09 Fact Book [EB/OL]. http://www.uwsa.edu/cert/ publicat/factbook. pdf. Retrieved 2009 - 01 - 10. 考虑到在威斯康星思想形成与发展中的实际贡献，本文所说的威斯康星大学即指现在的威斯康星大学麦迪逊（University of Wisconsin-Madison）。

流传较广又更为生动的表述是"大学的边界就是州的边界（The boundaries of the University are the boundaries of the state)"。有趣的是，虽然范海斯（Charles Van Hise）校长和推广部的首任主任路易斯·雷博（Louis Reber）都曾经有过相似的表达，现在并不能确定地知道这句话出自何人。在凯伦·弗兰克（Glenn Frank）和柯莱瑞斯·戴斯卓（Clarence Dykstra）两任校长任期内担任大学出版部编辑的罗伯特·H. 福斯（Robert H. Foss）曾宣称自己是这句话的创作者，但并未得到证实。①

现在比较能确定的是，"威斯康星思想"这个词语来自当时的州政府立法咨询图书馆主席查理斯·麦卡西（Charles McCarthy）在 1912 年所出版的一本书——《威斯康星思想》。② 这本书主要记述了 1911 年的立法活动，并认为，威斯康星思想是"威斯康星进步主义运动影响下的各种改善活动，其中包括了大学所做的工作"。事实上，在"威斯康星思想"诞生之初，它有两重所指：一个定义是强调它的政治维度，更确切地说是党派政治维度（进步主义运动或自由政治）。另一个定义才是强调大学对威斯康星州的服务。③ 但是当进步主义的支持者州长罗伯特·M. 拉弗雷特（Robert M. La Follette，1901—1906 年在任）的影响力减弱后，"威斯康星思想"的政治维度定义逐渐褪色，"大学为州服务"的定义得到全美各界及世界各地的认同。

戴维德·彻特认为，④ 实践中威斯康星思想包括两层含义。第一层含义是威斯康星大学应该服务州的需要。根据这个定义，大学的专家和研究应该对威斯康星州政府和民众当前面临的问题产生影响。另一层含义是，作为大学为威斯康星州服务的回报，本州的居民应为大学提供充足的财政支持。久而久之，形成了一个普遍接受的思想，即用在威斯康星大学的公共资金是一项对本州未来的明智投资。正如威斯康星州投资于公路建设和其他形式的硬件基础设施以改善民众的生活条件一样，投资于威斯康星大学以强化本州的智力基础设施，也具有同等重要的意义。

斯塔克将"威斯康星思想"定义为"大学对州的直接贡献：③以在办公室服务的形式改善政府治理，为公共政策提供建议，为民众提供信息和实用技术技能，开展能够直接解决对本州和促进推广工作具有重要意义的问题的研究"。他将大学为州提供的服务分为六个不同的方面：⑤ 两个方面与为威斯康星人民提供直接服务相关——围绕威斯康星州的问题开展研究和提供推广服务；四个方面与州政府相关——提供政策建议、提供信息、提供工艺技能及直接参加政府部门的工作。他还认为，随着时间的推移，大学在六个方面上分配的精力有所变化。在起始阶段和 20 世纪前半叶，政策建议是最突出的部分，而在 20 世纪后半叶，推广活动可能是最重要的。诺克斯和考瑞（Knox and

① STARK J. The Wisconsin Idea：The University's Service to the State ［A］. In Legislative Reference Bureau (Ed.) 1995－96 Wisconsin Blue Book ［R］. Madison：Legislative Reference Bureau，1996：2.

② MCCARTHY C. The Wisconsin Idea ［M］. New York：The Macmillan Company，1912.

③ STARK J. The Wisconsin Idea：The University's Service to the State ［A］. In Legislative Reference Bureau (Ed.) 1995－96 Wisconsin Blue Book ［R］. Madison：Legislative Reference Bureau，1996：2.

④ TRECHTER D. The Wisconsin Idea ［R］，River Falls：Survey Research Center. 2005：1.

⑤ Ibid. .

Corry）指出，① 威斯康星思想的定义会随着时代的发展产生变化，其目标在20世纪表现为使威斯康星的居民更容易地利用大学的资源；21世纪将见证组织间相互配合和资源与技术的增长。

上述定义从多方面对"威斯康星思想"进行了解读，从而帮助我们厘清了"威斯康星思想"的核心内涵——指向公众利益的合作，即大学与各种外部伙伴的双边及多边的交流与配合。"合作"包含两个方向：一是大学利用自身所拥有的各领域的专家、教师，具有服务能力和热情的学生，学校的图书馆，高水平的实验和检测设备仪器等特有资源，为各级政府等公共机构、居民、企业开展服务活动；二是政府、居民、企业等大学外部伙伴为大学提供发展所需的政策、资金、学生实习机会等条件。"合作"的领域涉及政治、经济、教育、文化、日常生活等，从为各级政府制订法律法规到为社区居民提供义务演出，涵盖公共生活的方方面面。

时代发展和科技进步会改变"威斯康星思想"的表现形式和实践方式，但其核心内涵却不会改变，这也是它的理论和实践价值所在。

6.1.2　威斯康星思想的意义

西奥多·罗斯福（Theodore Roosevelt）总统（1901—1909年在任）写道②："没有哪个州的任何一所大学为社区做与威斯康星大学在威斯康星州所做相同的工作。"美国高等教育通史的作者弗瑞德瑞克·若德夫（Frederick Rudolph）高度评价威斯康星思想的历史意义：③"在不同程度上，其他州的大学也显示了相同的劲头，但没有哪一个能像威斯康星大学那样接近成为进步主义精神和服务理想的缩影。"毫无疑问，威斯康星思想无论对威斯康星州还是美国高等教育都是非常重要的。

约翰·布鲁贝克（John Seiler Brubacher）和威利斯·茹迪（Willis Rudy）在《转变中的高等教育：美国学院与大学史》一书中，介绍和高度评价"威斯康星思想"及校长范海斯的改革。他们认为，威斯康星大学倡导的办学理念和模式是美国高等教育的主要特点和发展趋势之一。④ 在《高等教育哲学》一书中，布鲁贝克将威斯康星思想视为"知识工业"影响下高等教育的成功代表，是政治论和认识论两种高等教育哲学协调发展的典范。⑤

从其影响来看，威斯康星思想的诞生使得美国承继于欧洲大陆的大学模式彻底摆脱

①　KNOX A B, CORRY J. The Wisconsin Idea for the 21st Century［A］. In Legislative Reference Bureau（Ed.）1995－96 Wisconsin Blue Book［R］. Madison：Legislative Reference Bureau，1996：1.

②　UNIVERSITY OF WISCONSIN BOARD OF REGENTS. 1911 Report of the Regents［R］. Madison：University of Wisconsin Board of Regents，1911.

③　RUDOLPH F. The American College and University：A History［M］. Athens：The University of Georgia Press，1990：363.

④　BRUBACHER J S, Rudy W. Higher Education in Transition：A History of American Colleges and Universities［M］. 4th ed. New Brunswick（U. S. A.）& London（U. K.）：Transaction Publishers，1997（2008 Reprint）：164－168.

⑤　BRUBACHER J S. On the Philosophy of Higher Education［M］. San Francisco：Jossey-Bass，Inc.，1982：12－15.

了象牙塔的束缚，得以直面美国现实社会生活，使得社会服务成为继教学、科研之外，大学所承担的第三项基本职能，从而标志着世界高等教育发展史上一个新时代的到来。威斯康星思想不仅直接总结了威斯康星大学的办学理念，而且还以某种方式参与了美国其他类型的高等学校的实用性改革。[①]

威斯康星思想将外部力量引入高等教育，同时将高等教育延伸至社会生活的多个方面，使高等教育与社会现实产生了互动，改变了传统观念中对"高等"教育的认识。在威斯康星思想影响下，高等教育领域开始把目光从"贵族和学者的游戏"投向广大的劳动阶层和实际问题，使"高等"的定义突破了传统的以"从事者的身份"为标准，形成了以"问题的本质"为依据的新内涵。威斯康星思想扩大了"高等"教育的范围，使更多的力量参与到高等教育中，为高等教育在日益严酷的社会竞争中继续保持优势地位赢得了必需的支持，更巩固了其自身在人类知识和社会发展进程中的领先位置。

6.2　威斯康星思想形成的制度解释

6.2.1　威斯康星思想形成的原有解释

关于大学应服务于整个社会的各种需要的实践，可追溯到美国第七任总统安德鲁·杰克逊（Andrew Jackson 1767—1845 年，1829—1837 年在任）时期。那时，公立教育被当作一种改善性的而非仅仅是保护性的政府功能。在这一背景下，州立大学成为韦兰德（Francis Wayland）"保存共和社会价值的希望计划"的化身，是开放的社会和诚实有效的民主政府的一把钥匙。塔潘（Henry Philip Tappan）在密歇根大学已经开始了这一理想的传播，康乃尔大学首任校长的安德鲁·迪克森·怀特（Andrew Dickson White）及在安亚伯（Ann Arbor）任教的亚当斯（Charles K Adams）后来都全身心致力于该计划的实现。怀特还为这一计划寻求联邦资助，而亚当斯则在一个更具地方性的基础上开展工作，他与安杰尔（Angell）校长合作，于 1881 年在密歇根大学建立了政治科学学院。福劳威尔（Willams Watts Folwell）则在明尼苏达大学为同一目标而努力工作。怀特及其他东部人主要集中在政府机关的改革上，福劳威尔及其他西部人则更多关注土地所有权梦想的实现。但是，所有人都渴望在政治生活中更多地依赖受过教育的人，认为这将有助于保持民主，消除派性和低能，以更积极的人类进步武装人们的头脑。因此可以说，"威斯康星思想"绝不仅仅源于威斯康星大学。[②]

为什么"威斯康星思想"能在 20 世纪初的威斯康星州和威斯康星大学得到形成和发展？《威斯康星思想》的作者麦卡西（1912）总结了两个原因：[③] 一是威斯康星大学经济学教授理查德·伊利（Richard Ely）的影响；二是威斯康星州居民的"日耳曼源"（或称"德国源"）（the Germanic roots of Wisconsin's residents）。

---

① 王保星. 西方教育十二讲［M］. 重庆：重庆出版社，2008：190.

② BRUBACHER J S，RUDY W. Higher Education in Transition：A History of American Colleges and Universities［M］. 4th ed. New Brunswick（U. S. A.）& London（U. K.）：Transaction Publishers，1997（2008 Reprint）：164.

③ MCCARTHY C. The Wisconsin Idea［M］. New York：The Macmillan Company，1912.

伊利是著名经济学家，1892 年从约翰霍普金斯大学转到威斯康星大学任经济、政治科学与历史学院院长。他的一些观点支持了麦卡西的论证。比如关于他作为学生在德国的经历，他写道：①"我在德国的经历第一次使我注意到书本知识与实践经历相结合的重要性。"麦卡西认为伊利的观点曾经影响拉弗雷特（Robert M. La Follete 威斯康星州第 20 任州长，1901—1906 年在任，1906—1925 年任共和党参议员，威斯康星思想的重要推动者）的决策，但伊利本人并不这么认为。② 此外，伊利的传记作者写道："显然，直到 1910 年和 1911 年，州长弗兰西斯·麦格温（Francis McGovern）邀请他参加税务或者公路委员会，没有哪位政府官员考虑过伊利可能是服务新的委员会的合适人选。③"而且，最后伊利也没有接受邀请。早在 1894 年就有学者指责伊利是保守人士，相信政府应该在解决社会问题中发挥非常有限的作用。④ 但政府应该帮助解决社会和经济问题却恰恰是威斯康星思想所强调的。因此，与麦卡西的观点相反，斯塔克认为伊利仅仅为威斯康星思想把约翰·康芒斯（John R. Commons）带到大学作出了重要贡献。⑤

康芒斯（1862—1945）是位很有影响力的经济学家、改革家和劳工历史学家，他起草了革命性的社会福利、劳工和经济等方面的立法，使威斯康星州成为全美立法改革的典范。他被称为社会保障的"精神之父"，20 世纪美国绝大多数进步的社会和劳工立法都归功于他和他的学生及同事。⑥

康芒斯是伊利在约翰霍普金斯大学指导的研究生，在伊利的鼓动和支持下，1904 年到威斯康星大学任教，并分别在 1905 年和 1907 年帮助拉弗雷特起草了威斯康星公民服务法和公共设施法，对拉弗雷特的决策有很大影响。⑦ 他在威斯康星思想的形成和演化中起到了非常关键的作用，诸多有力的证据表明，他是其中最重要的一环。⑧

麦卡西还认为在威斯康星思想的形成过程中，德国影响是重要因素。这主要是因为麦卡西相信，伊利教授是威斯康星思想形成的关键人物，而伊利的德国经历对他的思想观念具有重要影响。麦卡西还论证说，威斯康星根本上就是一个"德国州"，确切说，是一个被 1848 年政治动荡期间逃离祖国的德国人塑造的州。这里试图使他们远离失败，因此使他们热爱自由和良好的政府。⑨ 弗瑞德瑞克·C. 豪沃（Frederic C. Howe）在其1912 年出版的同样关于威斯康星政治的书中也认同了德国的影响，他写道："威斯康星

　①　ELY R T. Ground Under Our Feet [M]. New York：The Macmillan Company，1938：187.

　②　RADER B G. The Academic Mind and Reform：The Influence of Richard T. Ely in American Life [M]. Lexington：The University of Kentucky Press，1966：173.

　③　Ibid. .

　④　GOUGH R J. Richard T. Ely and the Development of the Wisconsin Cutover [J]. Wisconsin Magazine of History，1991，75（1）：3 - 38.

　⑤　STARK J. The Wisconsin Idea：The University's Service to the State [A]. In Legislative Reference Bureau (Ed.) 1995 - 96 Wisconsin Blue Book [R]. Madison：Legislative Reference Bureau，1996：4.

　⑥　WISCONSIN HISTORICAL SOCIETY. John R. Commons at the Wisconsin Historical Society [EB/OL]. http：//www. wisconsinhistory. org/topics/commons/. Retrieved 2009 - 01 - 25.

　⑦　Ibid. .

　⑧　STARK J. The Wisconsin Idea：The University's Service to the State [A]. In Legislative Reference Bureau (Ed.) 1995 - 96 Wisconsin Blue Book [R]. Madison：Legislative Reference Bureau，1996：7.

　⑨　MCCARTHY C. The Wisconsin Idea [M]. New York：The Macmillan Company，1912.

正在实践着她所拥有的德国理想。大学是这个州的第四部门"。①

但斯塔克认为麦卡西的这一论断同样是值得怀疑的。② 这主要是因为当初麦卡西写作《威斯康星思想》是为了寻求民众对州政府当局及其立法活动的支持，而能对威斯康星州的选举和立法投票产生重大影响的社区居民大都来自德国，麦卡西强调"德国因素"有讨好选民之嫌。更重要的是，对威斯康星州的政治气候有较多深入了解的康芒斯否认了"德国因素"对威斯康星的影响：③ "我有时听其他州的人说，威斯康星的先民在进步性质的行政立法方面肯定继承了大量的德国因素，他们带来了德国高效政府的传统。但是，在威斯康星的德国人，虽然在数量上比来自其他国家的人多得多，但在政治上却鲜有影响。"

麦卡西的解释强调了一些非正式制度的因素，而且这些因素的有效性也受到质疑。

6.2.2　威斯康星思想与正式制度的恰当衔接

正式制度是指人们有意识地创造的标准、规范、秩序、法律或其他权威文件等，具有强制性的正式约束及其实施机制。威斯康星大学开展社会服务的行为，受到当时国家、州和大学管理层所制订的正式约束及其实施机制的鼓励。

（1）符合国家战略规划

19 世纪后半期及 20 世纪初，伴随着 1862 和 1890 莫里尔法案、1887 哈奇法案和 1914 史密斯-利弗法案等法案的出台，美国在国家战略层面鼓励高等教育机构为社会提供服务。当然，无论这些法案通过的背后有多么长的故事，但它们在客观上确实反映了国家在战略上对高等教育的期待。

威斯康星州在 1866 年接受 1862 莫里尔法案，决定将联邦政府的赠地售卖所得拨给威斯康星大学，并授权位于大学所在地麦迪逊市（Madison）西南部的达尼郡（Dane County）再为威斯康星大学捐赠部分土地用于建设试验农场。威斯康星州议会的这一决定，对威斯康星大学及威斯康星思想具有重大意义。莫里尔法案和达尼地区的赠地，保证了麦迪逊成为威斯康星州农业教学和研究的中心。如果州议会根据莫里尔法案在本州其他地方另建一所农业和机械大学，威斯康星大学农业研究的影响力就会下降，威斯康星思想的历史也将改变。特别是，新的大学将不会像威斯康星大学这样得到强大的资金支持，并保持与州政府的密切联系，④ 从而将严重削弱威斯康星思想。自然而然地，哈奇法案、史密斯-利弗法案及更多相关政策的出台，在国家战略层面上给予威斯康星大学开展社会服务的活动以认同、支持和鼓励。

---

①　FREDERIC C H. Wisconsin：An Experiment in Democracy ［M］. New York：Charles Scribner's Sons，1912：39.

②　STARK J. The Wisconsin Idea：The University's Service to the State ［A］. In Legislative Reference Bureau（Ed.）1995 - 96 Wisconsin Blue Book ［R］. Madison：Legislative Reference Bureau，1996：4.

③　COMMONS J R. Myself：The Autobiography of John R. Commons ［M］. Madison：The University of Wisconsin Press，1963：106.

④　STARK J. The Wisconsin Idea：The University's Service to the State ［A］. In Legislative Reference Bureau（Ed.）1995 - 96 Wisconsin Blue Book ［R］. Madison：Legislative Reference Bureau，1996：6.

（2）满足州政府的兴趣和需要

州政府对大学的支持和兴趣体现在为大学提供充足的资金，在立法过程中使用大学的资源。绝不是巧合，大学与政府立法机构合作最紧密的 1911 立法年度是威斯康星历史上立法活动最有成就的时期：[①] 建立了全国第一个可行的收入税；限制了妇女和儿童的劳动时间；创建了全国第一个工伤赔偿项目；创建了工业委员会，使工作环境更加安全；创建了公路委员会；设立水资源及林业保护区；创建覆盖全州的生命保险项目；强化农业合作社；改善职业教育；创建公共事务委员会以协调设在各地区的州代理处，并使它们的运作更有效率；增加地方行政机构的权力。这使得州政府和全州的民众意识到，对大学的财政支持是回报率极高的投资，是明智的行为。

（3）满足校内管理层的要求

董事会鼓励大学里的教师研究威斯康星州的问题，向全州推广他们的成果。在大学成立一年之后，董事会就成立了科学实践应用部（Department of the Practical Applications of Science）。1880 年，董事会主席曾发表声明：[②] 近来董事会的政策，将给予教学活动参与到本州工业实践的科系更多的支持，特别应提及的是那些农业及实践性的机械系。

大学的首任校长约翰·荷瑞姆·拉斯若普（John Hiram Lathop）（1849—1858 年在任）认为：[③] "如果排除了结果中的实践目的，教学过程，无论是为了传播主观性的个人文化还是客观性的科学分析，都是没有意义的。"他借此强调理论研究和实践应用应该紧密联系在一起，但董事会还曾因为大学课程"缺少实践训练"而批评他。[④] 威斯康星州接受莫里尔法案后上任的威斯康星大学第四任校长普尔·安塞·查德伯恩（Paul Ansel Chadbourne，1867—1870 年在任）为大学聘任了第一位农学教授，建立了法学院，以加强大学中实践学科的实力和影响力。[⑤]

大学的第六任校长约翰·A. 巴斯克姆（John A. Bascom，1874—1887 年在任）相信大学应该发挥自己的影响力，并亲自为高年级学生开设专门课程，鼓励他们用自己所学改善社会。[⑥] 但他的最大功绩，我们认为，是培养了威斯康星思想的形成和发展两位代表性人物：范海斯和拉弗雷特。

大学的第七任校长托马斯·彻伯林（Thomas Chamberlin，1887—1892 年在任）曾说："为了学者利益的学问简直是彻头彻尾的自私，为了州和人民的利益的学问才是真正的爱国。"[⑦] 他还强烈支持农业推广工作和机械技能教育，支持大学开设农业短期课

---

① STARK J. The Wisconsin Idea：The University's Service to the State ［A］. In Legislative Reference Bureau (Ed.) 1995 - 96 Wisconsin Blue Book ［R］. Madison：Legislative Reference Bureau，1996：10 - 11.

② UNIVERSITY OF WISCONSIN BOARD OF REGENTS. 1880 Report of the Regents ［R］. Madison：University of Wisconsin Board of Regents，1880：5.

③ UNIVERSITY OF WISCONSIN BOARD OF REGENTS. 1859 Report of the Regents ［R］. Madison：University of Wisconsin Board of Regents，1859：20.

④ UNIVERSITY OF WISCONSIN-MADISON. Chancellors and Presidents of the University of Wisconsin-Madison ［EB/OL］. http：//archives. library. wisc. edu/uw-archives/chancellors/chancellors. htm. Retrieved 2009 - 03 - 12.

⑤ Ibid. .

⑥ Ibid. .

⑦ CHAMBERLIN T. The Coming of Age of the State Universities ［Z］，1890：9.

程，建立农民培训机构。在他任职期间，威斯康星大学开始了农业推广工作。[①]

大学第八任校长查理斯·肯道·亚当斯（Charles Kendall Adams，1892—1901 年在任）在其任职演讲中说：[②]"（除威斯康星外）没有哪个州能借助大学推广工作将联络人民的现代化方式做得这么普遍这么成功，也没有哪个州的这么多的民众得到这么多的来自大学教学力量的直接帮助。"在任期内，亚当斯发展了大学与州及地方政府之间的关系，获得了政府对大学的有力支持，并在任期内建设了一所社会与大学公用的图书馆，[③] 加强了大学与政府、社会的联系。

因此，我们同样可以说，威斯康星思想也绝不仅仅源于范海斯校长的参与和推动。

6.2.3 威斯康星思想与其他非正式制度的良好互动

非正式制度是指意识形态、道德伦理、风俗习惯、文化观念等广为接受、普遍遵守的非正式约束及其实施机制。在 19 世纪末至 20 世纪初，美国及其威斯康星州和大学内部存在一系列引导威斯康星大学为社会发展作出更大贡献的非正式约束。

(1) 适应"进步主义运动"的要求

进步主义运动（The Progressive Movement）是治疗美国在 19 世纪后半叶工业大增长时期产生的许多社会病的努力。这一运动起源于南北战争之前，试图通过建设和提高人的道德，保护弱者的权利，净化社会环境。

在内战之前，作为一项变革的主要推动力——进步主义，它的第一次改革时代（the First Reform Era）就已开始。它包括社会活动家在以下这些方面的努力：改善劳动条件，人性化对待精神病人和罪犯。早期改革的焦点是废奴主义（Abolitionism），在许多人眼中，奴隶制度是严重的道德错误。第二个改革时期开始于内战结束后的重建时期，持续到美国参加第一次世界大战。当时，边境已无纷争，形成了大的城市和工业企业，一个世界性的帝国已经建立，但并不是所有的民众都能分享新的财富、声望和乐观主义。争取女权的斗争和节制运动是这一时期在初始阶段的主要议题。农民运动也开始出现，以补偿不断增长的美国城市化进程中农业地区重要性的下降。在第二个改革时期，进步主义所坚持的信念并不为所有人接受，他们认为，人们有能力改善社会中的绝大部分。这一观点与当时大多数富人和有权势的人所坚持的社会达尔文主义相对。进步主义者力图通过改变老板们对工人的态度和政治体制，革除政府中的腐败和不当影响。他们也进行了让更多的人更直接地参与政治进程的努力，并且坚信政府必须在解决社会问题和建立公平的经济秩序中发挥作用。进步主义的成功很大程度上应归功于揭露黑幕的人和一些作家。他们通过描写大量社会病症中的对贫困的恐惧、城市贫民窟、工厂危险的劳动条件及使用童工等而引起公众对这些问题的关注。进步主义改革还包括自然保

① STARK J. The Wisconsin Idea：The University's Service to the State ［A］. In Legislative Reference Bureau (Ed.) 1995 - 96 Wisconsin Blue Book ［R］. Madison：Legislative Reference Bureau，1996：14.

② SMITH C F. Charles Kendall Adams：A Life-Sketch ［M］. Madison：The University of Wisconsin Press，1924：37.

③ UNIVERSITY OF WISCONSIN-MADISON. Chancellors and Presidents of the University of Wisconsin-Madison ［EB/OL］. http：//archives. library. wisc. edu/uw-archives/chancellors/chancellors. htm. Retrieved 2009 - 03 - 12.

护运动、公路立法和食品与药品法等。

进步主义的改革在联邦、州及地方政府都有开展。在进步主义影响下，通过广泛使用经过训练的专家，地方政府的实力得到加强，特别是城市管理专家系统代替了总是频繁腐败的市长系统。罗伯特·拉弗雷特在威斯康星州的工作是其中最有影响的地区之一。几十年来，"威斯康星""拉弗雷特""进步主义"这三个词语被以美国政坛为对象的政治观察家们视为几乎不可分割。[①] 在进步主义运动期间，威斯康星大学的许多教师和管理人员在州政府服务，仅麦卡西就列出了 46 位。[②]

（2）符合 19 世纪下半叶美国高等教育的变革潮流

从 1636 年哈佛学院成立一直到 19 世纪早期，美国大学的课程都是相似的，都强调希腊和罗马语言及文化，还有一些基础科学和极少的其他学科。南北战争后，科学的重要性得到广泛认同。哈佛大学校长查理斯·威廉姆·艾略特（Charles William Eliot）极力打造的选课系统受到推崇，参加"Seminar"教学的学生增加，以约翰·霍普金斯大学为代表的在大学开展科学研究及试验的风气兴起，[③] 可以说，在高等教育领域掀起了一场革新的高潮。作为 1849 年开始招生的高等教育"新兵"，威斯康星大学也受到这股革新潮流的影响，试图在这股潮流中有所作为，在高等教育领域进行一次新的探索。

（3）维持威斯康星州农业和奶业的生产传统

威斯康星州并不一直是以奶业为主。在成为州（1848 年）之后，小麦是威斯康星最重要的作物。运输条件的改善和东部各州小麦种植面积的下降提高了威斯康星州农民种植小麦的积极性。但是到了 1855 年，问题出现了：粮食的生长使土壤肥力大幅下降，粮食价格变得不稳定，病虫害频发。[④] 尽管在 19 世纪后半叶的威斯康星，小麦生产仍相当重要，但越来越多的农民相信他们必须采取多元化经营，而且必须通过寻求技术帮助来实现多元化。随着奶制品需求的增加，农民意识到养殖奶牛或者在种植小麦的同时增加奶牛养殖是多元化经营的较好方式。新的和经验丰富的威斯康星奶牛养殖者开始组织起来，寻求技术帮助。很自然地，他们想到了威斯康星大学的农业专家们。在大学的帮助下，19 世纪 80 年代末，威斯康星奶业联合会成立。19 世纪 80 年代和 90 年代，奶制品产业、大学和政治家们联系得非常紧密。[⑤]

（4）赢得威斯康星州民众对大学服务活动的热情参与和支持

大部分威斯康星的居民接受威斯康星思想，他们和大学形成了一种彼此互惠的合作关系。大学提供实践帮助，民众提供资金支持和有助于学者进行探索的问题与知识。威斯康星的菜农们曾帮助大学植物病理系的第一个成员约翰斯（L. R. Jones）寻找、挑

① GOSNELL H F，COHEN M H. Progressive Politics：Wisconsin an Example [J]. The American Political Science Review，1940，34（5）：920-935.

② MCCARTHY C. The Wisconsin Idea [M]. New York：The Macmillan Company，1912.

③ RUDOLPH F. The American College and University：A History [M]. Athens：The University of Georgia Press，1990：264.

④ STARK J. The Wisconsin Idea：The University's Service to the State [A]. In Legislative Reference Bureau（Ed.）1995-96 Wisconsin Blue Book [R]. Madison：Legislative Reference Bureau，1996：9.

⑤ LAMPARD E E. The Rise of the Dairy Industry in Wisconsin：A Study in Agricultural Change 1820—1920 [M]. Madison：State Historical Society of Wisconsin，1963.

选、保存有可能抗病虫害的卷心菜品种。[①] 不仅如此，当州议会要举行大学预算听证会时，农民还会从各地赶到麦迪逊，声援大学，呼吁州政府支持大学的研究。[②]

(5) 实现威斯康星大学教授及其学生们的实践观念

由于威斯康星大学与威斯康星州几乎同时成立，在建校之初，学校并不具备丰富的教学和实验资源，这就迫使教授和学生们走出校门去寻找机会。但当他们接触到生产实践后，却常常发现实际问题并不能单独依靠一门学科知识就能解决，这就使他们"返回学校"，补充更加综合的知识。同时，由于科系规模较小，初期的大学教授们往往一人承担多门课程的教学。比较幸运的是，威斯康星大学初期的教授们大都是"多面手"，而且彼此懂得合作的重要性。此外，他们对应用研究的兴趣要超过基础研究，因为应用研究有助于他们解决威斯康星州的具体问题，而这也是州政府和大学一直鼓励的事情。

史蒂芬·巴布库克（Stephen Babcock）教授发明的一项简单、方便又廉价的"牛奶脂肪检验方法"，给威斯康星的乳制品业带来了巨大收益；美国最有影响的历史学家弗瑞德瑞克·杰克逊·特纳（Frederick Jackson Turner）教授踩着威斯康星州 19 世纪末期泥泞肮脏的乡间小路去为农民开设历史讲座。[③]

在威斯康星大学经济系，罗伯特·莱曼普曼（Robert Lampman）是州政府经济指导委员会成员；托马斯·S. 亚当斯（Thomas S. Adams）在 1907 年撰写了关于抵押税的详尽报告，为立法机构决定是否开征收入税提供了参考。1911—1915 年，亚当斯被任命为威斯康星税务委员会委员。[④]

值得重点描述的是经济系的康芒斯教授。虽然他在 1904 年才到威斯康星大学，但他在 1903 年就曾为拉弗雷特州长起草了就职演说。[⑤] 在拉弗雷特任州长期间，康芒斯教授作为重要幕僚，为他提供了许多重要的决策参考，参与、主持了多部重要法律、法规、政策的制定和州政府部门的组织结构设计及组建。[⑥] 拉弗雷特的后任者弗朗西斯·麦格温（Francis E. McGovern，1911—1915 年在任）州长，仍然器重康芒斯，并根据康芒斯的建议成立了由州长、州政府秘书长、各立法机关财政委员会主席和三位由州长指定人士组成的威斯康星州公共事务委员会（The State Board of Public Affairs），威斯康星大学的毕业生、康芒斯的学生本杰明·若斯特（Benjamin Rastall）被任命为委员会主任。康芒斯的政治及经济思想及他的学生对威斯康星州政府的影响一直持续到威斯康星大学毕业生菲利普·拉弗雷特（Philip LaFollette，罗伯特·拉弗雷特州长的儿子，1931—1933 年、1935—1939 年两次就任威斯康星州长）任职期间。更重要的是，康芒

---

① STARK J. The Wisconsin Idea：The University's Service to the State ［A］. In Legislative Reference Bureau (Ed.) 1995 - 96 Wisconsin Blue Book ［R］. Madison：Legislative Reference Bureau，1996：12.

② POUND G S，MAXWELL D P. Plant Pathology and the Wisconsin Idea ［A］. With One Foot in the Furrow：A History of the First Seventy-five Years of the Department of Plant Pathology at the University of Wisconsin-Madison ［M］. P. H. Williams and M. Marosy (Eds.). Dubuque：Kendall Hunt，1986：301.

③ STARK J. The Wisconsin Idea：The University's Service to the State ［A］. In Legislative Reference Bureau (Ed.) 1995 - 96 Wisconsin Blue Book ［R］. Madison：Legislative Reference Bureau，1996：3.

④ Ibid.：16.

⑤ Ibid.：17.

⑥ Ibid.：16 - 19.

斯在威斯康星大学任教期间（1904—1933 年）指导的 41 名博士研究生成为美国 20 世纪政治立法的支柱力量。他的学生爱德文·E. 维特（Edwin E. Witte）加入了罗斯福（Franklin D. Roosevelt，美国第 32 任总统）政府，担任总统经济安全委员会执行主席，对"新政"（The New Deal）的制定和实施产生了重要影响。

威斯康星大学农学院植物病理系自 1910 年成立就针对威斯康星州普遍种植的卷心菜、马铃薯、苹果等经济作物及林木病虫害的防治开展研究。该系的第一个成员莱文斯·R. 约翰斯（Lewis R. Jones）聘请农民帮他开展卷心菜病虫害研究，而且在他成为系主任后积极鼓励教师们针对本州农业的实际问题开展研究。1911 年，约翰斯招募了理查德·E. 维翰（Richard E. Vaugh）。维翰不仅立即帮助威斯康星州的豌豆种植者解决了豌豆凋萎病，而且他成为全州，也许是全美国第一位全职的植物病理推广员（first full-time extension plant pathologist）。在为农业推广服务的近 40 年里，维翰通常采取两种策略来处理农民对来自大学的新思想的疑虑。一是请农民到应用大学研究成果的试验田参观；二是趁每年冬季农闲季节到全州各地为农民开设讲座，推广教授们的研究成果。[①] 约翰·C. 沃克（John C. Walker）是对威斯康星农业影响颇大的植物病理系教授。他不仅彻底解决了卷心菜黑斑病，而且教给农民用温水浸泡种子的方法控制卷心菜病害，还针对粮食作物通过选育抗病品种教威斯康星的农民开展商业目的的种植。[②] 继沃克之后，植物病理系新一代中颇有成就的美国植物病理协会（American Phytopathological Society）主席格林·旁德（Glenn Pound）评价说：[③] "（沃克教授）他是我们的同行中基础研究与应用研究结合的最好例子。他成为蔬菜育种产业、蔬菜罐头产业、全威斯康星乃至全国农民的独特资源。如果真有的话，很少有人对食品生产经济做出这么大的贡献。"

威斯康星大学教师们的努力在理论和实践上为威斯康星思想的形成和发展奠定了坚实的基础，而同样为此做出贡献的，还有他们的学生及下一代的教师们。除上面提及的德文·E. 维特（Edwin E. Witte）、格林·旁德（Glenn Pound）外，1934 年被选为参议员的威斯康星大学经济学家哈沃德·格沃斯（Harold Groves）为威斯康星州及美国的税务立法做出了突出贡献。在 1931 年，他与普尔·罗申布什（Paul Raushenbush）和威斯康星大学经济系的几位研究生共同起草了失业补偿金法案，并最终获准通过。[④] 作为威斯康星失业补偿系统第一任主任，他在这个位子上服务了 35 年（1932—1967 年），这也许是威斯康星大学的教授在政府任职的最长纪录。1969 年 12 月，在他去世前数周，一位记者写了一篇专题报道，题目是：哈沃德·格沃斯——威斯康星思想的缩

---

① STARK J. The Wisconsin Idea：The University's Service to the State ［A］. In Legislative Reference Bureau（Ed.）1995 - 96 Wisconsin Blue Book ［R］. Madison：Legislative Reference Bureau，1996：27.

② Ibid.：29.

③ POUND G S，MAXWELL D P. Plant Pathology and the Wisconsin Idea ［A］. With One Foot in the Furrow：A History of the First Seventy-five Years of the Department of Plant Pathology at the University of Wisconsin-Madison ［M］. P. H. Williams and M. Marosy（Eds.）. Dubuque：Kendall Hunt，1986：301.

④ NELSON D. The Origins of Unemployment Insurance in Wisconsin ［J］. Wisconsin Magazine of History，1968，51（2）：120.

影（Harold Groves——The Epitome of the Wisconsin Idea）。①

6.2.4　威斯康星思想与非制度性因素的契合

合法性机制对组织行为的影响并非强制，而是概率意义上的。即如果组织满足了正式制度与非正式制度的要求，则组织就有很大的概率出现合法性的行为。能够影响组织最终是否采取合规行为的还有其他一些非制度性因素。

（1）时空因素

威斯康星州与威斯康星大学几乎同时成立。威斯康星在 1848 年成为美国的一个州，而威斯康星大学也是在 1848 年兴建并在 1849 年开始招生。在一个成立之前，另一个几乎还没做成什么事情，因此州政府与大学形成了灵活的合作关系。② 而且，在很长一段时期，威斯康星大学作为州里唯一的公立大学，自然和州政府形成并保持着密切的联系。

（2）地理因素

大学与州政府在同一城市而且彼此毗邻。在美国，州政府与州内主要州立大学在同一城市的只有 9 个州，而且即使是这 9 个州，大学与州政府有的还相隔很远。③ 在威斯康星，州政府不仅和大学在同一城市，而且相距不到 1 英里。距离在今天也许不是合作的主要因素，但在 19 世纪，交通问题还是相当重要的。大学的教授们能够影响州政府的决策，很大程度上是因为双方交流起来比较方便。而且，制订法律的机构与研究法律的学术机构在同一城市，距离又这么近，很自然地双方人员会彼此尊重并经常交流思想。

（3）精英人物

范海斯校长与拉弗雷特州长进行了卓著工作及亲密合作。两人都出生于威斯康星州，都是威斯康星大学 1879 届的学生，而且在大学期间是很好的朋友。后来拉弗雷特成为威斯康星第一个出生在本州的州长（1901—1906 年在任），而范海斯，在威斯康星大学接受了全部的高等教育——学士（1880 年）、硕士（1882 年）、博士（1892 年）的大学第 1 任校长（1903—1918 年在任），创下威斯康星大学的多项第一：获得大学授予的第一个博士学位；成为第一个担任本校校长的校友；在任时间最长的校长。④

二者在任职时间上的重叠也绝不是巧合。事实上，正是在拉弗雷特的强烈支持下，大学董事会才选定范海斯为大学校长。在二者同时在位（1903—1906 年）期间，拉弗雷特经常向范海斯咨询意见，并任命他在州政府的多个委员会任职。⑤ 大学领导人与州

---

① STARK J. The Wisconsin Idea：The University's Service to the State ［A］．In Legislative Reference Bureau（Ed.）1995 - 96 Wisconsin Blue Book ［R］．Madison：Legislative Reference Bureau，1996：25.

② Ibid.；7.

③ Ibid..

④ UNIVERSITY OF WISCONSIN-MADISON. Chancellors and Presidents of the University of Wisconsin-Madison ［EB/OL］．http：//archives. library. wisc. edu/uw-archives/chancellors/chancellors. htm. Retrieved 2009 - 03 - 12.

⑤ STARK J. The Wisconsin Idea：The University's Service to the State ［A］．In Legislative Reference Bureau（Ed.）1995 - 96 Wisconsin Blue Book ［R］．Madison：Legislative Reference Bureau，1996：12.

政府领导人之间良好的关系无疑是威斯康星思想成功的重要因素。

作为威斯康星思想的关键性人物，范海斯和拉弗雷特都作出了突出贡献。

范海斯在芝加哥大学作访问教授时，受到当时芝加哥大学校长威廉姆·瑞尼·哈珀（William Rainey Harper）的影响。哈珀曾积极推动肖托夸讲习运动（Chautauqua lecture movement），相信教室外教育活动的价值，支持非学历学生。①

哈珀曾写信给范海斯，希望范海斯能够"将大学的直接工作扩展到院墙之外，让这个辉煌的州的所有人能够直接与大学的专家和大学的思想联系起来。"② 范海斯也确实这样做了。他曾宣称，自己"不会觉得满意，直至大学的有益影响到达整个州的每一个家庭"。③

范海斯于1905—1915年担任州林业部部长，还担任过自然保护委员会（Conservation Commission）主席。他还利用自己在专业领域的影响，使美国林业服务中心（United States Forest Service）支持成立的世界第一个林产品实验室（Forest Products Laboratory）落户威斯康星大学校园。④ 在他的支持下，1907年，威斯康星大学推广部（Extension Division）得以建立。经过他15年不懈努力，威斯康星思想在威斯康星大学深深地扎下根，成为继任大学校长的追求目标。⑤

拉弗雷特更是不遗余力地推动政府与大学的合作。1901年，他第一次向州立法发表演说时强调：州（政府）不会放弃对大学的职责，大学也不会称得上履行了它对人民的职责，直到配备足够的手段使这个州每个年轻人在家里就能接受教育，获得大学每个系的学习内容。⑥ 他不仅支持董事会请范海斯回来当校长，而且在工作上和范海斯及大学保持亲密合作。他为大学提供了充足的资金，注意发挥大学教授的知识和技能处理行政事务。作为"进步主义斗士"，他力图减少特殊利益集团对政府的影响，保护弱势群体的私人权利，这也使他从大学寻求帮助和支持。在他的支持下，创立了"立法咨询图书馆"（Legislative Reference Library），查理斯·麦卡西（Charles McCarthy）和埃德文·维特（Edwin Witte）先后任这个图书馆的主席。而这个图书馆也构成大学教授们与政府立法人员相互交流、讨论的重要场所，双方开展了卓有成效的合作，成为威斯康星思想的重要源泉。⑦

---

① RASMUSSEN W D. Taking the University to the People—Seventy-five Years of Cooperative Extension [M]. Ames：Iowa State University Press，1989：31.

② VANCE M M. Charles Richard Van Hise：Scientist，Progressive [M]. Madison：State Historical Society of Wisconsin，1960：87.

③ WARD D. 1997-98 Annual Report [R]. Madison：University of Wisconsin-Madison，1998：15.

④ VANCE M M. Charles Richard Van Hise：Scientist，Progressive [M]. Madison：State Historical Society of Wisconsin，1960：87.

⑤ STARK J. The Wisconsin Idea：The University's Service to the State [A]. In Legislative Reference Bureau (Ed.) 1995-96 Wisconsin Blue Book [R]. Madison：Legislative Reference Bureau，1996：14.

⑥ KNOX A B，CORRY J. The Wisconsin Idea for the 21st Century [A]. In Legislative Reference Bureau (Ed.) 1995-96 Wisconsin Blue Book [R]. Madison：Legislative Reference Bureau，1996：81.

⑦ STARK J. The Wisconsin Idea：The University's Service to the State [A]. In Legislative Reference Bureau (Ed.) 1995-96 Wisconsin Blue Book [R]. Madison：Legislative Reference Bureau，1996：12.

6.3 威斯康星思想的实践与发展

6.3.1 威斯康星思想在 19 世纪末至 20 世纪初的实践

威斯康星大学为本州民众所提供的服务，最早可能是 1860 年为教师们开办的培训课程（institutes for teachers），这些课程开设在校园内，但时间都比较短，内容也比较简单，而且不提供学位。①

1866 年，根据莫里尔法案及达尼郡的捐赠，在威斯康星大学校园的西面和西南面董事会购买了 200 英亩的土地，建立"一个试验农场，通过在不同土质和当地土地上的试验来教授农业，而不是一个追求得到最好的品种和质量种子的标准农场。"② 在 20 世纪初期，工人们在试验农场发现一种喷液（spray）能控制马铃薯凋萎病（potato blight）帮助提高 20％～25％的产量。③

1877 年，董事会认为试验农场得到的许多有用的成果除了发表于年度的"董事会报告"外，并没有给本州的农民带来益处。④ 大学开始将试验成果推广到全州各地，其主要做法是在冬天农闲时候派出"农场指导员（the director of the farm）"，初期工作虽受到农民的欢迎但比较困难。⑤

1885 年，州议会通过一项法案，授权大学在冬天为农民建立培训机构，以"介绍农业理论和实践中最新的成果"。⑥ 在 1886—1887 年的冬天，大学建立了 57 个这样的机构，大约 50 000 农民参与。⑦ 9 年之后，机构数增加到 106 个，又有大约 50 000 农民参加。此外，在 11 个机构中为农妇们开设烹饪班。与此同时，大学举办了 10 场夏季集会，发放 60 000 份机构手册。⑧

1886 年，全美第一个农民教育项目——威斯康星农民短期课程在威斯康星大学正式设立。第一年开设种子与育种、土壤学、饲养学、植物实验、奶酪制作、农作物、农业化学、账目管理。⑨

---

① STARK J. The Wisconsin Idea：The University's Service to the State ［A］. In Legislative Reference Bureau（Ed.）1995 - 96 Wisconsin Blue Book ［R］. Madison：Legislative Reference Bureau，1996：32.

② UNIVERSITY OF WISCONSIN BOARD OF REGENTS. 1866 Report of the Regents ［R］. Madison：University of Wisconsin Board of Regents，1866：8.

③ UNIVERSITY OF WISCONSIN BOARD OF REGENTS. 1906 Report of the Regents ［R］. Madison：University of Wisconsin Board of Regents，1906：29.

④ UNIVERSITY OF WISCONSIN BOARD OF REGENTS. 1877 Report of the Regents ［R］. Madison：University of Wisconsin Board of Regents，1877：47.

⑤ STARK J. The Wisconsin Idea：The University's Service to the State ［A］. In Legislative Reference Bureau（Ed.）1995 - 96 Wisconsin Blue Book ［R］. Madison：Legislative Reference Bureau，1996：33.

⑥ WISCONSIN STATE LEGISLATURE. Laws of 1885 ［Z］. 1885：Chapter 9.

⑦ UNIVERSITY OF WISCONSIN BOARD OF REGENTS. 1888 Report of the Regents ［R］. Madison：University of Wisconsin Board of Regents，1888：55.

⑧ UNIVERSITY OF WISCONSIN BOARD OF REGENTS. 1896 Report of the Regents ［R］. Madison：University of Wisconsin Board of Regents，1896：14.

⑨ STEFFINS L. Sending a State to College ［J］. American Magazine，1909，62（4）：353.

1887 年，哈奇法案大大加强了大学在农业试验和推广上的实力。而威斯康星大学第七任校长彻姆博林（Thomas Chrowder Chamberlin，1887—1892 年在任）任职期间对大学的推广工作进行许多开创性的努力。他除了使 1860 年开始的夏季教师培训项目重新具有活力外，还开展了夏季学生培训，并开始授予学位。1904 年这两个项目合并。在此基础上，1926 年大学第一次为老师们开设短期夏季事务所，随后事务所的对象扩展至工程师、戏剧教师、高中音乐老师、银行员工等。① 此外，他还大力支持大学开设农业短期课程，建立农民学社。②

1890 年，威斯康星大学开始在冬天为奶农及奶业工人们开设短期课程。就在这一年，农学院史蒂芬·巴布库克（Stephen Babcock）教授发明了简单、方便、廉价的"牛脂检验法"，并借助大学的短期课程及农民培训机构和试验站使之迅速在全州得到推广。该项发明极大地推动了威斯康星州奶业的发展，为相关产业增加了 800 000 美元的收入。③ 1891—1892 年，大学开始为全州提供农业推广巡回课程。这一项目由一系列在校园外开展的讲座组成，共十门课程，每门课程六场讲座，由完成自己本职工作后的大学教授们进行。④

1895 年通过的两项立法赋予大学农学院两项新的职责，⑤ 也展示了州议会和民众对大学解决问题能力的信任。一项法律规定，所有商业化肥的制造者和分销商，需将每种化肥取样送大学试验站检测，并缴纳 25 美元检测费。通过试验站检测，得到合格证书后方可销售，否则将面临重罚。另一项法律规定农学院需"准备一种期刊或手册，用于介绍威斯康星州，特别是新的和居民稀疏地区的农业资源。"借此展示威斯康星州新区域的农业优势，尽力吸引正在寻找居住地的民众到威斯康星来。

截至 1896 年，威斯康星大学及其农学院共出版发行了 54 期公告。农学院发布了 12 个"年度报告"（Annual Reports），10 个年度的"农民学社公告"（Farm Institute Bulletins），还有其他类型的印刷品共 216 000 份，其中包括 60 000 份当年"农民培训公告"和 50 000 份"寻家者手册"（Hand Book for the Home Seeker）。此外，他们还为新的商业化肥审批项目和其他较窄领域的主题发行各种公告。一些出版物是非常实用的，譬如"年度报告"和"农民学社公告"都超过 300 页，"寻家者手册"大约 200 页。⑥

进入 20 世纪，威斯康星思想迎来了繁荣时期。威斯康星大学一直以来在解决本州实际生产问题方面的能力和巨大成效是其中的一个原因，另一个重要原因在于推崇依靠受过训练的专业人士解决问题的"进步主义运动"兴起，"进步主义的斗士"罗伯特·

---

① STARK J. The Wisconsin Idea：The University's Service to the State［A］. In Legislative Reference Bureau (Ed.) 1995 - 96 Wisconsin Blue Book［R］. Madison：Legislative Reference Bureau，1996：35.

② Ibid.；14，35.

③ UNIVERSITY OF WISCONSIN BOARD OF REGENTS. 1904 Report of the Regents［R］. Madison：University of Wisconsin Board of Regents，1904：74.

④ STARK J. The Wisconsin Idea：The University's Service to the State［A］. In Legislative Reference Bureau (Ed.) 1995 - 96 Wisconsin Blue Book［R］. Madison：Legislative Reference Bureau，1996：37.

⑤ WISCONSIN STATE LEGISLATURE. Laws of 1895［Z］. 1895：Chapter 87，Chapter 311.

⑥ STARK J. The Wisconsin Idea：The University's Service to the State［A］. In Legislative Reference Bureau (Ed.) 1995 - 96 Wisconsin Blue Book［R］. Madison：Legislative Reference Bureau，1996：39.

M. · 拉弗雷特（Robert M. La Follette）成为威斯康星州长。大学与政府的合作更加紧密。范海斯校长 1906 年骄傲地说：[①]

> 文理学院院长是州地质勘测部门的主任，也是渔业和林业委员会成员；农学院院长是林业委员会成员；工程学院负责着全州度量衡的公共标准。历史学教授是发起整理威斯康星军人内战时期历史的委员会成员；细菌学教授是州家畜卫生委员会成员；道路工程教授协助税务委员会和公路委员会的工作。一名政治科学教授是公民服务委员会（Civil Service Commission）主席；一名政治经济学系的教授曾负责税务委员会的调查；大学校长是地质勘测委员会主席、林业委员会主席和自由图书馆委员会（The Free Library Commission）成员。

大学还从 1907 年开始开展了函授课程（correspondence courses），截至 1910 年 7 月 1 日，共有 4 794 名学生已经或正在参加大学推广部的函授课程。[②]

在推广部首任主任路易斯·雷博（Louis Reber，1907—1926 年在任）领导下，威斯康星大学还开始为工业界提供人员培训项目。雇主提供场地、设施、学费和工人学习期间的工资，推广部每两周派一位老师来上课。[③] 1909 年，雷博建立市政咨询部（Municipal Reference Bureau）"搜集整理市政府服务项目的数据和信息，供有可能从这些信息中获益的市民使用。"[④] 今天，市政咨询部的部分职能被推广部的地方政府中心（Local Government Center）继承。[⑤]

1911 年，应奥尼达郡（Oneida County）的请求，农学院派出代理人（agent）到该地区各地巡回提供农业和教师培训服务，这是威斯康星思想的支柱——农业合作推广项目（Cooperative Extension program）的开始。其中，农学院负担代理人的一半工资，接受服务的地区负担代理人的另一半工资和其他花销。[⑥] 州政府当局很快认识到这一做法的价值，立法让各地区效仿，并给予专门拨款。1914 年美国国会通过的《史密斯-利弗法案》（Smith-Lever Act）给予了这一项目更多的资助。

大学还率先使用广播开展教育教学活动。1914 年电力工程教授爱德华·本纳特（Edward Bennett）建立了一个广播信号发射机，并获得实验广播的许可证。随后他将许可证转给了物理学助理教授埃尔·M. 特瑞（Earle M. Terry）。特瑞和他的学生先是

---

① UNIVERSITY OF WISCONSIN BOARD OF REGENTS. 1906 Report of the Regents [R]. Madison：University of Wisconsin Board of Regents，1906：35.

② UNIVERSITY OF WISCONSIN BOARD OF REGENTS. 1910 Report of the Regents [R]. Madison：University of Wisconsin Board of Regents，1910：233 - 235.

③ UNIVERSITY OF WISCONSIN BOARD OF REGENTS. 1908 Report of the Regents [R]. Madison：University of Wisconsin Board of Regents，1908：177.

④ UNIVERSITY OF WISCONSIN BOARD OF REGENTS. 1912 Report of the Regents [R]. Madison：University of Wisconsin Board of Regents，1912：170.

⑤ STARK J. The Wisconsin Idea：The University's Service to the State [A]. In Legislative Reference Bureau (Ed.) 1995 - 96 Wisconsin Blue Book [R]. Madison：Legislative Reference Bureau，1996：46.

⑥ Ibid.：47.

在校园里转播美国气象局的天气预报，1919 年他们增加了傍晚的音乐节目。很快，他们开始广播农产品价格信息和体育赛事。在实验广播的许可证到期时，这个广播实验站更名为 WHA。随后，农学院开始提供午间的农业和家政节目；音乐学院提供更多的音乐会直播。① WHA 一直未得到大学的资助，随着其影响的扩大，格林·弗兰克（Glenn Frank，1925—1937 年在任）校长决定在 1926—1927 财政年度给予 WHA 适当的财政支持。在大萧条时期，州政府的许多部门也为 WHA 提供节目，从而使其变成州政府与民众沟通的渠道。1931 年，WHA 增加了"言论自由论坛"（Freedom of Speech Forum），提供了一个对当前问题表达多元化观点的渠道；开办"威斯康星广播学校"（Wisconsin School of the Air），1933 年扩大为"威斯康星广播学院"（Wisconsin College of the Air）；开办大型的、没有学分的初级西班牙语教程。② 可以说，WHA 教学节目的成功，为威斯康星思想增添了时代色彩。

1932 年，威斯康星大学开展研究多年的作物育种取得第一次实质性突破，一组农艺学家培育出了适应威斯康星生产环境的杂交品种。农民很快信服了专家提供的种子并开始大规模种植，一大批种子营销公司也得以建立。这些高产、抗病虫害的种子每年为全州的粮食生产增加 2 000 万美元，也帮助威斯康星州在全国粮食生产中居于领先地位。③

6.3.2　威斯康星思想在 20 世纪中期至 20 世纪末的实践

据不完全统计④，从 1905—1940 年，共有 98 位威斯康星大学的教授和管理人员曾在州政府任职。其中还不包括大学工作人员以个人名义参加州政府服务的人员。此外，还有一些人员从州政府转到大学工作。

1945 年，罗伯特·戈特（Robert Gard）来到威斯康星大学。在他的努力下，威斯康星思想在文化生活中的影响逐渐扩大。他先是通过主持每周的广播节目"威斯康星奇闻轶事"（Wisconsin Yarns）搜集、整理、传播剧作家们可能用到的威斯康星民间故事，1948 年又组织成立"威斯康星农村作家协会"（Wisconsin Rural Writers' Association），并支持在全州开展巡回戏剧演出。他创办了威斯康星思想影剧院（Wisconsin Idea Theater）和威斯康星出版社（Wisconsin House）等文化和艺术机构及基金会，⑤充实完善了威斯康星思想在文化领域的实践活动。

20 世纪 50 年代，威斯康星大学合作推广站开始资助各地区农业推广员追求研究生学位，并在全国培训合作推广站的管理人员。⑥ 1953 年，威斯康星大学借助新出现的媒

---

① STARK J. The Wisconsin Idea：The University's Service to the State ［A］. In Legislative Reference Bureau（Ed.）1995 - 96 Wisconsin Blue Book ［R］. Madison：Legislative Reference Bureau，1996：49.

② Ibid. .

③ Ibid. ：53.

④ MCMURRAY，HOWARD JOHNSTONE. Some Influences of the University of Wisconsin on the State Government of Wisconsin ［D］.，Madison：University of Wisconsin-Madison，1940 Ph. D. Dissertation.

⑤ STARK J. The Wisconsin Idea：The University's Service to the State ［A］. In Legislative Reference Bureau（Ed.）1995 - 96 Wisconsin Blue Book ［R］. Madison：Legislative Reference Bureau，1996：55.

⑥ Ibid. .

介——电视，开始为城市居民提供服务。在联邦"1963 年教育电视设施法案"（Educational Television Facilities Act of 1963）支持下，威斯康星州高等教育协调委员会（Coordinating Committee of Higher Education）开始制订利用电视开展教育活动的规划。6 年后，隶属于高等教育协调委员会的教育通信委员会（Educational Communications Board，ECB）成立，1971 年 WHA-TV 开播。至 20 世纪 90 年代中期，ECB 控制着 5 家电视台的许可证，大学推广站则拥有广播电视网的旗舰—WHA-TV 的许可证。目前，广播电视网已开通光纤、微波、卫星和有线电视等多种方式。①

1963 年，威斯康星大学在长期开展工人培训的基础上，又增加了"大学-产业研究项目"（University-Industry Research Program）。该项目的使命是引导商业和产业界直接与拥有他们可能需要的知识的研究者对接，方便商业和产业界获得大学的技术支持，以此推动经济发展。借助于这个项目，企业可以获得大学对其商业计划书的评价及建议，得到产品债务法的信息，从而进行产品测试，改进生产流程。此外，该项目还提供信息检索、主办研讨会等服务，并将存在商业化价值的大学基础研究和应用研究成果以《试金石》（Touchstone）期刊的形式公开发行。② 此后，大学对商业和产业界的关注逐渐增多。1982 年，《大学资源商业产业化指南》（Directory of University Resources for Business and Industry）正式发行。到 1990 年，该指南已详尽覆盖大学的资源中心、实验室、研究所、小企业发展机构、职业规划、就业安排、实习计划、图书信息、咨询服务、翻译服务、商业服务和其他有用的资源。借助于这一指南，商业和产业界人士很容易发现，大学几乎能够提供给他们所需要的所有服务。③

6.3.3 21 世纪初的威斯康星思想

时代的转换、社会的发展和科技水平的进步使威斯康星思想在表现形式、实践途径等方面产生了变化。新的环境也给威斯康星思想带来新的挑战。

信息技术的飞速发展和各种公立、私立、企业或非营利研究机构的建立，使大学不再是知识的唯一来源。如果有需要，个人或组织可以通过电话、网络等多种途径向世界各地不同的专业或商业学术机构寻求帮助。而行业及学科的专门化，在使政府雇员成为"专家"的同时，也降低了大学教授为社会提供综合服务的能力。

威斯康星思想在 21 世纪面临的挑战来自社会和高等教育自身两个方面。从来自社会现实的角度来说，挑战不仅源于州政府对大学及其推广活动财政支持的减少，而且源于社会压力对现代人生活方式和感知能力的影响。生活节奏变快，生存压力变大，现实生活富足及现代人心态浮躁和急功近利，戴维德·彻特问道：④ 谁还有时间参与实践威斯康星思想？谁还需要威斯康星思想？谁还有耐心要求威斯康星思想？此外，技术进步（如互联网）也在改变着威斯康星思想的实践方式和人们对大学提供服务的认识。

---

① STARK J. The Wisconsin Idea：The University's Service to the State ［A］. In Legislative Reference Bureau (Ed.) 1995-96 Wisconsin Blue Book ［R］. Madison：Legislative Reference Bureau，1996：56.

② Ibid.：57.

③ Ibid.：61-62.

④ TRECHTER D. The Wisconsin Idea ［R］，River Falls：Survey Research Center. 2005：10-15.

从高等教育自身的角度来看，越来越多的专业人士进入政府机构，他们有自己的专业参考网络，从而降低了政府工作对大学教授的需要；社会问题变得越来越复杂，而大学里的研究却变得越来越精细，大学教授们"在越来越小的领域内知道得越来越多（learn more and more about less and less）"。学术声望与研究和发表于同行评议期刊上的论文密切相关。学术明星是能带来最多资助和能在最顶尖的学术期刊上发表作品的人。观众，实际上只有这些人能完全理解和欣赏那些作品，他们是少数在学术上有相似追求的人。基本的资助来源是国家基金，如国家科学基金（National Science Foundation）、皮尤基金（Pew Foundation）等，他们对影响国家（如癌症研究）或世界（如全球变暖）的问题感兴趣，[①] 威斯康星思想原始定义中"大学为州服务"还能继续吗？这并不意味着本州的问题已经全部解决，而是意味着在全球化的影响下，解决地区性的问题要考虑到地球上的其他国家和地区。

事实上，威斯康星思想的核心概念是"合作"（partnership）。通过长期的"合作服务"（cooperative services），威斯康星州政府与威斯康星大学彼此均有所获益，并创造性地形成了威斯康星思想。整个 20 世纪，"推广"（extension）和"公共服务"（public service）常常就是指这种教育合作关系。[②] 21 世纪，威斯康星思想的合作本质仍然保留，合作形式有了变化，合作内容有了扩展。威斯康星大学副教务长哈沃德·马丁（Howard Martin）给出了当前威斯康星思想的实践内容（图 6－1）。[③]

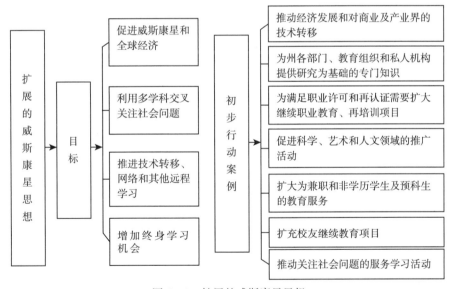

图 6－1　扩展的威斯康星思想

①　TRECHTER D. The Wisconsin Idea ［R］. River Falls：Survey Research Center. 2005：1－3.

②　KNOX A B，CORRY J. The Wisconsin Idea for the 21st Century ［A］. In Legislative Reference Bureau（Ed.）1995－96 Wisconsin Blue Book ［R］. Madison：Legislative Reference Bureau，1996：81.

③　MARTIN H. Amplify Wisconsin Idea ［EB/OL］. http：//www. chancellor. wisc. edu/strategicplan/images/amplify06. pdf. Retrieved 2009－03－12.

6.4　本章小结

　　"威斯康星思想"是大学的社会服务职能确立的标志,它的核心内涵是指向公共利益的合作,即大学与各种外部伙伴的双边及多边的交流与配合。麦卡西对威斯康星思想形成的解释颇为流行,他总结了两个原因:一是威斯康星大学经济学教授伊利的影响;二是威斯康星州居民的"日耳曼源"(或称"德国源")。麦卡西的解释强调了一些非正式制度的因素,但若要完整理解威斯康星思想的形成,这些因素不仅不充分,而且有效性也受到质疑。

　　制度理论的合法性机制从多个角度更为深刻地把握了威斯康星思想的形成因素,认为,威斯康星的形成得益于以下几点。①与正式制度的恰当衔接:符合国家战略规划,满足州政府的兴趣和需要,满足校内管理层要求;②与其他非正式制度的良好互动:适应"进步主义运动"要求,符合19世纪下半叶美国高等教育的变革潮流,维持威斯康星州农业和奶业的生产传统,赢得威斯康星州民众对大学服务活动的热情参与和支持,实现威斯康星大学教授及其学生们的实践观念;③与非制度性因素的契合:时空因素、地理因素和精英人物。

　　对威斯康星思想在不同历史时期实践活动的考察,证明了效率机制与合法性机制可以共存互补。

7 | 结论、启示与展望

美国赠地院校和农业服务体系的产生与成长，不仅完善了大学的社会服务职能，而且实现了大学教学、科研和社会服务等三项职能的有机统一，推动了美国现代大学的结构性调整，实现了高等教育使命的革命性突破。

以赠地院校为主要依托的美国农业服务体系，支撑了整个美国的农业及相关行业的创新和进步，为美国农业领先于世界提供了最坚实的支持。而赠地院校也在农业服务体系的成长中得到发展，从单一的农学院逐步发展成为综合性的大学，有些已经发展成为世界著名的研究型大学，开创了一种新的大学发展之路。

7.1 全文结论

7.1.1 美国赠地院校及其农业服务体系的形成是多重冲突协调的结果

美国高等教育的改革与发展是美国赠地院校及其农业服务体系创立和发展的动因之一，而政治、经济、文化传统等因素在这一过程中的作用也应受到重视。历史的意义是一回事，历史的过程是另外一回事。用"选择性遗忘"和"选择性强调"得到的结论来指导新时代背景下的实践，不是自欺欺人便是空想蛮干。

美国赠地院校及其农业服务体系的形成承载着经济、政治、文化等多重冲突。这验证了研究假设1：特定冲突是制度起源的微观基础。择其要者叙之：

首先是经济冲突。美国独立后继承了英国皇室的大片土地，随后通过战争、购买和谈判，领土迅速扩张。吸引移民和发展农业被视为开发这些土地的最好方式，将公共土地从直接售卖转变为助学捐赠将保证联邦和州从其他资源获得更多的财政收入，并保证新开发地区的长久繁荣。

其次是政治冲突。1862年，国家存亡尚且未知，刚刚成立的联邦政府需要找到一条平衡东部、西部、北部各州及联邦自身的需求和利益的途径。希望借助这些需求和利益的平衡，联邦政府能够联合东部、西部和北部，并因此保住联邦。1887哈奇法案是政治妥协的又一杰作，赠地院校的校长们、农业利益相关者们（主要指格兰奇运动的参加者）、国会议员和联邦农业部，在农业科学家的协调下平衡了各自的要求。1914史密斯-利弗法案避免了赠地院校、州政府、联邦农业部和其他政府机构工作的重复，更重要的是要求各州为联邦行为提供配套资金，扩大了联邦对州权力的影响。

再次是文化冲突。制度的施行绝不可能是孤立的，总是伴随着观念而行。美国赠地院校及其农业服务体系，从某种程度上说，是美国社会观念和意识形态潮流的反映，体现了美国急于摆脱从属于欧洲（特别是英国）的地位，创立属于美国人自己的发展模式的雄心壮志。殖民地时期"无所不在的社团"文化是这一雄心壮志的初期表现；南北战争后，国家主义的观念普遍流行，美国更需要开创性的行动以满足其膨胀的自信；19世纪末至20世纪初的进步主义运动既是这种雄心壮志的依据也是其力证。

另外，历史传统和国外的经验为这些冲突的解决提供了一个思路。赠地院校的设立是对英国和殖民地时期赠地兴学历史传统的继承和发扬；农业试验站则是借鉴了德国的州立农业试验站的模式；合作推广系统是英国"大学推广"的发展。

冲突引发博弈，最终形成的均衡状态便构成制度的基础。当冲突的深度和数量积累到一定程度，各方的博弈会达到某种均衡，在一些譬如精英人物、战争、重大危机等非控制性因素的触发和引导下，冲突的均衡状态会固定下来，便构成规范化的制度。

需要指出的是，描述美国赠地院校及其农业服务体系形成中所承载的多重冲突，并不是要贬低它们在教育发展中的作用和意义，而是希望证明，它们不仅对于教育发展，而且对于美国的工农业发展、土地政策、经济增长、西部开发、联邦与州之间及各州在国会中的权力分配都具有重要意义。很难设想，如果没有赠地院校和农业服务体系，美国的历史会变成什么样子。

7.1.2 政府力量在美国赠地院校及其农业服务体系的建设中发挥了主导作用

有关美国赠地院校及其农业服务体系的三部重要法案：1862莫里尔法案、1887哈奇法案和1914史密斯-利弗法案，每一部都开创了美国立法和高等教育历史上的"第一次"，而这其中的每一个"第一次"都预示着联邦权力在高等教育领域和州权范围内的扩大。在1862莫里尔法案中，第一次，联邦的土地赠予被用于支持所有州的高等教育，并且国会首次在一部针对各州的法案中规定了专门的限制和条件；在1887哈奇法案中，第一次，开创了联邦政府可以使用高等教育机构作为国家政策工具的先例；在1914史密斯-利弗法案中，第一次，要求州提供与联邦拨款同等数量的配套资金。另一方面，赠地院校受公共财政支持，科学研究接受政府资助，合作推广要依靠地方政府，可以说，政府的影子无处不在。

7.1.3 美国赠地院校及其农业服务体系的形成和发展依赖于三个权力中心

联邦和州政府是美国赠地院校及其农业服务体系所依赖的第一权力中心。因为它们掌握着赠地院校办学的主要资源，也掌握着农业服务体系运行的全部资源。农业社团等行业组织是第二个权力中心。如果说政府掌控着赠地院校及其农业服务体系的"投入"，农业社团等行业组织则约束着这一系统的"产出"。不仅如此，如今，许多农业社团也已开始向农业服务体系提出要求，并愿意通过资金投入等方式使农业服务体系按照它们的要求开展活动。旧式学院和其他高等教育机构是影响赠地院校发展路径和农业服务体系制度性利益实现的第三个权力中心。因为它们凭借历史的积累，把持着与社会精英阶层的联系，并主导着高等教育、科学研究的发展方向。

7.1.4 美国赠地院校及其农业服务体系利用了三个机会空间并形成四项专属能力

美国在成立初期时拥有的大片未开发的公共土地是赠地院校最大的机会空间。土地的"公共"性质，形成了赠地院校第一项组织优点，或者说组织的专属能力——关注教育民主。利用既存高等教育组织偏爱贵族化"自由教育"而忽视世俗化人才培养、实践性学科发展的机会空间，同时利用社会生产迅速繁荣，经济快速发展形成的实用学科人才不足的人才市场契机，赠地院校形成了第二项组织优点——注重实践。赠地院校在机会场域中得到的第三个机会空间是政府，特别是联邦政府，控制高等教育的企图和行动，由此获得了自身的第三项组织专属能力——与政府的紧密联系。当然，农业的特殊重要地位使这一专属能力得到进一步强化。赠地院校的第四项组织优点是——全国性的网络。这一网络不仅包括所有的赠地院校及其附属机构，还包括联邦农业部。这项组织优点并不是因为利用某种机会空间而形成，而是为了保护其他的机会空间而形成。

美国赠地院校及其农业服务体系获得的机会空间和组织专属能力，不难看出，均与权力中心的要求密切相关，表现出组织对合法性的追求。第一项组织优点受政府和学术权力中心的影响。第二项组织优点受市场和学术权力中心的影响。第三项组织优点与第一项一样，受政府和学术权力中心的影响，尽管学术权力中心的作用是间接的，但如果不是以私立和宗教院校为代表的学术权力中心对政府权力的拒绝和排斥，与它们存在某种竞争关系的赠地院校和农业服务体系则也很难获得与政府的紧密联系。第四项组织优点则是三个权力中心共同影响的结果。

7.1.5 美国赠地院校及其农业服务体系的制度设计与实际执行之间存在缝隙

执行中的制度与原来的设计出现了缝隙。根据 1862 莫里尔法案成立的赠地院校，其初期发展困难重重，后经 1887 哈奇法案、1890 莫里尔法案和 1914 史密斯-利弗法案的扶持，美国农业服务体系的制度框架搭设完成，赠地院校也获得了专属能力，奠定了发展的基础。但原始的设计并不能解决发展中的问题。

在 1887 哈奇法案的原始设计中，受当时强大的格兰奇运动的影响，农业试验站不得不成为相对独立的机构，由联邦农业部掌管，赠地院校给予指导与维护。这种模式类似于建立了一个联邦政府直属的农业科研系统，赠地院校是这一系统的协助者。但在后来的发展中，赠地院校（通过农学院）成为实际的负责者，农业部则仅负责协调和分配资金。另外，在系列制度的实际执行中，组织结构中明显加入了州和郡级地方政府的影响，也出现了美国公立和赠地大学联合会的身影；而且除农业部之外的联邦政府其他部门、地方政府和产业组织的资金投入逐渐成为农业服务体系经费的重要来源。

对于这种变化，效率机制给出的解释是：赠地院校认识到试验站不仅可以使一些实践性学科"科学化"，而且可以通过效果的展示吸引更多的农民及其子弟关注和参与赠地院校的发展，还可以以此获得联邦政府的资金，缓解自身的财政压力。但这一解释无法说明，如果这一做法是高效的，为什么试验站不直接变为赠地院校所属？

制度理论中的合法性机制给出的解释是：赠地院校试图通过积极参与试验站的建设发展，赢得政府这一权力中心的认可；同时保存学术自治的"大学"形态以争取学术共同体这一权力中心的认可；通过向农民展示科研成果，赢得产业组织等市场权力中心的认可。借助以上行为，赠地院校力图改变其边缘化的生存状态。而在赠地院校中工作的、试验站所倚重的农业科学家们——他们大部分是赠地院校农学、化学等学科的教授——通过加强试验站在现实生活和权力中心的地位及影响，提升了所在学科在科学层次中的品级，赢得外界认可他们"科学家"的地位。

可以看出，上述效率机制与合法性机制对赠地院校及其农业服务体系表现的解释，并不矛盾，而且是相互加强，相互补充的。这就验证了研究假设 2。

7.1.6　美国赠地院校和农业服务体系出现新趋向

从美国赠地院校和农业服务体系制度结构以及威斯康星思想的演化历程来看，一些新的动向值得注意。

（1）赠地院校和农学院趋向多样化

赠地院校实现了两种意义上的民主：所有阶层的人都可以走进大学教室，所有类型的学科都可以踏入学术殿堂。因此，赠地院校比美国所有其他的高等教育机构更容易实现"综合"，成为真正的"大学（university）"。

在前一种入学民主意义上，学生的多样性（diversity）成为现代赠地院校突出的特征。如何平衡种族、移民、性别等有关多样性的议题成为美国政治人物和赠地院校的领导们经常讨论的话题。另一方面，在后一种学科民主意义上，这种综合引致广泛的参与性，现代赠地院校中的教育类型也随之表现出多样化，最典型的例子是农学院纷纷改名，因为"农学"已经概括不了越来越膨胀的系科。

（2）农业科研趋向综合化

农业科研大多面向实践，而实际中的问题往往不是单独哪一门学科能够彻底解决的，因此农业科研必然走向综合。赠地院校中多样化的学科又使农业科研的综合变得更加容易，许多赠地院校中都有跨学科中心。此外，赠地院校网络化的组织优点方便形成全国或区域性的跨地区研究合作。

（3）美国合作推广趋向高质量和宽领域

尽管合作推广系统在它的名字中并没有强调农业推广，但近一个世纪里，农业推广服务始终是这个系统的主要任务。然而，如今，这个系统已经发生了变化。在许多赠地院校中，合作推广已从农学院拓展到整个校园，变成了全大学的推广。

合作推广系统被视为美国教育的独特成就，是变革和能够解决问题的化身。推广将高等教育的好处带给美国非常多样化人口的各个阶层，[①] 使那些没有进入大学学习的人获得，并且终生可以继续获得高等教育。

---

① RASMUSSEN W D. Taking the University to the People—Seventy-five Years of Cooperative Extension [M]. Ames：Iowa State University Press，1989：3.

1988 年，美国农业部推广服务局将其使命修改为：① "确保一个有效的全国范围的合作推广系统，用高质量的信息，教育和问题解决方案响应优先的需要及联邦利益和政策。"这就意味着，除了传统的推广项目，合作推广系统还要为国家提供持续更新的服务。

7.2 对中国的启示

美国赠地院校历经 50 余年搭建起农业服务体系的框架，经过近 150 年的发展，"服务"的精神早已与大学融为一体。正式制度可以参考，文化、观念、行为方式等非正式制度却无法在另一个环境里复制。合作推广服务 75 周年特别工作组（Seventy-fifth Anniversary Book Task Force）曾宣称：② "推广曾经被许多国家模仿，但迄今为止，仍未被复制。"同样地，美国赠地院校及其农业服务体系的成功不可能在其他国家和地区得到复制。

因此，对美国赠地院校及其农业服务体系的借鉴，宜从顶层设计理念和发展逻辑入手，而不宜过多地关注细节。

7.2.1 决策层的制度设计需要在广阔的背景下进行并选择关键控制点

宏观制度建设应考虑到与经济、政治、文化观念体系等制度环境相匹配。赠地院校和美国农业服务体系的产生不是教育因素的单独作用。尽管教育是动力因素中较为重要的一个，但经济、政治和文化观念体系领域内的冲突，对制度的创建过程作用得更为直接。教育领域中的问题并不全是因为教育的原因产生的，同样，问题的解决也需要整体思考和综合治理。与非正式制度匹配的正式制度最容易取得成功。

面对美国当时的形势，公共土地可以用于多种目的，但国会最终选择了将土地赠予各州用于高等教育。相对于其他的目的，教育可能是最容易令当时的利益相关者达成共识的议题。选准努力方向只是解决问题的第一步，重要的是如何操作。在赠地院校及美国农业服务体系的建设中，国会把握住了两个关键点：一是土地、资金等资源及分派条件；二是组织架构，具体的实施和操作则完全交由参与者个体及由他们自己组织的社团。这样做，既能伸张国会的意志，又给予了参与者充分的自由和空间。

7.2.2 政府应采取多样方式在教育与农业等基础性和长远性事业中发挥主导作用

美国是世界上市场经济最为发达的国家，市场机制影响到社会生活的众多领域，但在教育和农业发展的问题上，政府始终占据主导地位。这在赠地院校及美国农业服务体系的产生与成长中体现得非常明显。

尽管美国宪法中将高等教育的管理权由各州保留，但美国赠地院校和农业服务体系

---

① RASMUSSEN W D. Taking the University to the People—Seventy-five Years of Cooperative Extension [M]. Ames: Iowa State University Press, 1989: 5.

② Ibid.: 8.

的形成和发展历史表明，联邦政府始终掌握着参与的主动权，重要的还在于联邦政府多种多样的参与方式。普惠于各州的资助与竞争性项目互为补充，指定用途的短期专项与保障基本需求的永久基金相得益彰。不同类型和不同水平的参与者均能从中受惠，也就自然均能为国家和社会提供各种层次的服务。

7.2.3 社会系统内应强化政府、学术与市场之间的相互制衡

要在社会系统里培养教育体制内相互制衡的权力中心。同样是受政府主导，美国赠地院校却保持了学术自治的传统。即便是初期完全由政府资助的农业服务体系，也未完全依附于政府。作为市场经济比较发达的社会，美国高度商业化的高等教育市场，并没有妨碍它们的学术研究占据世界前列。与此同时，学术研究大量应用型的成果迅速转化为生产力，推动了社会经济的发展。理解美国这一现象的关键，是应认识到影响美国高等教育发展的三个权力中心——政府、市场和学术——是相互制衡的，而不是相互控制的。

中国教育标准的制订、教育效果的评价、教育组织和人事的考核及相应的教育资源分配都集中在行政部门。学术势力分散，学术共同体影响力较弱。以农业科研领域为例，从中央到地方的农业科学院、部属和省属的农业大学、涉农企业的科研机构等，没有形成具有约束力的学术规范，而且相互间存在某种竞争关系，影响到彼此的联合。市场势力出现异化，存在注重短期效益而不顾长远发展的现象。

借鉴美国的经验，政府、高等教育机构、科研院所和其他关心教育发展的社会力量应共同努力，从以下着手：（a）实行教育分权，打破行政对教育资源的垄断。（b）联合学术部门，集中学术资源。加强科研院所与大学的合作，增加双方人员的交流，鼓励联合进行科学研究、人才培养、成果转化等工作。（c）组建联合监督机构，规范市场力量对高等教育的介入。

7.2.4 政府、高校和科研院所应共同拓展农业服务体系的内涵

（1）扩大农业教育范围

支持高校和科研院所积极扩大农业教育：（a）开展面向城市和农村居民，以改善生活质量为内容的农业生活教育，比如膳食营养、食品和饮水安全、花木栽培等。（b）开展面向中小学生，以培养科学兴趣为内容的农业科学教育，比如宠物饲养、盆景园艺等。（c）开展面向非农学科和非农大学学生，以提高人与自然和谐相处意识的农业环境教育，比如生态群落、生物能源、工业对自然生态的影响等。

（2）整合农业科研资源

在政府协调下，各相关机构针对综合和复杂的实际问题，开展跨学科、跨地区的科学研究。农业拥有与大自然联系紧密的天然优势，对关于人类生存环境的议题，宏大至全球气候变化，微小至反季节蔬菜和衣物面料的选择，无论是农业科研机构还是与其他相关机构的合作，均大有可为。

（3）扩充农业推广的容量

威斯康星大学从一开始就是全校园的推广，而其他赠地院校的合作推广工作也正

在扩展到整个校园。技术转移和成果转化也是推广的一种重要形式。美国的经验显示，农业推广不应局限于农业技术的扩散，完全可以将农村发展、农民教育等内容涵盖进来。

7.2.5　应延伸高等教育在地区发展中的边界

教育是保证国家长久繁荣的基础，也是促进地区发展的重要方式。特别是高等教育，因其对象是成年人，内容是较为成熟的专业和精深知识，容易转化为现实的生产力，所以更应受到重视。

我国高等教育已进入大众化阶段，但现阶段，这种大众化在结构布局上还不均衡。经济发展欠发达的地区，往往高等教育也欠发达。伴随着国家相继推出西部大开发、中部地区崛起等宏观策略，教育领域内也采取对口支援等方式积极参与其中。在具体的实践中，还可以借鉴美国赠地院校发展，特别是威斯康星大学的经验：（a）将高等教育的边界扩展到村寨、社区，让高校师生走出校园；（b）将中小学生带进大学，培养他们的科学兴趣和素养；（c）开放校园设施和资源。经济欠发达的地区，教育资源通常不足，所以要让有限的资源发挥最大的作用。

7.2.6　加强大学师生参与社会服务的制度设计

美国的农业服务体系中，人事方面的掌控权大部分在赠地院校农学院，对人员使用则突出服务导向。学院中既有专门进行推广的人员，也经常安排现职教授进入农业试验站或合作推广中心开展中长期的服务。专职推广人员、农业试验站的专业服务人员与校园内有教职的人员，经过一定的程序，身份可以相互转换。此外，现职人员每年必须有一定工作量的社会服务。这种安排既发挥了大学人才存量和人才培养的优势，又加强了科学研究人员与生产实践的联系。图7-1即显示了亚利桑那大学农业与生命科学学院（CALS）的人员分布情况。①

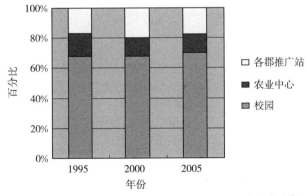

图7-1　1995—2005年亚利桑那大学CALS雇员分布①

　①　SANDER，EUGENE G. CALS Report to Faculty，Staff，and Students［R］. Tucson：College of Agriculture and Life Sciences of University of Arizona，2005：2.

我国高校内现行的考评制度中，"社会服务"方面的指标尚未受到重视。教师和学生的服务活动在常规的考评体系中属于可有可无，得不到有效的激励。根据美国赠地院校的经验：（a）提升教师考评体系中"社会服务"的权重，将教师接受社会咨询、指导生产实践等活动折算成与教学和科研等值的工作量；（b）加强与科研单位和推广部门的合作，通过人员轮岗、租借等方式，鼓励教师参与服务活动；（c）开通专职服务人员的晋升通道，在尊重员工自身能力及其职业选择的基础上，为专门从事社会服务的技术人员提供发展空间；（d）将学生的社会实践活动表现纳入考核体系。

7.3　研究展望

7.3.1　制度体系的建立与完善有自己的逻辑

制度环境是赠地院校及其农业服务体系建设过程的关键因素，但制度并非万能，也不会决定一切。格罗斯（Feliks Gross）曾认为，[①]"历史发展的轨迹是多线式的。在一定的历史时期也并不仅仅存在唯一一种社会历史运动。实际情况往往是同时存在着几个从同一历史渊源发展而来的组织、政党和集团，或向着同样的目标奋进，或沿着不同的路线发展。从一种观念的发轫到人们认为这种观念体系最终得到实现，往往需要几十年或几百年的时间。一旦投入实践，有些高高在上漂浮在云端的观念就可能导致人为的灾难，与提出这些观念的先知者、哲学家和理论家的意图大相径庭。在另一些情况下，效果可能与最初计划不同，但却是社会绝大多数人所向往的。另一些具有可行性和实用性的观念经过调整，在富有才华、精明强干之领袖的领导下，可能会运行良好，也可能带来预期的变化，建立起持久的共和国。"

同样，某项制度在一定环境下的成功，并不代表该制度是普适的，制度的设计者、执行者、变革者都会影响到最终的效果。

制度重要，人也重要。赠地法案通过后的 19 世纪后半叶至 20 世纪初，也是美国高等教育大变革的时代，涌现出艾略特、塔潘、范海斯等著名的校长，1876 年霍普金斯大学成立又为这个时代添上浓重的一笔。没有精英人物、杰出校长的领导，赠地院校能否取得这么显著的成功值得深思。

7.3.2　现实与制度的裂痕

美国农业服务体系有很强的"路径依赖"色彩，因为后来的农业试验与农业推广都被赋予了赠地院校。但它们并未进入无视组织发展的不确定性的"锁定"（"lock in"）状态。理论上推导的结果并未在现实中出现。

如果完全进入锁定，美国所有的农业服务和农业相关公共事业都应该由赠地院校负责，赠地院校也将局限在农业和机械工艺相关领域的人才培养、科研和推广，但事实并不是这样。合作推广系统中地方政府发挥了重要作用；赠地院校之外的一些组织也开展有农业高等教育和科学研究，并获得了产业组织和联邦政府认可；院校间和院校与政府

---

① 格罗斯，菲利克斯 . 公民与国家：民族、部落和族属身份［M］. 北京：新华出版社，2003：13.

间的部分协调职能由美国公立和赠地大学联合会承担，而不是单个的赠地院校或联邦农业部。另一方面，赠地院校绝大部分都已发展成综合性院校，学科门类齐全；伴随着1890机构、1994机构和西班牙裔院校的加入，赠地院校又承担了促进落后地区发展、提高人口素质的任务。外部制度环境的改变对美国农业服务体系的"路径依赖"进行了强制性的修正。

7.3.3 美国经验与中国实践

美国赠地院校和农业服务体系产生与成长于美国独特的社会经济环境中，在此过程中产生的经验，植根于美国特有的政治经济和历史文化。尽管美国的经验中蕴含了部分普适的制度设计理念和民主思想，但对于复杂的现实世界而言，这些经验的适用仍然需要一定的条件。

中国悠久的历史和世代延续的农耕文化，正在受到来自现代科技的冲击，外部的压力已越来越多地成为变革的动力。将美国经验应用于中国实践无疑会有助于中国高等教育的发展和农村、农业的长久繁荣。

美国的经验中哪些是可以供中国借鉴的？如何将美国的成熟模式应用于自然环境相似但人文环境迥异的中国？这种理论上的总结和实践上的应用，需要对美国的经验和中国的现实有充分的认识和把握。这将是另一项系统的工程，也是本研究下一步的努力方向。

总之，不管是否情愿承认，理论的总结往往滞后于实践，大部分的理论都是在解释实践行为，而现实世界需要的是改变。无论是关于制度理论还是关于美国赠地院校及其社会服务体系，还有太多的议题需要讨论。对于研究者来说，前面还有很长的路要走，而且是与以前完全不同的路。

主要参考文献

REFERENCES

（一）中文部分

1. 著作类

[1] 小罗伯特・B. 埃克伦德，罗伯特・F. 赫伯特 . 经济理论和方法史 ［M］. 4 版 . 北京：中国人民大学出版社，2001.

[2] 沃尔特・W. 鲍威尔 . 拓展制度分析的范围 ［A］. 沃尔特・W. 鲍威尔，保罗・J. 迪马吉奥，主编 . 姚伟，译 . 组织分析的新制度主义 ［M］. 上海：上海人民出版社，2008.

[3] 布尔斯廷 . 美国人：民主的历程 ［M］. 谢廷光，译 . 上海：上海译文出版社，2009.

[4] 布林特，卡拉贝尔 . 制度的起源与转型：以美国社区学院为例 ［A］. 沃尔特・W. 鲍威尔，保罗・J. 迪马吉奥，主编 . 姚伟，译 . 组织分析的新制度主义 ［M］. 上海：上海人民出版社，2008.

[5] 陈家刚 . 前言：全球化时代的新制度主义 ［A］. 薛晓源，陈家刚，主编 . 全球化与新制度主义 ［M］. 北京：社会科学文献出版社，2004.

[6] 陈学飞 . 美国高等教育发展史 ［M］. 成都：四川大学出版社，1989.

[7] 约翰・N. 德勒巴克，约翰・V.C. 奈 . 导论 ［A］. 约翰・N. 德勒巴克，约翰・V.C. 奈，主编 . 张宇燕，等，译 . 新制度经济学前沿 ［M］. 北京：经济科学出版社，1995.

[8] 保罗・J. 迪马吉奥，沃尔特・W. 鲍威尔 . 导言 ［A］. 沃尔特・W. 鲍威尔，保罗・J. 迪马吉奥，主编 . 姚伟，译 . 组织分析的新制度主义 ［M］. 上海：上海人民出版社，2008.

[9] 董维春，欧百钢，等 . 农科研究生教育发展研究 ［A］. 郑小波主编 . "三农"教育发展研究报告 ［M］. 北京：中国农业出版社，2006.

[10] 高柏 . 中国经济发展模式转型与经济社会学制度学派（代总序）［A］. 沃尔特・W. 鲍威尔，保罗・J. 迪马吉奥，主编 . 姚伟，译 . 组织分析的新制度主义 ［M］. 上海：上海人民出版社，2008.

[11] 格罗斯，菲利克斯 . 公民与国家：民族、部落和族属身份 ［M］. 北京：新华出版社，2003.

[12] 贺国庆 . 德国和美国大学发达史 ［M］. 北京：人民教育出版社，1998.

[13] 何顺果 . 美国历史十五讲 ［M］. 北京：北京大学出版社，2007.

[14] 黄福涛 . 外国高等教育史 ［M］. 2 版 . 上海：上海教育出版社，2008.

[15] 霍伊，米斯克尔 . 教育管理学：理论 研究 实践 ［M］. 7 版 . 范国睿，主译 . 北京：教育科学出版社，2007.

[16] 金耀基 . 大学的理念 ［M］. 北京：生活 读书 新知 三联书店，2000.

[17] 柯武刚，史漫飞 . 制度经济学——社会秩序与公共政策 ［M］. 北京：商务印书馆，2000.

[18] 李剑鸣 . 美国的奠基时代：1585—1775 ［M］. 北京：人民出版社，2001.

[19] 李素敏 . 美国赠地学院发展研究 ［M］. 保定：河北大学出版社，2004.

［20］林玉体 . 西洋教育史专题研究论文集［M］. 台北：文景出版社，1984.

［21］刘绪贻 . 美国研究词典［M］. 北京：中国社会科学出版社，2002.

［22］刘志民，等 . 国外高等农林教育发展研究［A］. 刘贵友，刘志民，等 . 道路·模式·战略——高等农林教育发展研究［M］. 北京：高等教育出版社，2006.

［23］青木昌彦 . 沿着均衡点演进的制度变迁［A］.〔法〕克劳德·梅纳尔，主编 . 刘刚，等，译 . 制度、契约与组织——从新制度经济学角度的透视［M］. 北京，经济科学出版社，2003.

［24］诺思，道格拉斯 . 绪论［A］. 约翰·N. 德勒巴克，约翰·V.C. 奈，主编 . 张宇燕，等，译 . 新制度经济学前沿［M］. 北京：经济科学出版社，1995.

［25］佩罗 . 组织分析［M］. 马国柱，译 . 上海：上海人民出版社，1989.

［26］腾大春 . 美国教育史［M］. 北京：人民教育出版社，1994.

［27］托尼·布什 . 当代西方教育管理模式［M］. 强海燕，译 . 南京：南京师范大学出版社，1998.

［28］王保星 . 西方教育十二讲［M］. 重庆：重庆出版社，2008.

［29］王廷芳 . 美国高等教育史［M］. 厦门：厦门大学出版社，1995.

［30］张林 . 新制度主义［M］. 北京：经济日报出版社，2006.

［31］张友伦 . 美国农业革命［M］. 天津：天津人民出版社，1983.

［32］周雪光 . 组织社会学十讲［M］. 北京：社会科学文献出版社，2003.

2. 期刊文章

［1］董维春，罗泽意，朱志成 . 迈向创业的现代大学——基于 1998—2008 年国家科技进步奖农业领域的调查［J］. 高等教育研究，2010（5）.

［2］杜学元 . 浅谈美国女子高等教育的发展及其成因［J］. 西华师范大学学报（哲社版），2004（3）：99－102.

［3］郭建如 . 社会学组织分析中的新老制度主义与教育研究［J］. 北京大学教育评论，2008（3）.

［4］郭建如 . 我国高校博士教育扩散、博士质量分布与质量保障：制度主义视角［J］. 北京大学教育评论，2009（2）.

［5］林杰 . 制度分析与高等教育研究［J］. 北京师范大学学报（社会科学版），2004（6）.

［6］衣俊卿 . 现代性的维度及其当代命运［J］. 中国社会科学 . 2004（4）.

［7］张林 . 两种新制度经济学：语义区分与理论渊源［J］经济学家，2001（5）.

［8］周光礼 . 大学治理模式变迁的制度逻辑—基于多伦多大学的个案研究［J］高等工程教育，2008（3）.

3. 学位论文

［1］崔高鹏 . 从特纳到莫雷尔：1862 年美国赠地学院法案的起源与发展研究［D］. 北京：北京师范大学，2008.

［2］康永久 . 教育制度的生产与变革—新制度教育学论纲［D］. 武汉：华中师范大学，2001.

［3］齐泽旭 . 新制度经济学视野下美国高等学校教师管理制度研究［D］. 长春：东北师范大学，2008.

［4］吴文俊 . 高等教育制度功能的经济学分析［D］. 上海：华东师范大学，2006.

［5］杨光富 . 美国赠地学院发展研究［D］. 上海：华东师范大学，2004.

［6］姚云 . 美国高等教育立法研究—基于立法制度的透析［D］. 上海：华东师范大学，2003.

（二）英文部分

1. 图书和报道

［1］ ABELL P. The New Institutionalism and Rational Choice Theory ［M］. Thousand Oaks：Sage Publisher Inc. ，1995.

［2］ AOKI M，OKUNO-FUJIWARA M. Comparative Institutional Analysis：A New Approach to Economic Systems ［M］. Tokyo：University of Tokyo Press，1996.

［3］ ALSTON J M，Pardey P G. 1995. Making Science Pay：Economics of Financing，Organizing and Managing Public-Sector Agricultural R&D ［R］. Washington，D. C. ：American Enterprise Institute，1995.

［4］ ASHBY E. Adapting Universities to a Technological Society ［M］. San Francisco：Jossey-Bass Publishers，1974.

［5］ AYRES C E. The Theory of Economic Progerss：A Study of the Fundamentals of Economic Dvelopment and Cultural Change ［M］. Michigan：Western Michigan University New Issues Press，1944 （1978 Reprint）.

［6］ BOWEN H R. Investment in Learning—The Individual and Social Value of American Higher Education ［M］. San Francisco：Jossey Bass Publishers，1996.

［7］ BRUBACHER J S. On the Philosophy of Higher Education ［M］. San Francisco：Jossey-Bass，Inc. ，1982.

［8］ BRUBACHER J S，RUDY W. Higher Education in Transition：A History of American Colleges and Universities ［M］. 4th ed. New Brunswick （U. S. A. ）& London （U. K. ）：Transaction Publishers，1997 （2008 Reprint）.

［9］ BUSH，PAUL D. Marc R. Tool's Contributions to Institutional Economics ［A］. In Clark，M. A. （Ed. ）Institutional Economics and the Theory of Social Value：Essays in Honor of Marc R. Tool ［M］. Boston：Kluwer Academic Publishers，1995.

［10］ CALLCOTT G H. A History of the University of Maryland ［M］. Baltimore：Maryland Historical Society，1966.

［11］ CAMPBELL J R. Reclaiming a Lost Heritage：Land-Grant and Other Higher Education INitiatives for the Twenty-first Century ［M］. Ames：Iowa State University Press，1995.

［12］ Christy R D，Williamson L，eds. . A Century of Service：Land-Grant Colleges and Universities，1890—1990 ［M］. New Brunswick，N. J. ：Transaction Publishers，1992.

［13］ Clark B R. Adult Education in Transition ［M］. New York：Arno Press Inc. ，1980.

［14］ Clark B R. The Distinctive College ［M］. New Jersey：Transaction Publishers，1992.

［15］ Clark B R. The Open Door College ［M］. New York：Mcgraw-Hill Book Company Inc. ，1960.

［16］ COMMITTEE ON THE FUTURE OF THE COLLEGES OF AGRICULTURE IN THE LAND GRANT UNIVERSITY SYSTEM，BOARD OF AGRICULTURE，NATIONAL RESEARCH COUNCIL. Colleges of Agriculture at the Land Grant Universities：A Profile ［M］. Washington，D. C. ：National Academy Press，1995.

［17］ COMMONS J R. Legal Foundations of Capitalism ［M］. New Brunswick：Transaction Publishers，1924 （1995 Reprint）.

［18］ COMMONS J R. Myself ［M］. New York：Macmillan，1934.

［19］ COMMONS J R. Myself：The Autobiography of John R. Commons ［M］. Madison：The University of Wisconsin Press，1963.

［20］ DIMAGGIO P，POWELL W W. Introduction ［A］. From DiMaggio，P. and W. W. Powell （Eds. ） The New Institutionalism in Organizational Analysis ［M］. Chicago：The University of Chicago Press，1991.

［21］ EDDY EDWARD D. Colleges for Our Land and Time：The Land-Grant Idea in American Education ［M］. New York：Harper & Brothers Publishers，1957.

［22］ EDMOND JOSEPH B. The Magnificent Charter：The Origin and Role of the Morrill Land-Grant Colleges and Universities ［M］. Hicksville：Exposition Press，1978.

［23］ EDWARDS H T，NORDIN V. Higher Education and the Law ［M］. Boston：Harvard University Press，1979.

［24］ ELY R T. Ground Under Our Feet ［M］. New York：The Macmillan Company，1938.

［25］ ETZKOWITZ H. Beyond the Endless Frontier：From the Land Grant to the Entrepreneurial University ［A］. In Wolf，Steven and David Zilberman （Eds. ）. Knowledge Generation and Technical Change：Institutional Innovation in Agriculture ［M］. Boston/Dordrecht/London：Kluwer Academic Publishers，2001.

［26］ GATES P W. The Farmers Age：Agriculture 1815—1860 ［M］. New York：Holt Runchart and Winson，1960.

［27］ HALL PETER. The Political Power of Economic Ideas：Keynesianism Across Nations ［M］. Princeton：Princeton University Press，1989.

［28］ HOLT D A. Agricultural Research Management in U. S. Land-Grant Universities：The State Agricultural Experiment Station System ［A］. In Loebenstein，G. and G. Thottappilly. （Eds. ） Agricultural Research Management ［M］. Dordrecht，（Netherlands）：Springer. Inc. ，2007.

［29］ HUFFMAN W E，EVENSON R E. Science for Agriculture：A Long-Term Perspective ［M］. Ames：Iowa State University Press，1993.

［30］ KATZ，DANIEL，ROBERT L. KAHN. The Social Psychology of Organizations ［M］. Hoboken：Wiley & Sons，Inc. ，1978.

［31］ KERR C. The Uses of the University ［M］. 5th ed. Cambridge：Harvard University Press，2001.

［32］ KISER L L，OSTROM E. The Three Worlds of Action：A Metatheoretical Synthesis of Institutional Approaches ［A］. In Ostrom，E. （Ed. ）. Strategies of Political Inquiry ［M］. Beverly Hills：Sage Publications，Inc. 1982.

［33］ KNOX A B，CORRY J. The Wisconsin Idea for the 21st Century ［A］. In Legislative Reference Bureau （Ed. ） 1995 - 96 Wisconsin Blue Book ［R］. Madison：Legislative Reference Bureau，1996.

［34］ LAMPARD E E. The Rise of the Dairy Industry in Wisconsin：A Study in Agricultural Change 1820—1920 ［M］. Madison：State Historical Society of Wisconsin，1963.

［35］ MARCH J G，SIMON H A. Organizations ［M］. New York：Wiley，1958.

［36］ MCCARTHY C. The Wisconsin Idea ［M］. New York：The Macmillan Company，1912.

［37］ MCDOWELL G R. Engaged Universities：Lessons from the Land-Grant Universities and Extension ［R］. Sage Publications，Inc. in assocation with American Academy of Political and Social Science，2003.

[38] MCDOWELL G R. Land-Grant Universities and Extension into the 21st Century：Renegotiating or Abandoning a Social Contract [M]. Ames：Iowa State University Press，2001.

[39] MEYER H D，ROWAN B. Institutional Analysis and the Study of Education [M]. Albany：State University of New York Press，2006.

[40] MEYER J W，ROWAN B. The Structure of Educational Organizations [A]. From Meyer，M. W. （Ed. ）. Environments and Organizations [M]. San Francisco：Jossey-Bass Publishers，1978.

[41] MEYER J W，RAMIREZ F O，et al. Higher Education as an Institution [A]. In Patricia J. Gumport （Ed. ）. Sociology of Higher Education：Contributions and Their Contexts [M]. Baltimore：The Johns Hopkins University Press，2007.

[42] MEYER J W，SCOTT W R，et al. Institutional and Technical Sources of Organizational Structure [A]. In H. D. Stein （Ed. ） Organization and the Human Services [M]. Philadelphia：Temple University Press，1981.

[43] MOMFORT F B. The Land-Grant Movement [M]. Columia：University of Mission Press，1940.

[44] MYERS J H. Rethinking the Outlook of Colleges Whose Roots Have Been in Agriculture [M]. Davis：University of California，1991：4－5.

[45] NASULGC. The Land-Grant Tradition [R]. 1995. http：//www. uwex. edu/ces/depthead/ pdf/landgranttrad. pdf. Retrieved 2009－10－16.

[46] NIFA. NIFA Land-Grant Colleges and Universities [R]. http：//www. csrees. usda. gov/qlinks/partners/map＿lgu＿all＿front＿12＿9＿09. pdf. Retrieved 2010－1－12.

[47] NEVINS，ALLAN. The State Universities and Democracy [M]. Now York：John Wiley，1962.

[48] O'HARA P A （Ed. ）. Encyclopedia of Political Economy （Vol. 1） [M]. London：Routledge，1999.

[49] ORFIELD M N. Federal Land Grants to the States with Special Reference to Minnesota [R]. Minneapollis：University of Minnesota，1915.

[50] PARSONS，TALCOTT. A Sociological Approach to the Theory of Organizations [A]. From Talcott Parsons （Ed），Structure and Process in Modern Societies [M]. Glencoe：Free Press，1960.

[51] POUND G S，MAXWELL D P. Plant Pathology and the Wisconsin Idea [A]. With One Foot in the Furrow：A History of the First Seventy-five Years of the Department of Plant Pathology at the University of Wisconsin-Madison [M]. P. H. Williams and M. Marosy （Eds. ）. Dubuque：Kendall Hunt，1986.

[52] PROCTOR S. The University of Florida：Its Early Years：1853—1906 [M]. Gainesville：University of Florida，1958.

[53] RADER B G. The Academic Mind and Reform：The Influence of Richard T. Ely in American Life [M]. Lexington：The University of Kentucky Press，1966.

[54] RASMUSSEN W D. Taking the University to the People—Seventy-five Years of Cooperative Extension [M]. Ames：Iowa State University Press，1989.

[55] RHOADES G. Democracy and Capitalism，Academic Style：Governance in Contemporary Higher Education [R]. Los Angeles：Center for the Higher Education Policy Analysis，2005.

[56] ROSS，EARLE D. Democracy's College：The Land-Grant College in the Formative Stage [M].

Ames: The Iowa State College Press, 1942.

[57] ROWAN B, MISKEL C G. Institutional Theory and the Study of Educational Organizations [A]. From Murphy, Joseph and Karen Seashore Louis, (Eds.). Handbook of Research on Educational Administration: A Project of the American Educational Research Association (2nd) [M]. San Francisco: Jossey-Bass Inc., 1999.

[58] RUDOLPH F. The American College and University: A History [M]. Athens: The University of Georgia Press, 1990.

[59] SANDER, EUGENE G. CALS Report to Faculty, Staff, and Studengs [R]. Tucson: College of Agriculture and Life Sciences of University of Arizona, 2005.

[60] SCOTT W R, MEYER J W. The Organization of Societal Sectors [A]. DiMaggio, Paul J. and Walter W. Powell (Eds.). The New Institutionalism in Organizational Analysis [M]. Chicago: University of Chicago Press, 1991.

[61] SCOTT W R. Institutions and Organization [M]. Beverly Hills: Sage Publications, Inc., 2000.

[62] SCOTT W R. Institutional Theory: Contributing to a Theoretical Research Program [A]. From Smith, Ken G. and Michael A. Hitt (Eds.), Great Minds in Management: The Process of Theory Development [M]. Oxford (U. K.): Oxford University Press, 2004.

[63] SEEVERS B, GRAHAM D, et al. Education Though Cooperative Extension [M]. Albany, Bonn, Boston, Cincinnati, Detroit, London, Madrid, Melbourne, Mexico City, New York, Pacific Grove, Paris, San Francisco, Singapore, Tokyo, Toronto, Washington: Delmar Publishers, 1997.

[64] SELZNICK P. TVA and Grass Roots [M]. Berkeley: University of California Press, 1949.

[65] SHANON F A. The Farmers' Last Fromer: Agriculture 1860—1897 [M]. New York: Farrar & Rinchart Inc., 1945.

[66] SINGH, RAJA ROY. Education for the Twenty-first Century: Asia-Pacific Perspective [R]. Bangkok (Thailand): United Nations Education, Scientific, and Cultural Organization. Regional Office for Education in Asia and the Pacific. 1991.

[67] SLAUGHTER S, RHOADES G. Academic Capitalism in the New Economy [M]. Baltimore: The Johns Hopkins University Press, 2004.

[68] SLAUGHTER S, LESLIE L L. Academic Capitalism: Politics, Policies, and the Entrepreneurial University [M]. Baltimore: The Johns Hopkins University Press, 1997.

[69] SMITH C F. Charles Kendall Adams: A Life-Sketch [M]. Madison: The University of Wisconsin Press, 1924.

[70] STARK J. The Wisconsin Idea: The University's Service to the State [A]. In Legislative Reference Bureau (Ed.) 1995－96 Wisconsin Blue Book [R]. Madison: Legislative Reference Bureau, 1996.

[71] TRECHTER D. The Wisconsin Idea [R]. River Falls: Survey Research Center. 2005.

[72] TURNER M C. The Life of Jonathan Baldwin Turner [M]. Urbana: University of Illionis Press, 1961.

[73] UNIVERSITY OF WISCONSIN BOARD OF REGENTS. 1859 Report of the Regents [R]. Madison: University of Wisconsin Board of Regents, 1859.

[74] UNIVERSITY OF WISCONSIN BOARD OF REGENTS. 1866 Report of the Regents [R]. Madi-

son: University of Wisconsin Board of Regents, 1866.

[75] UNIVERSITY OF WISCONSIN BOARD OF REGENTS. 1877 Report of the Regents [R]. Madison: University of Wisconsin Board of Regents, 1877.

[76] UNIVERSITY OF WISCONSIN BOARD OF REGENTS. 1880 Report of the Regents [R]. Madison: University of Wisconsin Board of Regents, 1880.

[77] UNIVERSITY OF WISCONSIN BOARD OF REGENTS. 1888 Report of the Regents [R]. Madison: University of Wisconsin Board of Regents, 1888.

[78] UNIVERSITY OF WISCONSIN BOARD OF REGENTS. 1896 Report of the Regents [R]. Madison: University of Wisconsin Board of Regents, 1896.

[79] UNIVERSITY OF WISCONSIN BOARD OF REGENTS. 1904 Report of the Regents [R]. Madison: University of Wisconsin Board of Regents, 1904.

[80] UNIVERSITY OF WISCONSIN BOARD OF REGENTS. 1906 Report of the Regents [R]. Madison: University of Wisconsin Board of Regents, 1906.

[81] UNIVERSITY OF WISCONSIN BOARD OF REGENTS. 1908 Report of the Regents [R]. Madison: University of Wisconsin Board of Regents, 1908.

[82] UNIVERSITY OF WISCONSIN BOARD OF REGENTS. 1910 Report of the Regents [R]. Madison: University of Wisconsin Board of Regents, 1910.

[83] UNIVERSITY OF WISCONSIN BOARD OF REGENTS. 1911 Report of the Regents [R]. Madison: University of Wisconsin Board of Regents, 1911.

[84] UNIVERSITY OF WISCONSIN BOARD OF REGENTS. 1912 Report of the Regents [R]. Madison: University of Wisconsin Board of Regents, 1912.

[85] VANCE M M. Charles Richard Van Hise: Scientist, Progressive [M]. Madison: State Historical Society of Wisconsin, 1960.

[86] VEBLEN T. The Instinct of Workmanship [M]. London: Routledge, 1914 (1994 Reprint).

[87] WARD D. 1997 - 98 Annual Report [R]. Madison: University of Wisconsin-Madison, 1998.

[88] WAYLAND F. Report to the Corporation of Brown University on Changes in the System of Collegiate Education [R]. Providence, 1850.

[89] WESTMEYER P. A History of American Higher Education [M]. Springfield: Charles C Thomas Publisher, 1985.

[90] WESTMEYER P. An Analytical History of American Higher Education [M]. 2th ed. Springfield: Charles C. Thomas Publisher, Ltd. , 1997.

[91] WILLIAMS R L. The Origins of Federal Support for Higher Education: George W. Atherton and the Land-Grant College Movement [M]. University Park: The Pennsylvania State University Press, 1991.

[92] ZUCKER L G. Organizations as Institutions [A]. Bacharach, S. B. (Ed.). Research in the Sociology of Organization [M]. Greenwich, Corm: JAI Press, 1983.

2. 期刊

[1] ATKINSON G W, OLESON T. Institutional Inquiry: The Search for Similarities and Differences [J]. Journal of Economic Issues 1996, 30 [3 (Sep.)].

[2] CHASSE D J John R. Commons and the Democratic State [J]. Journal of Economic Issues 1986,

20 [3 (Sep.)].

[3] CLARK B R. The Insulated American: Five Lessons from Abroad [J]. Change, 1978, 10 (10).

[4] COASE R H. The New Institutional Economics [J]. Journal of Institutional and Theoretical Economics, 1984, 140 (March).

[5] CONGRESS OF U. S.. A Century of Lawmaking for a New Nation: U. S. Congressional Documents and Debates, 1774—1875 [J]. Journal of the House of Representative of the United States, 54.

[6] DIMAGGIO P J, POWELL W W. The Iron Cage Revisited Institutional Isomorphism and Collective Rationality in Organizational Fields [J]. American Sociological Review, 1983, 48.

[7] DURKHEIM E. The Rules of Sociological Method [J]. Glencoe, 1950, 3.

[8] ETZKOWITZ H, LEYDESDORFF L. The Dynamics of Innovation: From National Systems and "Mode 2" to a Triple Helix of University-Industry-Government Relations [J]. Research Policy, 2000, 29.

[9] ETZKOWITZ, HENRY, WEBSTER, et al. The Furture of the University and the University of the Furture: Evolution of Ivory Tower to Entrepreneurial Paradigm [J]. Research Policy, 2000, 29.

[10] GOSNELL H F, COHEN M H. Progressive Politics: Wisconsin an Example [J]. The American Political Science Review, 1940, 34 (5).

[11] GOUGH R J RICHARD T. Ely and the Development of the Wisconsin Cutover [J]. Wisconsin Magazine of History, 1991, 75 (1).

[12] HALL P A, TAYLOR R C R. Political Science and the Three New Institutionalisms [J]. Political Studies. 1996, XLIV.

[13] JOHNSON E L. Misconceptions About the Early Land-Grant Colleges [J]. The Journal of Higher Education, 1981, 52 [4 (Jul. -Aug.)].

[14] KLEIN P A. Institutionalism Confronts the 1990s [J]. Journal of Economic Issues, 1989, 23 [2 (Jun.)].

[15] LEE G C. The Morrill Act and Education [J]. British Journal of Education Studies, 1963, 12 (1).

[16] LIN J Y. An Economic Theory of Institutional Change: Induced and Imposed Change [J]. Cato Journal, 1989, 9 [1 (Spring/Summer)].

[17] MARCH J G, OLSEN J P. The New Institutionalism: Organizational Factors in Political Life [J]. American Political Science Review, 1984, 78.

[18] MCANEAR B. The Raising of Founds by the Colonial Colleges [J]. Mississippi Valley History Review, 1952, 38 (March).

[19] MCDOWELL G R. The Political Economy of Extension Program Design: Institutional Maintenance Issues in the Organization and Delivery of Extension Programs [J]. American Journal of Agricultural Economics. 1985, 67 (4).

[20] MEYER J W, ROWAN B. Institutionalized Organizations: Formal Structure as Myth and Ceremony [J]. American Journal of Sociology, 1977, 83.

[21] NELSON D. The Origins of Unemployment Insurance in Wisconsin [J]. Wisconsin Magazine of History, 1968, 51 (2).

[22] OLSSEN M, PETERS M A. Neobieralism, Higher Education and the Knowledge Economy: From the Free Market to Knowledge Capitalism [J]. Journal of Education Policy. 2005, 20.

[23] PARSONS T. Prolegomena to a Theory of Social Institutions [J]. American Sociological Review,

1990，55 (3).

[24] RUTHERFORD M J R. Commons's Institutional Economics [J]. Journal of Economic Issues，1983，17 [3 (Sep.)].

[25] SAMUELS W J. Technology Vis-a-vis Institutions in the JEI：A Suggested Interpretation [J]. Journal of Economic Issues，1977，11 [4 (Dec.)].

[26] STEFFINS L. Sending a State to College [J]. American Magazine，1909，62 (4).

3. 学位论文、网站和其他相关资料

[1] ABDUL LATIF AL-SALAM. The Land-grant System of Agricultural College Administration in the United States，with Special Reference to the University of Arizona [D]. Business Administration. Tucson：University of Arizona 1957 Master Thesis.

[2] A. P. L. U. About A. P. L. U. [EB/OL] http：//www. aplu. org/NetCommunity/Page. aspx? pid=203. Retrieved 2010 - 01 - 25.

[3] CHAMBERLIN T. The Coming of Age of the State Universities [Z]，1890.

[4] CONGRESS OF UNITED STATES JOURNAL OF THE CONTINENTAL CONGRESS，1914，XIV.

[5] CONGRESS OF UNITED STATES. 37th Congress 2nd Session. An Act donating Public Lands to the several States and Territories which may provide College for the benefit of Agriculture and the Mechanic Arts [Z]. The Congressional Globe. 32：386，Appendix.

[6] CONGRESS OF UNITED STATES. Journal of the Continental Congress，1823，IV.

[7] CSREES. About CSREES [EB/OL]. http：//www. csrees. usda. gov/about/about. html. Last Update 2009 - 03 - 18. Retrieved 2009 - 07 - 03.

[8] CSREES. About Extension [EB/OL]. http：//www. csrees. usda. gov/qlinks/extension. html. Last Update. 2009 - 03 - 18. Retrieved 2009 - 06 - 18.

[9] http：//www. csrees. usda. gov/about/offices/budget/fy10 _ budget _ table. pdf. Retrieved 2010 - 03 - 05.

[10] http：//www. csrees. usda. gov/about/offices/budget/fy2011 _ budget. pdf. Retrieved 2010 - 03 - 05.

[11] http：//www. csrees. usda. gov/about/offices/budget/hist _ funds-totals. pdf Retrieved 2010 - 03 - 05.

[12] http：//www. csrees. usda. gov/about/offices/legis/96frmbil. html. Last Updated：/2009 - 03 - 18. Retrieved 2009 - 05 - 20.

[13] http：//www. csrees. usda. gov/about/offices/legis/agreorg. html. Last Updated：/2009 - 03 - 18. Retrieved 2009 - 05 - 20.

[14] http：//www. csrees. usda. gov/about/offices/legis/edequity. html. Last Updated：/2009 - 03 - 18. Retrieved 2009 - 05 - 20.

[15] http：//www. csrees. usda. gov/about/offices/legis/pdfs/title _ VII _ 122008. pdf. Last Updated：/2009 - 05 - 12. Retrieved 2009 - 05 - 21.

[16] http：//www. reeis. usda. gov/portal/page? _ pageid=193，900064& _ dad=portal& _ schema=PORTAL&smi _ id=54 000. Last Updated：2009 - 05 - 12. Retrieved 2009 - 05 - 21.

[17] KEY S A. The Origins of American Land Grant Universities：An Historical Policy Study [D].

Public Policy. Chicago：University of Illinois at Chicago. 1995 Ph. D. Dissertation.

[18] MARTIN H. Amplify Wisconsin Idea [EB/OL]. http：//www. chancellor. wisc. edu/strategicplan/images/amplify06. pdf. Retrieved 2009 - 03 - 12.

[19] MCMURRAY，HOWARD JOHNSTONE. Some Influences of the University of Wisconsin on the State Government of Wisconsin [D]. Madison：University of Wisconsin-Madison. 1940 Ph. D. Dissertation.

[20] NASULGC，ESCOP. A Science Roadmap for Agriculture [EB/OL]. http：//www. csrees. usda. gov/business/reporting/stakeholder/pdfs/roadmap. pdf. Retrieved 2009 - 06 - 16.

[21] THE NATIONAL GRANGE OF THE ORDER OF PATRONS OF HUSBANDRY. http：// en. wikipedia. org/wiki/The _ National _ Grange _ of _ the _ Order _ of _ Patrons _ of _ Husbandry，2011 - 07 - 30.

[22] THE NATIONAL GRANGE OF THE ORDER OF PATRONS OF HUSBANDRY. 144 Years of Service to Rural America [EB/OL] http：//www. nationalgrange. org/about/history. html，Retrieved 2011 - 07 - 30.

[23] TRUE A C. A History of Agricultural Education in the United States：1785—1925 [Z]. In United States Department of Agriculture (Ed.) Miscellaneous Publication No. 29. Washington，D. C. ：United States Government Publication Office，1929.

[24] UNIVERSITY OF WISCONSIN SYSTEM. 2008—2009 Fact Book [EB/OL]. http：// www. uwsa. edu/cert/publicat/ factbook. pdf. Retrieved 2009 - 01 - 10.

[25] UNIVERSITY OF WISCONSIN-MADISON. Chancellors and Presidents of the University of Wisconsin-Madison [EB/OL]. http：//archives. library. wisc. edu/uw-archives/chancellors/chancellors. htm. Retrieved 2009 - 03 - 12.

[26] URI HISTORY AND TIMELINE [EB/OL]. http：//www. uri. edu/home/about/history _ timeline. html. Retrieved 2012 - 01 - 28.

[27] USDA. About Coperative Extension [EB/OL]. http：//www. csrees. usda. gov/qlinks/extension. html. Last Update：2009 - 06 - 18.

[28] USDA. USDA Mission Areas [EB/OL]. http：//www. usda. gov/wps/portal/！ ut/p/ _ s. 7 _ 0 _ A/7 _ 0 _ 1OB？ navid＝USDA _ MISSION _ AREAS&parentnav＝AGENCIES _ OFFICES& navtype＝RT. Last Update 2009 - 10 - 14. Retrieved 2010 - 02 - 03.

[29] WISCONSIN HISTORICAL SOCIETY. John R. Commons at the Wisconsin Historical Society [EB/OL]. http：//www. wisconsinhistory. org/topics/commons/. Retrieved 2009 - 01 - 25.

[30] WISCONSIN STATE LEGISLATURE. Laws of 1885 [Z]. 1885.

[31] WISCONSIN STATE LEGISLATURE. Laws of 1895 [Z]. 1895：Chapter 87，Chapter 311.

附 录
APPENDIX

附录 1　影响美国赠地院校及农业服务体系的主要立法编年简史

年份	立法	条款	关键结果	资助机制
1787	西北测量法 (Northwest Ordinances)	确定使用镇区 (townships) 测量方法，规定西北各州及领地须在政府拥有土地中保留两个或更多镇区用于支持教育	"赠地" (Land-Grant) 概念开始形成	
1862	国会法 (Act of Congress)	授权成立美国农业部 (United State Department of Agriculture, USDA) 接管原由专利办公室 (Patent Office) 负责的农业科学事务	建立农业专员办公室	
1862	宅地法案 (Homestead Act)	凡年满 21 岁的美国公民，或申请人籍前没有武装反抗过美国的移民户主，均可获得 1/4 地段即 160 英亩的土地，在此土地上定居、耕种 5 年后，即可获得土地的所有权	鼓励向西部移民和开发，为建设农业定居点和发展农业生产开放大约 20 亿英亩的土地	
1862	莫里尔法案 (Morrill Act)	为每个州提供土地，使其至少建立或维持一所教授农业和机械相关专业	建立赠地学院系统	根据每个州在国会（众议院和参议院）的议员人数，按照每位议员 3 万英亩

（续）

年份	立法	条款	关键结果	资助机制
1862	莫里尔法案（Morrill Act）	（不排除其他科学和古典文学且包含军事训练）的学院，促进对产业阶层的自由和实践教育		亩的标准为该州拨付土地。那些没有足够多公共土地的州，将获得其他州的公共土地凭证；从这些土地中获得的收入用于赠地学院的运行（但不得用于建设、购买地产和维修建筑物）
1887	哈奇法案（Hatch Act）	批准每个州建立一所试验站，开展与美国农业直接相关的原创研究或验证试验。试验站应在赠地学院指导下建立，但也允许例外	建立州农业试验站（State Agricultural Experiment Stations, SAESs）	每个满足条件的州每年将获得 15 000 美元
1890	第二莫里尔法案（Second Morrill Act）	1872 年首次提交国会，为进一步支持赠地学院，提议为每个州提供直接的年度拨款 每个州将得到用于资助和支持赠地学院的追加资金。这些资金将用于农业、机械、英语及数学、物理、自然科学、经济学等学科中与农业和机械相关的分支的教学活动。允许非洲裔美国人加入赠地机构。各州应为非洲裔美国人建立专门的赠地学院	禁止接受资金的学院在入学方面存在种族歧视。"1890 机构"（赠地学院中的）产生	国会将为每一个满足条件的州提供：第一年 15 000 美元，以后每年增加 1 000 美元，直到每年拨款额度达到 25 000 美元
1906	亚当斯法案（Adams Act）	为每个州执行原创研究和实验所需花费提供附加的联邦资助	强调科学，与试验站委员会组织和政策分会（Experiment Station Committee on	每个满足条件的州最多可获得每年 15 000 美元。每个州第一年增加 5 000 美元，此后 5 年每年比上一年增加 2 000

（续）

年份	立法	条款	关键结果	资助机制
1906	亚当斯法案（Adams Act）	为每个州执行原创研究和实验所需花费提供附加的联邦资助	Organization and Policy, ESCOP）保持一致，更加注重问责	年度拨款增加1倍，达到50 000美元
1907	尼尔松修正案（Nelson Amendment）	与第二莫雷尔法案一样，资金的一部分将用于"为准备专门从事教授与农业和机械相关学科相关学科的学生提供课程"		美元
1914	史密斯－利弗法案（Smith-Lever Act）	创建合作推广服务用于向公众传播与农业和家庭经济相关主题的有用和实践性的信息，并鼓励这些信息的实际应用。赠地学院和美国农业部将合作开展推广工作，即向没有机会进入赠地学院学习的人开展教学和实践操作演示活动。信息将通过"田间演示"提供（给广大民众）	建立合作推广服务	第一年一次付清每州10 000美元（总共48万美元）并在以后的年份追加常规资金。常规资助由居住在各州的农村人口占全美农村人口的百分比确定。常规资金用超过7年的时间逐步下拨，第二年增加50万美元，以后每年增加410万美元，直到总数达到410万美元，由各州配套提供
1917	史密斯－休斯职业教育法（Smith-Hughes Vocational Education Act）	联邦政府为在推动农业、工业技术和职业教育方面符合条件的州提供资助。资助包括：①在公立学院培训教师；②提供中学阶段公立学校农业职业教育教师和主管人员的部分薪酬	联邦政府为在推动农业、家庭经济、工业技术和职业教育方面符合条件的	没有关于资金的具体描述

（续）

年份	立法	条款	关键结果	资助机制
1925	普内尔法案（Purnell Act）	各州将得到联邦政府的追加资助用于研究：①建立和维持永久和有效的农业产业；②促进和改善农村家庭与农村生活	首次强调经济学、家政学和社会学	每个符合条件的州能得到每年最多30 000美元。每个州的资助金额第一年增加10 000美元，在此后四年中每年比上一年增加5 000美元
1928	盖普-凯西姆法案（Capper-Ketcham Act）		资助合作推广服务	追加每个州20 000美元（每年总共98万美元），一次付清。自1929年开始，由常规拨款渠道追加50万美元，要求1/3的追加资助必须在1923年到位，1928年后全部到位
1935	班克赫德-琼斯法案（Bankhead-Jones Act）	科研：州农业试验站与美国农业部将得到追加的资金用于研究如下展开于研究：关于产品质量改善，新的或改进的产品及其推广路径，新创立和拓展农产品的使用和市场等问题；关于保护、发展和创新性地使用土地和水资源　推广：为合作推广服务提供资助	为科研及联邦-州配套补助提供常规性资助	科研：每年最多500万美元、州农业试验站获得其中的300万。每5年每年的增量是100万。资金根据各州农村人口数量占全美农村人口数量的百分比分配。各州必须用非联邦资金配套联邦对州农业试验站的资助。　推广：每个州2万美元（每年总共98万美元）的追加资助一次性付清，向各州追加总共800万美元的资金在1936年由常规渠道拨付，此后4年每年增加100万美元。各州得到的常规资金由全国农民占全国农民数量的比例确定；未要求各州付清

（续）

年份	立法	条款	关键结果	资助机制
1945	班克赫德-弗莱纳根法案（Bankhead-Flannagan Act）		为进一步拓展推广服务提供资助	联邦拨款的2%用于联邦行政开支；4%用于农业部长专项资金；94%根据各州农民人口占全国农民人口的百分比常规性地拨付各州
1946	研究和营销法案（Research and Marketing Act）	州农业试验站和美国农业部将得到追加资金用于营销和利用的研究；涉及两个或多个州地区性问题的区域研究	采用开放式资助。将国家利益与农业研发联系起来。国会的目标是维持农业与工业经济间的平衡。建立国家农业与工业咨询委员会	第1条第9款：州农业试验站资金总额在1947和1948年分别增加250万美元；1949、1950和1951年每年增加500万美元；国会认为这样的追加资金在今后是必要的。资金在各州的分配：20%等分给各州；26%按照各州农村人口占全国农民人口的百分比常规性地下拨；26%根据各州农民占全国农民数量的百分比常规性地下拨；25%用于区域性研究；3%用于联邦行政管理 第1条第10款：增加农业部用于研究的资金。给予为"新用途"的研究从1947年的300万美元增加到1950年以后1500万美元；为农产品利用的合作研究从1947年的150万美元增加到1950年后600万美元，再次为1935年班克赫德-琼斯法案拨付200万美元年度专项研究资金

（续）

年份	立法	条款	关键结果	资助机制
1946	研究和营销法案（Research and Marketing Act）	州农业试验站和美国农业部将得到追加资金用于营销和利用问题的研究；涉及两个或多个州地区性问题的区域研究	采用开放式资助。将国家利益与农业研发联系起来。国会的目标是维持农业与国家经济间的平衡。建立国家农业与工业咨询委员会	第 2 条：1947 年后追加 250 万美元，1950 年后每年增加至每年 2 000 万美元用于营销研究。在配套资资助下开展州农业试验站与其他公共和私立机构的合作研究
1953	修正的史密斯-利弗法案（Amended Smith-Lever Act）	合并 9 个现存法案，为美国农业部联邦推广雇员提供资金		此后增加经费的 4%用于特定需要；48%基于各州农民占全美农民数量的百分比分配；48%基于各州农村人口占全美人口的比例分配
1955	修正的哈奇法案（Amended Hatch Act）	提议支持有利于维持美国永久和有效的农业生产的研究，包括：农业各方面的基本问题；关于提高和改善农村家庭与农村生活条件，扩大农业对消费者福利改善的贡献等。放开对建筑物的限制，但给哈奇法案的资金仍然必须用在规定年度	保留资金分配方式，配套要求和"开放式"资助。国会拒绝了 20%的提议，并坚持指定用途的方式适用于所有增加的拨款	合并联邦对州农业试验站的资金投入为两个（常规资金和区域研究资金）。没有固定的年度数额。分配是根据 1946 年研究与营销法案确立的常规形式：年度资金的 20%等分给各州，26%按照各州农村人口占全国农村人口的百分比常规性地下拨；26%根据各州农民占全国农民数量的百分比常规性地下拨；25%用于区域合作研究；3%用于联邦行政管理
1955	史密斯-利弗修正案（Smith-Lever Act）	为建立专门项目系统（如：农村发展项目）提供支持		允许提供专项非常规性资金用于支持农业处于劣势的农村地区根据本地实际做出调整

（续）

年份	立法	条款	关键结果	资助机制
1960	修正班克赫德-琼斯法案第 2 条第 22 款 斯坦尼斯法案（Amendment to Title II, Section 22 of the Bankhead-Jones Act Stennis Act）	"修订和补充" 等同于 1862 莫里尔法案		765 万美元年度拨款等分于各州和波多黎各（Puerto Rico）领地。430 万美元根据各州及波多黎各各州人口占全美和波多黎各的总人口中的比例分配
1961	修正的史密斯-利弗法案（Amended Smith-Lever Act）	在合作推广工作中增加资源和社区发展项目		每年为资源和社区发展工作提供 70 万美元
1962	史密斯-利弗法案修正案（Smith-Lever Amendment）			冻结目前联邦向各州下拨的资金。此后，联邦服务资金增至年度拨款的 4%；余下部分的 20% 等分给各州，40% 根据各州农村人口占全美农村人口的比例分配，40% 根据各州农民数量占全美农民数量的比例分配

（续）

年份	立法	条款	关键结果	资助机制
1962	麦肯泰尔-斯坦尼斯林业研究法案（McIntire-Stennis Forestry Research Act）	向州农业试验站、赠地学院和林业学校提供资金，开展林业研究：包括重新造林、林地和相关的流域管理、野生动物栖息，木材利用和其他利用林业资源所必需的研究项目	在1961—1963年归入国家合作研究服务局（Cooperative State Research Service, CSRS）。国家合作研究服务局负责管理麦肯泰尔-斯坦尼斯法案授权的资金	每个州常规性地得到1万美元；剩余资金的40%依据各州在全国商业林地中所占面积分配，40%依据它们（指各州的商业林地）年度林木砍伐价值分配，20%依据它们非联邦林业研究的贡献分配。1964和1965年每年拨款100万美元，占CSRS掌管资金的2%（到1974年，这个比例上升到每年超过600万美元，占CSRS掌管资金的7%；到1984年增至将近1 300万美元，占联邦对各州林业研发资金的6%）
1965	研究设施法案（Research Facilities Act）	国家配发的资金被指定用于建设、获取和改造建筑物、实验室及其他主要的设施。仅支持建造进行用于农业的危险化学品研究的新建筑物。允许一个试验站在第一次申请时一次申请超过三年期的年度应得资金		方式类似于修正的哈奇法案：1/3等分给各州；1/3按照各州农村人口在全美农村人口中的比例分配；1/3按照各州农民数量占全美农民数量的比例分配。1965年拨款总额是320万美元；1966、1967和1968年每年200万美元；1969年未提供拨款；1970年是最后一次，总额100万美元

（续）

年份	立法	条款	关键结果	资助机制
1965	89-106 号公共法（Public Law 89-106）	建立"特定研究资助"项目，用于资助最多 5 年的被选中主题研究。后来变成"专项资助"项目。指定用途的资金被用于普遍关注的特定问题或者涉及多个州的问题		国家合作研究服务局每年就国会指定领域的问题进行汇报。1966 年每年提供了 160 万美元；1967—1970 年每年提供了 170 万美元。每年向 16 所 1890 学院（机构）提供 283 000 美元，平均每所学院 17 658 美元。1972 年农业研究分配资金得到显著增长。塔斯克基大学（Tuskegee University）取得获取上述资助的资格，成为第 17 所 1890 机构
1968				除了农业营销的 160 万美元，国会废除了专项资金项目。这些资金将通过常规渠道分配
1972	联邦农村发展法案（Federal Rural Development Act）	研究：州农业试验站和推广服务中心将得到资金，用于农村发展研究和农场研究和推广；推广：第 5 条授权（推广站）可以在农村社区开展农业和非农业领域的工作		1972 年法案授权 1974 年 1 000 万美元，1975 年 1 500 万美元，1976 年 2 000 万美元。实际花费非常少。前 3 年每年提供 300 万美元，分推广和研究，除保留 10%用于多个州合作的项目外，在州农业试验站中间的分配方式类似于哈奇法案。从第 4 年开始至 1977 年法案到期，每年是 300 万美元。资金的 4%用于联邦行政；10%用于多个州合作项目；20%等分给各州，33%按照各州农村人口占全美人口的比例分配；33%按照各州农民数量占全美农民数量的比例分配

（续）

年份	立法	条款	关键结果	资助机制
1977	国家农业研究、推广和教育政策法案（1977 食品和农业法案第 14 条）（National Agricultural Research, Extension and Teaching Policy Act（Title ⅩⅣ of the Food and Agricultural Jones Act of 1977））	持续和加强修正的哈奇法案项目；创设新的竞争性拨款项目用于优先考虑的研究，并向所有的科学家开放，参与竞争的可以是私人立或公立组织、包括州农业试验站，所有的学院和大学，联邦机构和个人。持续专项资金项目。降低修正的哈奇法案中 20% 的款项指定用于营销研究的要求 班克赫德－琼斯法案（Bankhead-Jones Act）的行政管理权由教育办公室（Office of Education）移交给美国农业部。为 1890 机构提供常规资助 成立"国家农业、推广、教育和经济咨询委员会"（National Agricultural Research, Extension, Education, and Economics Advisory Board）	其他新的指定用途的资金也产生了（如能源研究、动物健康）。形成了更规范化的研究规划、中央（联邦）指导和同责等新机制	哈奇奇常规资助得到加强，要求 1978 年拨款 1.2 亿美元，此后每年增加 2 500 万，直到 1982 年增至 2.2 亿美元。基本上仍按照以前的安排和形式进行分配。竞争性资助项目在 1978 年授权追加 2 500 万美元；1979 年 3 000 万美元；1980 年 3 500 万美元；1981 年 4 000 万美元；1982 年 5 000 万美元 永久或可持续的制度化联邦资金：借助法案第 1445 款——埃文斯-艾伦研究项目（Evans-Allen Research Program） 为 1890 机构提供常规的资助项目 1972 农村发展法案第 5 条修改为：19% 用于农场研究项目；77% 用于小型农场推广项目
1978	资源推广法（Resource Extension Act）	为林业和其他可持续的国家资源推广项目拨付资金		资金通过国会拨付

（续）

年份	立法	条款	关键结果	资助机制
1981	第 4 条的修正（国家农业研究、推广和教育法案）（Amendments to Title Ⅳ (National Agricultural Research, Extension and Teaching Policy Act of 1977)）	主要是将 1977 年法案延长 4 年。引入 1 000 万美元的年度牧场研究项目和 750 万美元的年度水产研究项目，农村发展推广资金归入史密斯-利弗法案常规拨款	国会有效地推动，增加而不是替代用于竞争性资助的常规项目资金	（见 1977 年法案）哈奇资金被授权从 1982 年的 2 200 万美元增加到 1985 年的 2 500 万美元。美国农业部最少 25%的哈奇资金被保证用于合作项目
1985	国家农业研究、推广和教育政策法（1981 年食品安全法第 4 条）（National Agricultural Research, Extension and Teaching Policy Act (Title Ⅳ of the Food Security Act of 1981)）	主要是将 1981 年法案延长 4 年。除了一个促进农业大学建立贸易发展中心（Trade Development Centers）外，指定用于营销研究的资金被再次提出（每年 1 000 万美元）	美国农业部允许为州农业试验站的设施提供竞争性的资助	（见 1981 年法案）哈奇法案资金每年仅增加 4%，竞争性资助大幅增加，特别是生物技术研究。哈奇资金在 1986 年是 2 700 万美元，1990 年将增至 3 100 万美元。竞争性资金将从 1985 年的 500 万美元增加到 1986 和随后几年份的 700 万美元 修正 1977 年法案，提供不少于 6%的史密斯-利弗法案的资金分配给 1890 的机构的推广工作

（续）

年份	立法	条款	关键结果	资助机制
1990	食品、农业、自然环境保护和贸易法案（农场法案）[Food, Agriculture, Conservation, and Trade Act（farm bill）]，又称"有机农业研究和推广促进法"（Organic Agriculture Research and Extension Initiative）	重新委托可持续农业研究和教育项目，增加新的项目以训练可持续农业实践项目（所需的）推广服务人员	批准国家原创研究竞争性资助项目（National Research Initiative Competitive Grants Program）	国会的拨款响应了政府1 000万美元的初步要求，分配额从以前的4 250万美元增加到7 200万美元
1994	中小学教育再授权法（Elementary and Secondary Education Reauthorization Act）	确定位于12个州的29所原住美国人学院的"赠地学院"身份，组建美国印第安人高等教育联合会（American Indian Higher Education Consortium），同时资助这些学院在农业和自然资源方面的教育和推广项目	为印第安人开展高等教育项目，赠地院校中的"1994机构"开始建立	给予这29所学院5年2 300万美元的捐赠。学院每年将获得这些捐赠产生的利息授权建立170万美元的竞争性资助项目目和每所学校5万美元用于农业和自然资源方面的活动。将原计划用于1994机构所在州1862机构合作推广服务的500万美元划拨给1994机构。1862机构与1994机构联合开展针对原住美国人需要的合作推广项目（Campbell：25）

（续）

年份	立法	条款	关键结果	资助机制
1994	教育赠地身份公平法案（Equity in Educational Land Grant Status Act）	给予33所部族校"赠地身份"；财政部为这33所院校设立专项资助，由农业部负责分派	1994机构"赠地身份"得以完全建立	每年捐赠基金收益的60%按照各院校中印第安入学生的数量占全体所有入学生的比例分配；40%等分给所有1994机构。从1996财政年度至2007财政年度，农业部均应资助1994机构为提高农业和科学项目的效率而进行的基础设施建设
1994	联邦粮食安全改革与农业部重组法案（Federal Crop Insurance Reform and Department of Agriculture Reorganization Act）	建立合作的州研究、教育和推广服务（Cooperative State Research, Education, and Extension Service, CSREES）协调美国农业部与州合作农业研究、推广和教育项目。CSREES的主任直接向分管农业研究、教育与经济的副部长负责 同时建立CSREES与赠地学院及相关大学内州农业试验站和推广服务的协作，加强合作研究和农业推广及教育项目 成立风险评估与成本-收益分析办公室，对于关于人类健康、安全或环境的问题进行综合分析	在联邦层面建立协调全国农业服务体系的机构和机制	

（续）

年份	立法	案款	关键结果	资助机制
1996	联邦农业促进与改革法案（Federal Agriculture Improvement and Reform Act）	在美国国库（Treasury of the United States）设立农村美国基金（Fund for Rural America）专门帐户用于支持未来农业和食品系统的创新发展（Initiative for Future Agriculture and Food Systems）；继续增加对1890机构的拨款院校，其他联邦机构和私人企业合作与进行天然植物材料用于工业、医药和农业应用的新商业产品开发的基础和应用研究	1890机构的农业和食品研究表得稳定资助	在1997年1月1日、1998年10月1日和1999年10月1日，除其他拨款项目外，国库应转帐1 000万美元至专门帐户；农业部应接收后应将不少于1/3不超过2/3的款项用于农村发展；剩余款项用于科学研究 在1996和1997财政年度每年向1890机构的农业与食品科学研究拨款150万美元
1998	农业研究、推广和教育法案（The Agricultural Research, Extension, and Education Reform Act）	鼓励跨州、多州及区域范围内不同机构和组织间农业研究，推广与教育合作；加强跨学科/多学科交叉研究和技术转移；欲获得常规资助的赠地机构须提交工作计划和资金使用说明；授权CSREES建立全面的同行评议程序；对一个科研项目或多个研究项目使用的成本不超过25 000美元的仪器设备及规模较小的院校不再要求为联邦资助提供配套资金；授权美国农业部维持一个全国性的食品和农业教育信息系统（National Food and Agricultural Education Information System）	加强了赠地机构与其他组织间的合作；强化了同责机制；放松了州政府对小额资助项目的配套要求；将资助范围扩大至大至联邦实验室、非赠地院校，民间机构和企业	各州对1890赠地机构的非联邦来源配套资金额：2000财政年度提供不少于常规资助总额30%的资金；2001财年不少于45%；2002财年不少于50% 1999—2002年，每财年向残障农民提供600万美元的资助用于培训和改善他们的生活 除已确定的资金项目外，1998—2002年，每年10月1日财政部均须向农村美国基金专门帐户（参1996年联邦农业促进与改革法案）拨付6 000万美元元。另外，1998—2002年，每年10月1日，除其他资助项目外，财政部还须向农村美国专门帐户转帐12 000万美元，由美国农业部负责资金的分配和使用

（续）

年份	立法	条款	关键结果	资助机制
2002	竞争、特设和设施研究资助法案（Competitive, Special, and Facilities Research Grant Act）	授权美国农业部设立竞争性研究资助项目和优先领域研究项目。对以前未受到科研资助的博士后、教师，小型机构给予特别关注。联合美国环境保护署（Environmental Protection Agency）开展区域性生物研究和环境保护活动	美国农业部与环境保护署的合作得以制度化。新设立"区域间研究项目 4 号"（Inter-regional Research Project Number 4, IR-4 Program）	1991 财年拨款 15 000 万美元；1992 财年 27 500 万美元；1993 财年 35 000 万美元；1994 财年 40 000 万美元；1995—2007 年每年 50 000 万美元。不少于 1991 财年拨款 10%；1992 财年拨款 20%；1993 及其以后财年 30%的资金须用于资助多学科团队的研究项目。不少于 40%的资金用于资助正在承担系统研究项目的人员所申请项目；不少于 10%用于资助未接受过资助的人员所申请项目；不超过 2%的资助用于博士研究生和博士后研究所需设施；不超过 4%的资助用于美国农业部管理法案资金
2008	粮食、自然保护和能源法案第七条（农场法）[Title Ⅶ of Food, Conservation and Energy Act of 2008 (Farm Bill)]	为"西班牙语服务农业院校" * 提供两个常规项目资助和三个竞争性项目资助；将常规拨款项目扩大至西班牙语服务农业院校；将 1862 机构分成 1862 机构和其他等两类、个别原面向所有赠地机构的资助项目变成面向 1890 机构、1994 机构、西班牙语服务农业院校和小型 1862 机构开放；由美国农业部设立奖励高等教育机构中在农业相关领域教学、研究和推广中做出突出贡献的个人或组织的奖项；支持在两年制高等教育机构、高中及中小学开	建立"西班牙语服务农业院校"（Hispanic-serving Agricultural Colleges and Universities, HSACUs）合作的州研究、教育和推广服务（CSREES）自 2009 年 10 月 1 日起更名为国家食品和农业研究院（National Institute of Food and Agriculture, NIFA）	在 2009—2012 财年为推广系统中的食品与营养教育项目增加 9 000 万美元的资助；授权财政部设立永久性的"西班牙语服务农业院校"捐赠基金，基金收益由美国农业部负责资助 HSACUs，其中的 60%根据各 HSACUs 中西班牙裔学生在各机构所占比例分配；40%等分给各机构。从 2008 财年开始，以后每年由财政部授权农业部每所 HSACUs 8 万美元的资金，资金用途参照 1890 机构。上述两个项目为常规资助，另有机构能

（续）

年份	立法	条款	关键结果	资助机构
2008	粮食、自然保护和能源法案第七条（农场法）[Title Ⅶ of Food, Conservation and Energy Act of 2008 (Farm Bill)]	展农业教育项目；加强食品与营养教育项目；建立向社区学院和非传统学生开放的"新时代农村技术项目"(New Era Rural Technology Program)		力建设、推广和基础与应用研究等三个竞争性资助项目

* 西班牙语服务农业院校是指学生总数的 25% 为西班牙裔，并愿意接受联邦资助的高等教育机构。

资料来源：

Committee on the Future of Land Grant Colleges of Agriculture, Board on Agriculture, National Research Council. Colleges of Agriculture at the Land Grant Universities: a Profile [M] Washington D.C.: National Academic Press, 1995.

Alston, J. M., and P. G. Pardey. Making Science Pay: Economics of Financing, Organizing and Managing Public-Sector Agricultural R&D [R]. Washington, D. C.: American Enterprise Institute, 1995.

Huffman, W. E., and R. E. Evenson.. Science for Agriculture: A Long-Term Perspective [M]. Ames: Iowa State University Press, 1993.

Christy, R. D., and L. Williamson, eds.. A Century of Service: Land-Grant Colleges and Universities, 1890—1990 [M]. New Brunswick, N. J.: Transaction Publishers, 1992.

Campbell, John R.. Reclaiming a Lost Heritage: Land-Grant and Other Higher Education Initiatives for the Twenty-first Century [M]. Ames: Iowa State University Press, 1995.

http://www.csrees.usda.gov/about/offices/legis/edequity.html. Last Updated: /2009-03-18. Retrieved 2009-05-20.
http://www.csrees.usda.gov/about/offices/legis/agreorg.html. Last Updated: /2009-03-18. Retrieved 2009-05-20.
http://www.csrees.usda.gov/about/offices/legis/96frmbil.html. Last Updated: /2009-03-18. Retrieved 2009-05-20.
http://www.reeis.usda.gov/portal/page?_pageid=193,900064&_dad=portal&_schema=PORTAL&smi_id=54000. Last Updated: 2009-05-12. Retrieved 2009-05-21.
http://www.csrees.usda.gov/about/offices/legis/pdfs/title_Ⅶ_122008.pdf. Last Updated: /2009-05-12. Retrieved 2009-05-21.

附录 2 美国赠地院校名单

NIFA LAND-GRANT COLLEGES AND UNIVERSITIES (1862, 1890, AND 1994)

map_lgu_all_back_12_9_08pdf

Alabama A&M University, *Normal*	Fort Valley State University, *Fort Valley*	Bay Mills Community College, *Brimely*	Little Priest Tribal College, *Winnebago*	Ohio State University, *Columbus*	University of Vermont, *Burlington*
Auburn University, *Auburn*	University of Georgia, *Athens*	Michigan State University, *East Lansing*	Nebraska Indian Community College, *Winnebago*	Langston University, *Langston*	University of the Virgin Islands, *St. Croix*
Tuskegee University, *Tuskegee*	University of Guam, *Mangilao*	Saginaw Chippewa Tribal College, *Mount Pleasant*	University of Nebraska, *Lincoln*	Oklahoma State University, *Stillwater*	Virginia Tech, *Blacksburg*
Ilisagvik College, *Barrow*	University of Hawaii, *Honolulu*	College of Micronesia, *Kolonia, Pohnpei*	University of Nevada, *Reno*	Oregon State University, *Corvallis*	Virginia State University, *Petersburg*
University of Alaska, *Fairbanks*	University of Idaho, *Moscow*	Fond du Lac Tribal & Community College, *Cloquet*	University of New Hampshire, *Durham*	Pennsylvania State University, *University Park*	Northwest Indian College, *Bellingham*
American Samoa Community College, *Pago Pago*	University of Illinois, *Urbana*	Leech Lake Tribal College, *Cass Lake*	Rutgers University, *New Brunswick*	University of Puerto Rico, *Mayaguez*	Washington State University, *Pullman*
Diné College, *Tsaile*	Purdue University, *West Lafayette*	University of Minnesota, *St. Paul*	Navajo Technical College, *Crownpoint*	University of Rhode Island, *Kingston*	West Virginia State University, *Institute*
University of Arizona, *Tucson*	Iowa State University, *Ames*	White Earth Tribal and Community College, *Mahnomen*	Institute of American Indian Arts, *Santa Fe*	Clemson University, *Clemson*	West Virginia University, *Morgantown*
Tohono O'Odham Community College, *Sells*	Haskell Indian Nations University, *Lawrence*	Alcorn State University, *Lorman*	New Mexico State University, *Las Cruces*	South Carolina State University, *Orangeburg*	College of Menominee Nation, *Keshena*
University of Arkansas, *Fayetteville*	Kansas State University, *Manhattan*	Mississippi State University, *Starkville*	Southwestern Indian Polytechnic Institute, *Albuquerque*	Oglala Lakota College, *Kyle*	Lac Courte Oreilles Ojibwa Community College, *Hayward*
University of Arkansas at Pine Bluff, *Pine Bluff*	Kentucky State University, *Frankfort*	Lincoln University, *Jefferson City*	Cornell University, *Ithaca*	Si Tanka/Huron University, *Eagle Butte*	University of Wisconsin, *Madison*
D-Q University, *(Davis vicinity)*	University of Kentucky, *Lexington*	University of Missouri, *Columbia*	North Carolina A&T State University, *Greensboro*	Sinte Gleska University, *Rosebud*	University of Wyoming, *Laramie, WY*
University of California System-Oakland as Headquarters, *Oakland*	Louisiana State University, *Baton Rouge*	Blackfeet Community College, *Browning*	North Carolina State University, *Raleigh*	Sisseton Wahpeton Community College, *Sisseton*	
Colorado State University, *Fort Collins*	Southern University and A&M College, *Baton Rouge*	Chief Dull Knife College, *Lame Deer*	Fort Berthold Community College, *New Town*	South Dakota State University, *Brookings*	
University of Connecticut, *Storrs*	University of Maine, *Orono*	Fort Belknap College, *Harlem*	Cankdeska Cikana Community College, *Fort Totten*	Tennessee State University, *Nashville*	
Delaware State University, *Dover*	University of Maryland, *College Park*	Fort Peck Community College, *Poplar*	North Dakota State University, *Fargo*	University of Tennessee, *Knoxville*	
University of Delaware, *Newark*	University of Maryland Eastern Shore, *Princess Anne*	Little Big Horn College, *Crow Agency*	Sitting Bull College, *Fort Yates*	Prairie View A&M University, *Prairie View*	
University of the District of Columbia, *Washington*	University of Massachusetts, *Amherst*	Montana State University, *Bozeman*	Turtle Mountain Community College, *Belcourt*	Texas A&M University, *College Station*	
Florida A&M University, *Tallahassee*		Salish Kootenai College, *Pablo*	United Tribes Technical College, *Bismarck*	Utah State University, *Logan*	
University of Florida, *Gainesville*		Stone Child College, *Box Elder*	Northern Marianas College, *Saipan, CM*		

资料来源：http://www.csrees.usda.gov/qlinks/partners/map_lgu_all_back_12_9_09.pdf Retrieved 2009 - 12 - 18.

附录 3　1998—2010 财年 NIFA 科研与教育资金

单位：万美元

项目	FY1998	FY1999	FY2000	FY2001	FY2002	FY2003	FY2004	FY2005	FY2006	FY2007	FY2008	FY2009	FY2010
常规项目 (Formula Programs)													
哈奇法案 (Hatch Act)	16 873.4	18 054.5	18 054.5	18 014.8	18 014.8	17 897.7	17 908.5	17 870.7	17 696.9	32 259.7	19 581.2	20 710.6	21 500.0
Mcintire-Stennis 合作林业 (Mcintire-stennis Cooperative Forestry)	2 049.7	2 193.2	2 193.2	2 188.4	2 188.4	2 174.2	2 175.5	2 220.5	2 200.8	3 000.8	2 479.1	2 753.5	2 900.0
Evans-Allen 项目 (Evans-Allen Program)	2 773.5	2 967.6	3 067.6	3 260.4	3 460.4	3 541.1	3 578.8	3 670.4	3 721.5	4 068.0	4 105.1	4 550.4	4 850.0
动物健康与疾病，1433 条 (Animal Health & Disease, Section 1433)	477.5	510.9	510.9	509.8	509.8	506.5	453.2	505.7	500.6	500.6	497.1	295.0	295.0
小计	22 174.1	23 726.2	23 826.2	23 973.4	24 173.4	24 119.5	24 116	24 267.3	24 119.8	39 829.1	26 662.5	28 309.5	29 545.0
专项研究资金 (Special Research Grants)	6 654.3	7 816.4	7 377.0	9 917.2	11 221.4	12 669.9	12 424.9	13 547.1	14 159.1	1 465.0	10 708.8	30 194.8	10 521.4

（续）

项目	FY1998	FY1999	FY2000	FY2001	FY2002	FY2003	FY2004	FY2005	FY2006	FY2007	FY2008	FY2009	FY2010
国家研究促进竞争资金 (National Res. Initiative Competitive Grants)	9 720.0	11 930.0	11 930.0	10 576.7	12 045.2	16 604.5	16 402.7	17 955.2	18 117.0	19 022.9	19 088.3	N/A	N/A
其他研究													
禽流感 (Avian Influenza) b/									150.0				
重要农业原料 (Critical Agr. Materials)	55.0	60.0	60.0	63.9	72.0	124.2	111.1	110.2	109.1	109.1	108.3	108.3	108.3
牧场研究资金 (Rangeland Res. Grants)													
水产中心 (Aquaculture Centers)	400.0	400.0	400.0	399.1	399.6	447.1	400.0	396.8	392.8	392.8	392.8	392.8	392.8
可持续农业研究和教育项目 (Sustainable Agr. Res. and Edu. Pro.)	800.0	800.0	800.0	923.0	1 250.0	1 366.1	1 222.2	1 240.0	1 227.6	1 227.6	1 439.9	1 439.9	1 450.0
补充和替代作物 (Supplement and Alternative Crops)	65.0	75.0	75.0	79.8	92.4	118.8	106.3	118.6	117.5	117.5	81.9	81.9	83.5
1994 研究资金 (1994 Res. Grants)			50.0	99.8	99.8	109.3	108.7	107.8	102.9	154.4	153.3	161.0	180.5

（续）

项　　目	FY1998	FY1999	FY2000	FY2001	FY2002	FY2003	FY2004	FY2005	FY2006	FY2007	FY2008	FY2009	FY2010
Joe Skeen 牧场恢复研究所 (Joe Skeen Inst. For Rangeland Restoration)						99.4	89.5	99.2	99.0	99.0	98.3	98.3	98.3
联邦行政管理（直接拨款）(Federal Adm.) a/	1 122.6	1 068.8	1 424.7	1 810.9	2 167.6	2 946.6	3 748.2	4 254.6	5 056.0	1 027.8	4 215.4	3 942.6	4 512.2
小计	2 442.6	2 403.8	2 809.7	3 376.5	4 081.4	5 211.5	5 786.0	6 327.2	7 254.9	3 128.2	6 489.9	6 224.8	6 825.6
高等教育													
1890 机构能力建设资金 (1890 Ins. Capacity Building Grants)	920.0	920.0	920.0	947.9	947.9	1 140.4	1 141.1	1 231.2	1 218.9	1 237.5	1 359.2	1 500.0	1 825.0
研究生奖学金 (Gra. Fellowship Grants)	300.0	300.0	300.0	299.3	299.3	322.2	288.3	297.6	370.1	370.1	367.5	385.9	385.9
机构挑战资金 (Ins. Challenge Grants)	435.0	435.0	435.0	434.0	434.0	488.8	485.9	545.6	542.3	542.3	538.5	565.4	565.4
多元文化学者 (Multiculture Scholars)	100.0	100.0	100.0	99.8	99.8	99.2	98.6	99.0	98.8	98.8	98.1	98.1	124.1
部族学院教育平等资金项目 (Tribal Colleges Edu. Equity Grants Pro.)	145.0	155.2	155.2	154.9	154.9	168.9	167.9	223.2	222.8	334.2	331.9	334.2	334.2

（续）

项　目	FY1998	FY1999	FY2000	FY2001	FY2002	FY2003	FY2004	FY2005	FY2006	FY2007	FY2008	FY2009	FY2010
西班牙裔服务机构教育资金 (Hispanic-Servicing Ins. Edu. Grants)	250.0	285.0	285.0	349.2	349.2	407.3	464.5	560.0	594.0	594.0	604.6	623.7	923.7
中学和两年制中学后农业教育 (Sec./2-Year PostSec.)		50.0	50.0	79.8	100.0	99.4	89.0	99.2	99.0	99.0	98.3	98.3	98.3
兽医服务法案 (Veterinary Medical Services Act)									49.5	49.5	86.9	295.0	480.0
土著阿拉斯加和夏威夷人服务机构 (Native Alaska and Hawaiian-Serving Ins. s)			299.3	299.7	347.7	313.1	347.2	321.8	321.8	319.6	319.6	320.0	
岛屿居民教学资金 (Resident Instruction Grants for Insular Areas)								49.6	49.5	49.5	74.5	80.0	90.0
小计	2 150.0	2 245.2	2 245.2	2 664.2	2 684.8	3 073.9	3 048.4	3 452.6	3 566.7	3 696.7	3 879.1	4 300.2	5 146.6
部族学院资助基金 (Tribal Colleges Endowment Fund)	460.0	460.0	460.0	710.0	710.0	705.4	894.7	1 190.4	1 200.0	1 200.0	1 188.0	1 188.0	1 188.0

（续）

项　　目	FY1998	FY1999	FY2000	FY2001	FY2002	FY2003	FY2004	FY2005	FY2006	FY2007	FY2008	FY2009	FY2010
资助基金利息收入 (Interest Earned on the Endowment Found)	45.1	67.4	98.1	121.5	148.7	177.1	193.0	218.1	257.7	325.0	320.9	382.3	426.7
研究和教育活动 经费总计 (Total Res. and Edu. Act. s)	43 646.1	48 649.0	48 746.2	51 339.5	55 064.9	62 561.8	62 865.7	66 957.9	68 675.2	68 666.9	68 337.5	70 674.6	79 251.0

a/ 在 2006 财政年度，60 万美元的联邦行政管理经费由 Public Law 109－97 的第 790 条提供；

b/ 在 2006 财政年度，150 万美元禽流感资金由 Public Law109－48 提供。

N/A 数据缺失。

数据来源：http: //www. csrees. usda. gov/about/offices/budget/hist ＿ funds-totals. pdf Retrieved 2010－03－05.；http: //www. csrees. usda. gov/about/offices/budget/fy10＿budget＿table. pdf. Retrieved 2010－03－05.；http: //www. csrees. usda. gov/about/offices/budget/fy2011＿budget. pdf. Retrieved 2010－03－05.

附录 4 1998—2010 财年 NIFA 合作推广资金

单位：万美元

项　　目	FY1998	FY1999	FY2000	FY2001	FY2002	FY2003	FY2004	FY2005	FY2006	FY2007	FY2008	FY2009	FY2010
常规项目 (Formula Programs)													
史密斯-利弗法案第 3b&c 条 (Smith-Lever 3b&c)	26 849.3	27 654.8	27 654.8	27 594.0	27 594.0	27 939.0	27 774.2	27 552	27 297.3	28 556.5	27 466	28 854.8	29 750.0
1890 机构和塔斯克基大学 (1890's and Tuskegee)	2 509.0	2 584.3	2 684.3	2 818.1	3 118.1	3 190.8	3 172.0	3 286.8	3 352.9	3 520.5	3 585.0	4 015.0	4 267.7
小计	29 358.3	30 239.1	30 339.1	30 412.1	30 712.1	31 129.8	30 946.2	30 838.8	30 650.2	32 077	31 051.0	32 869.8	34 017.7
史密斯-利弗第 3 (d) 条规定项目 [Smith-Lever 3 (d) Programs]													
扩大的食品和营养教育项目 (Expanded Food and Nutrition Education Program, EFNEP)	5 869.5	5 869.5	5 869.5	5 856.6	5 856.6	5 818.5	5 205.7	5 843.8	6 200.8	6 353.8	6 555.7	6 615.5	6 807.0
病虫害管理 (Pest Management)	1 078.3	1 078.3	1 078.3	1 075.9	1 075.9	1 068.9	956.3	992.0	986.0	986.0	979.1	979.1	993.8

（续）

项　　目	FY1998	FY1999	FY2000	FY2001	FY2002	FY2003	FY2004	FY2005	FY2006	FY2007	FY2008	FY2009	FY2010
除害药剂影响评估（Pesticide Impect Assessment）	321.4	321.4	a	a	a	a	a	a	a	a	a		
农场安全（Farm Safety）	285.5	300.0	340.0	399.1	525	548.9	491.1	456.3	451.7	451.7	472.6	486.3	486.3
农业推广新技术（New Technologies for Ag. Extension）									148.5	148.5	147.5	150.0	175.0
危机儿童、青年和家庭（Children, Youth, and Families at Risk）	955.4	900.0	900.0	848.1	848.1	842.6	753.8	747.8	765.1	765.1	796.8	818.2	841.2
青年农场安全教育及认证（Youth Farm Safety Education & Certification）				49.9	49.9	49.6	44.4	44.0	44.0	44.0	46.3	47.9	48.6
农村发展中心（Rural Development Centers）	90.8	90.8	90.8	90.6	95.3	a	a	a	a	a	a		
水质（Water Quality）	906.1	956.1	a	a	a	a	a	a	a	a	a		
食品安全（Food Safety）	2 365.0	7 365.0	a	a	a	a	a	a	a	a	a		

（续）

项　目	FY1998	FY1999	FY2000	FY2001	FY2002	FY2003	FY2004	FY2005	FY2006	FY2007	FY2008	FY2009	FY2010
联邦认证的部族推广项目 (Federally-Recognized Tribes Extension Program) c/	167.2	171.4	171.4	199.6	199.6	198.3	177.4	176.0	197.6	300.0	297.9	300.0	304.5
可持续农业 (Sustainable Agriculture)	330.9	330.9	330.9	379.2	475.0	484.3	433.3	406.7	402.6	402.6	456.8	456.8	470.5
小计	10 241.6	10 754.9	8 780.9	8 899.0	9 125.4	9 011.1	8 062.0	8 666.6	9 196.3	9 451.7	9 752.7	9 853.8	10 126.9
其他推广项目 (Other Extension Programs)													
1994 机构推广服务 (Extension Services at the 1994 Institutions)	200.0	206.0	306.0	327.3	327.3	336.5	292.9	324.7	324.0	332.1	329.8	332.1	432.1
可再生资源推广法 (Renewable Research Extension Act, RREA)	319.2	319.2	319.2	318.5	409.3	451.6	404.0	406.0	401.9	401.9	400.8	400.8	406.8
农业通讯 (Ag. Telecommunications)	90.0												
农村健康与安全 (Rural Health & Safety)	262.8	262.8	262.2	262.2	262.2	260.5	233.1	196.5	194.6	194.6	173.8	173.8	173.8

（续）

项　目	FY1998	FY1999	FY2000	FY2001	FY2002	FY2003	FY2004	FY2005	FY2006	FY2007	FY2008	FY2009	FY2010
1890 机构设施法第 1447 条 (1890 Facilities, Section 1447)	754.9	842.6	1 200.0	1 217.3	1 350.0	1 490.3	1 491.2	1 677.7	1 660.9	1 677.7	1 726.7	1 800.0	1 977.0
服务青年机构资金 (Grants for Youth Serving Institutions)					800.0	298.1	266.7	264.6	198.0	198.0	173.7	176.7	178.4
联邦行政管理 (Federal Administration)	N/A	N/A	N/A	N/A	N/A	N/A	N/A	N/A	N/A	N/A	N/A	1 737.4	2 039.6
其他 (Other)	1 090.0	1 153.3	1 188.6	1 766.0	1 697.6	2 004.6	2 154.2	2 115.2	2 428.0	701.6	1 662.7	80.6	140.0
农业在中小学课堂 (Ag. In the K - 12 Classroom)	20.8	20.8	20.8	45.1	60.0	69.5	62.2	73.0	85.6		55.3		
小计	2 737.7	2 804.7	3 297.4	3 936.4	4 906.4	4 911.1	4 904.3	5 057.7	5 293.0	3 505.9	4 522.8	4 701.4	5 347.7
推广活动总计 (Total Extension Activities)	42 337.6	43 798.7	42 417.4	43 247.5	44 743.9	45 052.0	43 912.5	44 563.1	45 139.5	45 034.6	45 326.5	47 425.0	49 492.3

a/资金在 NIFA 综合活动账户（NIFA Integrated Activities Account）；

b/ 2002 财年，青年服务机构从商业信用公司（Commodity Credit Corporation, CCC）获得资助；

c/2009 财年 "农业在中小学课堂" 资金与教育项目中 "中学和两年制中学后农业教育" 资金合并执行。

N/A 数据缺失。

数据来源：http: //www. csrees. usda. gov/about/offices/budget/hist ＿ funds-totals. pdf Retrieved 2010－03－05.；http: //www. csrees. usda. gov/about/offices/budget/fy2011 ＿ budget. pdf. Retrieved 2010－03－05.

budget/fy10 ＿ budget ＿ table. pdf. Retrieved 2010－03－05.；http: //www. csrees. usda. gov/about/offices/budget/fy2011 ＿ budget. pdf. Retrieved 2010－03－05.

致 谢
ACKNOWLEDGEMENTS

感谢导师董维春教授的精心指导和悉心教诲。感谢刘志民、龚怡祖、花亚纯、庄娱乐、宋华明、张春兰、李献斌、丁安宁等诸位老师的授课、指教和帮助。感谢杨铭、张日桃、洪亮、杨静、高振杨、杨友国、张永梅、舒帮荣、朱建军等同学。感谢朱志成、蔡薇、郭霞、罗泽意、唐昕、刘薇、朱丹等同门。感谢美国亚利桑那大学 Eugene Sander、Gary Rhoades、Maldona-do-Maldon-ado Alma、Rios-Aguilar Cecilia 等诸位老师；Cantwell Brendan、Becskehezy Peter 和 Bell Lydia 等同学；感谢蒋继明、翁益群等诸位校友的帮助。

感谢亲人们让我感受到人世间最深沉的爱。

刘晓光